세븐 퀘스천

세븐 퀘스천

닉 해터 지음 | 김시내 옮김

THE
7 QUESTIONS

온워드

회복 중인 동지들, 우리 엄마, 절친 스티브

그리고 FDBK 팀에 이 책을 바친다.

"한 사람을 바꾸는 데 필요한 것은
그 사람의 자기 인식을 바꾸는 것이다."

— 에이브러햄 매슬로 Abraham Maslow

서문

나는 자기계발서를 집어 들면 곧장 본문부터 읽는 편이다. 요즘 같은 시대에 서문까지 읽을 시간이 어디 있겠는가? 물론 바쁘다고 해서 꼭 생산적인 것은 아니다. 나는 자기계발서를 새 가전제품처럼 취급하기도 한다. 시간이 없다는 이유로 사용 설명서도 안 보고 작동하기만을 바란다. 결국 설명서를 읽었다면 왜 작동하지 않는지 알아내려고 시간을 허비하지 않았을 거라며 후회한다.

당신 역시 서문을 건너뛰고 싶겠지만 일단 '느긋한 마음'으로 이 책과 함께할 여정을 미리 알아보기를 바란다. 바쁘고 어수선한 일상과 잠시 거리를 두자. 순전히 자기 자신만을 위한 시간이다. 휴대전화 전원을 끄고 SNS에 신경을 끄고 차를 한 잔 따른 뒤, 심호흡을 하고 서문부터 꼼꼼히 읽기를 바란다. 이 책이 왜 쓰였으며 우리 인생에 어떤 도움을 줄지 미리 파악해보자. 자기 자신을 위해 그 정도 시간쯤은 들일 만하지 않은가?

☑ 자기 인식이 변화의 시작

'인생을 바꾸는 질문'이란 게 있을까? 다행히 존재한다. 여기 '7가지 질문'이 바로 그것이며, 13년이 넘는 자기계발 과정 속에서 뽑아낸 정수로 구성되었다. 코칭과 해결 중심 심리치료는 물론이고 직접 겪은 각종 멘토링, 중독 치료 프로그램 등이 담겼다. 수년간 코칭하고 지원하며 인생을 바꾸도록 도왔던 경험만 녹아 있는 게 아니다. 나는 지금껏 살면서 개인적 성장의 이면에 있는 핵심 요소를 발견했다. 그것은 바로 '자기 인식'이며, 자기 인식에 도달하는 가장 좋은 방법은 스스로 '질문'하는 것이다.

2018년부터 내담자 350명 이상이 토로한 고민과 불만을 기록해왔다. 이를 토대로 사람들이 인생 코치를 찾는 이유를 알아냈다.

1. 생각대로 풀리지 않는 인생
2. 불확실한 커리어 목표
3. 낮은 자존감 또는 낮은 자신감
4. 미루는 성향
5. 낮은 의욕
6. 성취 갈증 그리고 권태
7. 커리어 정체
8. 관계 문제
9. 감당하기 힘든 감정(분노, 두려움, 슬픔 등)
10. 금전 부족

나는 코칭을 하면서 내담자가 자신의 문제를 스스로 해결하도록 특정 질문을 반복해서 던진다. 그러면서 내담자의 인생이 바뀌는 모습을 직접 목격한다. 또한 나 자신에게도 계속 질문한다. 그럴 때마다 새로운 통찰을 얻고 성장하며, 더 나은 인간이 될 힘을 얻는다. 의지를 갖고 솔직하게 마음을 연다면 질문이 인생에 큰 영향을 미칠 수 있다.

'조언'은 유용하고 꼭 필요할 때도 있지만, 그 자체로는 아니면 말라는 식이라 자기 인식을 방해한다. 그러나 질문은 내면을 들여다보게 만들어 자기 인식을 돕는다. 흔히 자기계발서는 조언을 통해 잠시나마 긍정적인 감정이나 동기를 유발한다. '습관'이나 '법칙' 역시 제시하는 편이다. 자기계발 시장에서 그런 책은 발에 치일 정도로 많다. 나만 해도 뇌에 차고 넘칠 정도로 읽었다. 안타깝게도 '이래라저래라' 하는 조언은 종종 한 귀로 들어왔다 다른 귀로 나간다. 그러나 이 책은 다르다. 자기 자신을 발견하고 이해하는 데 꼭 필요한 질문을 던진다. 답을 알려주기보다 질문을 통해 스스로 생각하고 깨닫게 만든다. 물론 답하기 어려운 질문도 있다. 매우 사적인 질문이라면 특히 그럴 것이다. 이런 경우 가장 유용하고 통찰력 있는 답 일부를 사례로 제시한다. 그 밖에도 자신만의 답을 찾는 데 필요한 다양한 방식이 기다린다.

토요일 새벽 3시, 술에 취한 채 속을 게워내고 있다고 해보자. 그 순간 인생의 근본 질문이랍시고 '케밥에 '대체' 뭐가 들어 있던 거야?'라는 의문을 품을 수 있다. 이 질문은 먼저 마신 맥주 여섯 캔

서문

또는 칵테일과 '완전히' 무관하다. 관련된 건 '단순히' 케밥이다! 반면에, (술은 입에 대지도 않은 멀쩡한 상태에서) 인생을 바꾸고 최고의 모습으로 거듭나고 싶을 때 스스로 물어야 할 심오한 질문이 있다. 실직이나 금전 문제로 궁지에 몰리거나 위기를 경험하고, 실연을 당하거나 중년에 들어 인생무상을 느끼고 혹은 철이 들었으면 하거나 잠재력을 온전히 발휘하고 싶을 때, 마음을 열고 받아들인다면 특히 도움이 될 '질문'이 있다는 말이다.

☑ 왜 인생 코치를 신뢰해야 하는가

세상에는 자기계발 전문가와 인생 코치가 참 많은 것 같다. 영국 시트콤 〈핍 쇼〉를 본 적 있다면, 아무나 '인생 코치'라고 떠벌리며 미심쩍은 조언과 해결책을 내놓는다는 사실을 알 것이다. 한 에피소드에서 어느 염치없는 인물이 하룻밤 사이에 인생 코치가 되어 내담자에게 '꼭' 남자 친구와 헤어져야 한다고 말한다. 나는 이런 조언에 윤리가 담보되었는지 굉장히 걱정스럽고, 그가 내담자와 함께 침대(!)에 앉아 코칭하는 것도 똑같이 우려스럽다. 물론 이는 극단적인 예시이지만, 그만큼 믿을 만한 사람의 도움을 받는 것이 중요하다는 말이다.

나는 농담으로 공의존자co-dependent는 치료사, 코치와 달리 타인의 문제를 무료로 해결하려고 하고, 인생 코치는 트위드 재킷을 갖춰 입지 않고도 치료사보다 더 잘 번다며 차이점을 늘어놓는다. 내 스승 중 하나인 프랜시스 매스터스Frances Masters는 인생 코치이자 영국 상담심리치료협회 공인 심리치료사로 3만 시간 이상의 경력이 있다. 그는 심리치료와 코칭을 통합하는 고생을 자처한 후, '치료'과 '코칭'를 구분하는 일은 벽에 젤리를 박는 것처럼 불가능하다고 결론지었다. 겹치는 부분이 상당해서 둘을 똑 떨어뜨리기가 어렵다는 것이다. 그래도 대략적이나마 구분해보면 다음과 같다.

인생 코칭은 트라우마나 정신 건강 치료에 덜 관여하는 반면, 잠재력을 온전히 발휘하여 자신만의 장점을 갖고 목표를 성취하여 최고의 자아상을 구현하도록 돕는다. 물론 인생 코칭은 치료에 가깝지만, (장기적이고 트라우마 치료에 집중하는 편인) 기존 심리치료보다 훨씬 해결 중심적이고 간단하다. 수년간 눈물 한 방울 흘리지 않고 괜한 낙인이 찍히지 않고도 개인적 목표를 달성하는 동시에 하루가 다르게 성장할 수 있다면? 확실히 매력적인 제안이다. 이는 2020년 영국에서 치료사를 알아보던 네 명 중 한 명이 인생 코치를 찾은 이유이며, 앞으로 더 많은 사람이 인생 코치를 찾게 될 것이다. 이런 사실이 알려지자 치료사들조차 자신을 인생 코치라고 광고하기 시작했다.

☑ 당신의 인생 코치는 누구인가

옥스퍼드대학교 정신과 전문의 샤 타파로시^{Shah Tarfarosh} 박사는 (사람들이 중증을 겪기 '전에' 돕는) 예방 정신 의학을 강조한다. 또 인생에서 가장 힘든 시기를 겪고 있는 사람들을 돕는 데 나와 같은 인생 코치가 중요하다고 인정한다. 전적으로 동감이다. 낮은 자존감,

인생 또는 커리어의 한계 등 저마다의 문제로 고뇌하던 수많은 사람이 내 도움을 받았다. 최소한 항우울제 같은 정신과적 지원이 필요한 단계로 넘어가는 일만큼은 피했다.

나는 의자에 편히 앉아 조언하는 안락의자형 심리학자가 아니다. 꽤 오랫동안 스스로 낮은 자존감으로 고생했고, 트라우마와 여러 중독 증상을 겪기도 했다. 나는 정서적 (그리고 가끔 신체적이기도 했던) 학대와 수치심이 일상이던 '역기능 가정'에서 성장했다. 브리스톨에서 면학 분위기가 가장 안 좋은 학교에 다니면서 심한 괴롭힘을 당했고, 지독히도 인기가 없었다. 대학에 진학하고 나서도 마찬가지였다. 그 탓에 나만의 영역도 자존심도 좀처럼 가질 수 없었다.

대화할 때도 매번 무시당하는 통에 '예스'를 남발하며 상대의 비위를 맞추려 했다. 여자들 사이에서 인기 있다고 생각한 적은 단 한 번도 없다. 고백하면 거절당하기 일쑤였고 거의 짝사랑이었다. 처음으로 반했던 여자는 나를 거들떠보지도 않고 내 절친에게 가버렸다! 어쩌다 2년이라는 오랜 기간 사귀었던 첫 여자 친구도 나와 헤어진 뒤 또 다른 친구에게 가버렸다. 이후 나는 독약처럼 치명적인 관계 속에서 계속 시달렸다. 엄청난 번아웃과 신경쇠약이 찾아왔고, 4년간 공들여 가치가 170만 파운드에 달했던 사업에서 손을 떼기도 했다.

나는 이 모든 역경 덕분에 자기계발을 갈구하면서 자존감을 높이는 길로 들어설 수 있었다. 수년간 각종 코칭과 해결 중심 심리

치료 교육에 참여했다. 기업가 정신, 마케팅, 데이트, 자기방어부터 건강한 남성성까지 다양한 영역에서 코칭과 심리치료를 받았다. 특히 정신 건강과 개인적 성장 면에서 심리치료의 효과를 톡톡히 봤다. 심리치료를 받지 않았다면 지금의 나는 없을 것이다. 코칭이 없었다면 지금처럼 그란카나리아의 화창한 해변에서 누리는 인생은 꿈도 꾸지 못했을 것이다. 감사하게도 나는 인생 코칭 분야에서 성공을 거뒀고, 성공의 8할은 내가 직접 받은 인생 코칭과 각종 치료 덕분이다.

5년 넘게 나는 '12단계 중독 치료'를 중독자에게 무료로 제공했던 적도 있다. 이 책에서도 중독 코칭 사례를 소개하겠지만, 그 원리만큼은 다른 어떤 상황과 사례에도 두루 적용이 가능하다. 나는 자존감 향상 학습에도 시간을 많이 들였고, 여전히 그러고 있다. 학습 내용 전부 내담자는 물론이고 독자와 나눌 소중한 정보이자 지식이다. 낮은 자존감, 형편없는 자아상, 나쁜 습관, 미루는 성향이 있거나 인생의 목적과 진로가 불확실해 고민하는가? 그렇다면 더 이상 혼자가 아니다. 지금부터 내가 새로운 인생과 자아상을 맛보도록 도울 것이다.

☑ '7가지 질문'은 무엇인가

'7가지 질문'은 '스위스 군용 칼'과 같다. 분명하고 지속적인 자기 인식을 위해 '언제든 활용이 가능한' 자가 코칭 도구를 만들어 낸다. 또한 내면을 탐색하고 인생에서 더 큰 그림을 그리도록 유도

한다. 질문마다 제공된 자가 질문 키트는 인생의 문제를 훨씬 구체적인 수준에서 다루는 도구다. 방법만 깨우치면 스스로 '훨씬 더 많은' 도구를 만들어낼 수 있다. 스위스 군용 칼은 무언가를 자를 때 말고 다음과 같은 일에도 사용될 수 있다.

- 돌과 부딪혀 불 일으키기
- 면도하기
- (날을 달궈) 상처에 지져 소독하기

스위스 군용 칼은 휴대하고 사용하기 쉬워 훌륭한 도구이기도 하다. 연장통에 어지럽게 보관된 각기 다른 일곱 개 도구들에 비하면, 도구들끼리 서로 깔끔하게 밀착되어 있어 편하다. 이 책의 구성 역시 같은 방식이다.

'7가지 질문'은 사실 마흔두 가지 이상에 가깝다. 그러나 이렇게 많은 도구를 여기저기 가지고 다니면 불편해서 감당하기 어렵다. 설령 '42'라는 숫자가 인생, 우주, 만물의 답이라고 해도 말이다. 이 책에서 다루지 않은 문제를 마주해도, 이 작고 깔끔한 연장통만 있으면 언제든 해결의 발판을 마련할 수 있다.

이처럼 엄선된 '7가지 질문'은 자신eigenwelt(고유 세계), 타인mit-welt(공존 세계), 믿음uberwelt(영적 세계), 환경umwelt(주변 세계)의 관계를 다루는 독일의 실존 코칭 모델 '사계four worlds'를 따른다. 이를 바탕으로 논리와 체계를 갖춰 내면과 외면 모두 바꾸는 여정으로 우리를 인도한다.

심리적 영역

나 자신과의 관계

이 영역에서 살펴볼 질문은 다음과 같다.

♦ 내가 생각하는 나는 누구인가?(1장)
  - 실직, 실연 또는 힘들었던 유년기나 괴롭힘을 견뎌내고 자존
    감을 높이는 데 특히 유용하다.
♦ 채우지 못한 욕구가 있는가?(2장)
  - 충족되기만 하면 정신적, 신체적 향상을 이끌어낼 인간 본연
    의 욕구를 조명하는 필수 질문이다.
♦ 벗어나고 싶은 것이 있는가?(3장)
  - 특히 부정적, 자기 파괴적 또는 중독 행동을 다루는 데 매우
    유용한 질문이다.

사회적 영역

타인과의 관계

♦ 진짜 속마음은 무엇인가?(4장)
  - '왜' 뭔가를 하려는지 파헤칠 때 제격이지만, 타인과의 관계에
    서 무언가를 하고, 일부 목표를 진정으로 달성하려는 이유를
    살펴볼 때도 중요한 질문이다.

영적 영역

인생의 목적과 우선순위

- ◆ 내게 가장 중요한 것은 무엇인가?(5장)
  - 인생의 목적을 찾도록 이끌어주는 핵심 가치관을 발견하고, 커리어 패스career path를 정하는 문제를 해결할 때 사용할 수 있는 질문이다.
- ◆ 믿음이 도움이 되는가?(6장)
  - 더 이상 소용없는 믿음을 떨쳐버리는 데 유용한, 심오하고도 자기 탐구적인 질문이다.

물리적 영역

환경과 주변 세상

- ◆ 지금 당장 무엇을 할 것인가?(7장)
  - 미루는 습관을 버리고 주변 세상에도 긍정적인 변화를 일으키도록 힘을 실어주는, 간단하지만 강력한 질문이다.

☑ 질문 속에 답이 있다

인생 코치인 내게 조언은 업무의 일부다. 가령 '보드카 더블 샷 여섯 잔을 마신 날에는 케밥까지 먹으면 안 된다'는 식의 조언이 가능하다. 그러나 인생을 바꿀 조언 하나만 건네야 한다면, '더 자라' 고 하겠다. 충분한 수면은 인간의 기본 욕구이며, 최상의 성과와 정신 건강을 위해 꼭 필요하다. 코칭에서 조언은 유용하며 특히 스포

츠나 비즈니스 코칭 영역이라면 제 역할을 한다. 그러나 일반 도구와 마찬가지로 해결할 수 있는 문제가 한정되고, 대체로 자아 발견을 더 깊게 유도하지 않는다는 단점이 있다.

지금까지의 경험과 교육 내용을 전부 다시 살펴봐도, 우리 인생을 가장 잘 아는 이는 단 한 사람, 바로 '나 자신'이다. 그 누구도 같은 인생을 살지 않고 같은 경험을 하지 않는다. 정체감을 느끼고, 자꾸 미루고, 나쁜 습관을 지니고, 오래된 패턴을 고집하는 이유가 무엇이냐는 질문의 답은 이미 내 안에 있다. 문제는 답을 의식하기 어렵다는 것이다. 의식하고 통찰하지 않는 한 무의식적 패턴을 평생 똑같이 반복하기 쉽다. 정신분석가 칼 융에 따르면 의식하지 않으면 무의식이 인생의 향방을 좌우하며, 이는 '운명'이다. 그러나 올바른 질문을 한다면 우리가 이미 가지고 있는 답과 패턴을 밝혀낼 수 있다.

이제 당신은 이 책을 읽으며 인생 코칭을 받게 된다. 내담자가 현장에서 실제로 받는 질문 역시 만날 것이다. 질문을 마주할 때마다 단 몇 초라도 좋으니 해당 질문에 대해 깊이 생각해보기를 바란다.

- ◆ 열린 마음으로 읽기
- ◆ 잠시 멈춰 질문을 깊이 생각하는 시간 갖기
- ◆ '자가 질문 키트' 충분히 활용하기

이 책을 읽으며 자존감을 높이거나 특정 행동의 원인을 이해하고, 더 나아가 인생의 목적을 찾고 싶을 것이다. 우리에게는 무궁무진한 성장 잠재력이 있다. 이것을 '제대로' 활용하려면 '올바른' 질문을 해야 한다. 그럼 다 함께 그동안 손에 잡힐 것만 같았던 진정한 자아를 만나러 떠나보자.

7

차례

내가 생각하는
나는 누구인가?

“우리는 모두 왕자로 태어나지만
문명화 과정을 거치며 개구리가 되고 만다.”

— 에릭 번 Eric Berne

옛날에 자신이 못생겼다고 생각하는 개구리 한 마리가 있었다. 거울에 비친 얼굴이 항상 울퉁불퉁 일그러져 있고 탁한 갈색 반점 투성이였기 때문이다. 다른 개구리들 모두 못되게 굴며 조롱하는 통에 개구리는 자신이 못생겼다고 더욱 확신했다. 그래서 마법사에게 도움을 구하기로 하고, 자신을 잘생기게 만들어줄 수 있느냐고 물었다. 개구리는 "거울을 볼 때마다 보이는 그 모습이 너무 싫어요!"라며 울부짖었다. 마법사는 돕기로 했다. 그런데 주문을 거는 대신 개구리에게 어떤 거울을 봤는지 알려달라고 했다. 그러자 개구리는 마법사를 물웅덩이로 데려갔다. "이런 더러운 물웅덩이에 비춰 본다면, 언제나 못생겼다고 생각할 거라네!" 이렇게 말하고 나서 마법사는 개구리에게 티 없이 맑은 거울을 보여줬다. 살면서 처음으로 깨끗한 거울에 비친 모습을 본 순간, 개구리는 자신이 전혀 못생기지 않았다는 사실을 깨달았다. 개구리는 그때껏 자신이

내가 생각하는 나는 누구인가?

못생겼다고 '생각'했다. 남이 자신을 대하는 태도를 보고 만들어낸 믿음 때문이었다. 자신이 누구인지 알아내려 이상한 곳만 찾아다닌 꼴이었다. 진실을 보기 위해 깨끗한 거울만 보면 됐는데 말이다.

근본적으로 자기 자신에 관해 가지는 생각이 '자존감'을 결정짓는다. 어떤 아기도 자존감이 낮은 상태로 태어나지 않는다. '낮은 자존감'은 학습된 믿음이자 행동이다. 자존감이란 무엇인가? 케임브리지 영어사전에 따르면 '자신의 능력과 가치에 관한 믿음과 자신감'이자 '자신을 향한 존경심'이다. 자기 자신을 좋아하고 사랑하는가? 아니면 혐오하는가? 자존감이 낮으면 우울, 중독, 사회적 고립, 해로운 관계에 쉽게 빠지고 질투하고 분노하는 경향을 보일 수 있다. 실직, 실연 또는 금전적 손실과 같은 환경 변화 때문에 과거의 나처럼 완전히 무너질 수도 있다.

자존감은 크게 일곱 가지 요인으로 결정된다.

1. 핵심 정체성(나를 누구라고 생각하는가)
2. 정체성 이야기(과거가 나를 어떻게 정의한다고 생각하는가)
3. 실수와 결함을 어떻게 바라보는가
4. 부정적 사건을 '나의 잘못'으로 해석하는가
5. 남의 눈을 얼마나 의식하는가
6. 핵심 믿음
7. 자아 통합 수준

나 자신을 종종 '직업'으로 소개하는가? '나는'이라고 운을 뗀 다음 직함을 말한 적이 있는가? 실수했다고 자책하는가? 만약 그렇다면, 자신이 진정 누구인지 '진정한 정체성'을 발견하지 못한 것이다. 이것을 모르면 불안정하거나 자존감이 낮아지기 쉽다.

진정한 정체성을 아는 것은 매우 중요하며, 안정적이고 더 높은 자존감을 구축하는 데 도움이 된다. 자신감이 더욱 확고해지고, 커리어, 연애, 사회생활 등 삶의 모든 측면에서 만족하게 된다. 소득 기대치 역시 자존감에 비례해 상승할 수 있다.[1] 또 자존감이 높을수록 타인의 학대를 덜 참고, 해로운 사람들과 상황을 미련 없이 떠난다.

이제 곧 접할 내용은 나뿐만 아니라 나를 찾아온 내담자들이 살면서 겪은 실화다. 당신에게도 똑같은 일이 일어날 수 있고, '지금 당장' 진정한 정체성을 찾아 나서지 않는다면 더 나쁜 일이 벌어질 수도 있다.

내가 생각하는 나는 누구인가?

실직, 관계 실패 그리고 낮은 자존감

    스물다섯 살에 상담실에서 울 거라고는 상상해본 적이 없다. 그러나 나는 흐느끼고 있었다. "저는 앞날이 창창한 CEO였어요. 이제 저는 뭐죠? 아무짝에도 쓸모가 없어요."

    FDBK(피드백) 데이트 애플리케이션[2]을 공동 창업하기 몇 해 전에 기프트게이밍이라는 다른 회사를 운영하고 있었다. 그 회사는 3차 투자를 받은 이후 170만 파운드의 가치를 기록했다. 나는 CEO였고, 그게 내 정체성이었다. 내가 뭘 하는 사람인지 소개할 때면 몹시도 자랑스럽고 우쭐했다. 4년간 내 명함은 이랬다. 닉 해터, 설립자 겸 CEO.

    나는 영국 북부 한 IT 회사에서 (말 그대로) 지하실에 처박혀 컴퓨터 프로그래머로 근무하다 환멸을 느끼고 사업을 시작했다. 일거수일투족을 감시당하며 주변에서 조롱받았고, 컴퓨터에 '죽고 사는' (통에 꾀죄죄한 몰골로 안 좋은 인상을 주기도 했던) 일류 대학 컴

공과 출신 능력자인 천재 동료들에 비해 업무가 맞지 않으며 역량 밖이라고 느꼈다. 역량 차이는 퇴근 후 술 한 잔을 기울일 때 더욱 분명해졌다. 프로그래밍과 소프트웨어 공학 토론을 즐기는 천재 동료들과 달리, 나는 대화 주제로 그것만 아니면 뭐든 좋았다!

더 볼 필요 없이 나는 그 세계에 맞지 않는 게 분명했다. 주당 40시간 이상 일하고 주말 업무에 긴급 투입되기도 했으며, 종종 아침 일찍 일어나 응급상황에 대응해야 했다. 상사가 매일 건넸던 아침 인사는 '오늘 기분 어때'나 '좋은 아침'이 아니라 '이 요청들 좀 해결하게'였다. 컴퓨터 서버가 나보다 훨씬 존중받았다고 확신한다.

나는 '겨우 이거야?' 하며 앓는 소리를 했다. 사무실 창문을 가로막는 쇠창살은 감옥에 갇힌 듯한 기분을 더 복잡하게 만들었다. 탈출해야 했다. 무언가 '정말' 변해야 했다. 내 인생 코칭을 받는 내담자들 역시 이런 감정을 느끼고 나를 찾아온다.

결국 내 회사를 차리기로 했다. 그리고 어디에서 투자자를 만날 수 있는지 탐색하기 시작했다. 스타트업 경진 대회가 답인 것 같았다. 모교인 사우샘프턴대학교에서 열린 행사를 놓쳐 케임브리지대학교 행사에 몰래 들어갔다. 이 행사로 인생이 바뀔 거라고는 별로 생각하지 않았다. 행사 참여 48시간 만에 나중에 기프트게이밍으로 알려진 '게임 내 광고' 방식을 구상했다. 곧 내 정체성은 '지하실 프로그래머'에서 '설립자 겸 CEO'가 될 참이었다. 그래 이거지!

당시 게임 내 광고는 대체로 너무 조잡했고, 게임 아이템에 유

내가 생각하는 나는 누구인가?

명 상표를 붙였다. 살상력을 더한 가상 검에 코카콜라와 같은 브랜드 이름을 붙였다고 보면 된다. 가상 게임 화폐나 추가 수명을 획득하기 위해 영상 광고를 시청하는 다른 광고 방식은 게임 중에 너무 거슬렸다. 그러나 기프트게이밍은 기존 게임 내 화폐나 추가 수명을 브랜드에서 준비한 '선물'로 지급했다. 몇 초면 확인할 수 있는 그 가상 선물은 브랜드 이름이 붙은 아이템이 아니었고, 모든 게임과 브랜드와 협업할 수 있어 확장성까지 보장했다.

놀랍게도 이 아이디어 덕분에 케임브리지대학교 스타트업 지원 프로그램의 일환으로 저지 경영대학원에서 무료로 지내라는 제안을 받았다. 특별히 돈이 없어도 되는 것 같아 냉큼 받아들였다. 원래 하던 일을 그만두고 재산을 모두 처분한 뒤 케임브리지로 이사했다. 초반에는 베이크드빈과 오렌지 주스만으로 연명했다. 살 수 있는 게 그것뿐이었기 때문이다. 주중에는 사업을 구축했고, 주말에는 경영대학원에서 강의를 들으며 기업가 코칭을 받았다.

내 스타트업 사업이 《테크크런치》, 《매니지먼트 투데이》, 《케임브리지 뉴스》, 《비즈니스 위클리》 등 전문지에 실리면서 투자하겠다는 이메일을 물밀듯이 받았다. 나는 그때 겨우 스물네 살이었고, 3차에 걸친 투자를 통해 25만 파운드를 모았다. 나는 킹('캔디 크러시' 제작사), 스퀘어 에닉스('파이널 판타지' 제작사) 등 유명 게임 회사와 내가 구상한 플랫폼 사용 계약을 체결했다. 기프트게이밍은 미국 래퍼 페티 왑이 협업한 게임 '니트로 네이션 스토리즈'에도 잠시 모습을 비췄다. 또 비디오 게임에서 마운틴듀를 광고할 수 있는 새롭고 멋진 방식을 두고 거대 기업 펩시코와 논의하는 중이었다. 상황은 자그마한 내 회사에 점점 더 유리하게 흘러가는 것 같았다. 그러나 내 인생은 2017년 3월 또다시 방향이 바뀌며 끝없는 내리막 길로 접어들었다.

나는 정신착란 탓에 정상적인 생활을 할 수 없었다. 공황발작까지 겪으면서 '나무'와 '나를 가리키는' 물체를 무서워하게 되었다. 오랫동안 모든 것을 쏟아부은 탓일 수도 있고, 만성적인 수면 부족과 카페인 남용 때문이었을 수도 있다. 어쩌면 역기능 가정에서 성장하면서 면학 분위기가 엉망인 학교에 다녀 생긴 억압된 유년기 트라우마 때문이었을지도 모른다. 아니면 이 모든 게 다 곪아 터진 결과일 수도 있었다.

6개월간 심리치료와 정신과 치료를 여러 차례 받고 다시 제 모습을 찾았지만, 사업이 나를 잡아먹을 듯 부글대는 용광로처럼 보였다. 고객과 투자자에게서 플랫폼 업데이트 요청을 받았지만 회사를 운영할 여력이 없었다. 광고와 모바일 게임 세계는 그만하면 충분했다. 돈에 미쳐 돈을 버는 건 이제 무의미했다. 더욱 유익하고 의미 있는 일을 해야겠다고 생각했다. 누군가는 이를 보고 '외상 후 성장'이라고 할 것이다. 대단히 충격적인 사건에서 살아 돌아와 겪는 개인적 변화 말이다.

결국 나는 4년을 바쳐 키운 회사를 떠나겠다는 뼈아픈 결정을 내렸다. 회사를 청산하고 그 돈을 주주에게 돌려줬다. 나는 더 이상 CEO가 아니었다. 170만 파운드를 기록했던 기업 가치는 '0'이 되였다. 내 가치와 정체성도 마찬가지였다. 이후 나는 주거 보조비 사무실에 가서 집세와 공과금 낼 돈을 공손히 요청해야 했다. 이때가 인생에서 가장 초라했던 시절 중 하나였다.

그렇게 나는 '아무짝에 쓸모없다'는 사실에 흐느끼며 치료사 상담실에 앉아 있었다. 케임브리지에서 런던으로 이사한 후 눈물짓는 날이 많았고, 나를 향해 다가오는 지하철에 몸을 내던지고 싶었다. 패배자가 된 것 같았다.

☑ 나 자신을 어떤 기준으로 바라보는가

정체성의 바탕이 직업, 비즈니스, 관계 또는 금전 상태라면 본질적으로 '불안정'하다. 자신을 정의할 때 흔들리는 땅에 기반을 두면 안 된다. 살면서 상실과 변화를 피할 수 없기 때문이다. 외부 요인을 넘어서는 안정적 기반에서 정체성을 찾는 새로운 토대를 둬야 한다. 진정한 정체성은 파고들 대로 파고들었을 때 보이는 우리의 진짜 모습이다. 이것은 소유물이나 감정 상태에 영향받지 않는다.

우리는 대개 능력, 직업, 재산이나 연애 여부, 식스팩, 자녀, 저서 등 외부 요인으로 자신을 정의한다. 모임에서 물어보는 가장 흔한 질문 중 하나는 이것이다. "'뭐' 하는 분이세요?"

특히 외부 요인 중 하나인 직업을 잃으면 쉽게 우울해질 수 있다. 금전적 안정성을 잃었을 뿐만 아니라 정체성을 부여하던 주요 요인이 발가벗겨졌기 때문이다.

정체성 상실에는 다양한 형태가 있다. 내가 코칭 중에 듣는 흔한 문제 하나는 지닌과 같은 엄마들이 경험하는 것이다. 지닌은 성공한 변호사였다. 그러나 딸이 태어나자 기업들의 법무를 돕는 대신 기저귀를 갈고 있었다. "아이를 가지기 전 저는 커리어 우먼이었어요. 성공하려고 단단히 작정한 사람이었죠. 그러나 이제 거의 하루 내내 딸아이를 돌봅니다. 그냥 엄마인 것 같아요. 제가 누구인지 더는 모르겠어요. 더 많은 일을 할 수 있을 것 같지만 말이죠."

관계 상실 또한 정체성에 충격을 줄 수 있다. 성공한 작가 로버트는 실연 이후 자존감이 땅에 떨어진 채 나를 찾아왔다. 자존감이 10점 만점 중 몇 점이냐고 물었더니 3점 정도라고 했다. 전에 그는 누군가의 남자 친구였다. 이제는 혼자였고, 그 이유만으로 '실패'와 동일 선상에 놓였다.

사업에서 성공해도 낮은 자존감의 아픔을 채 감추지 못한다. 오랜 경력의 성공한 기업가 브래드는 없는 게 없었다. 순자산은 1,000만 파운드 이상이었고, 좋은 집 몇 채에 슈퍼카도 몇 대나 있었다. 애초 브래드는 업무 생산성을 높이려고 나를 찾아왔다.

그러나 이후 더 깊은 코칭을 통해 그가 유능한 성취가 유형이며 당연히 성취할수록 기분이 더 좋아진다는 사실을 발견했다. "저는 무엇이든 최고를 가져야만 합니다. 최고의 슈퍼카와 최고의 시계를 가져야 한단 말입니다."

나는 브래드에게 물었다. "언제쯤이면 돈, 자동차, 시계가 충분할까요?" 그러자 그가 이렇게 말했다. "무슨 말씀인지 알겠습니다."

브래드의 사례에서 보듯 외부 요인 중 그 무엇도 낮은 자존감이나 정체성에 난 구멍을 채울 수 없다. 채울 수 있다 해도 아주 잠깐이다. 기분 좋자고 성취를 이용하면 좋은 기분을 또다시 느끼기 위해 또 다른 성취가 필요하다. 능력을 이용한다면 또 다른 능력이 필요하다. 소유물, 돈 또는 그 외 외부 요인 무엇이든 마찬가지다.

☑ 누구-무엇-어떻게/얼마나 모델

누구-무엇-어떻게/얼마나(Who-What-How, WWH)라는 요소로 자신의 정체성을 알아보자.

1 | 누구?

당신은 '누구'인가? 성격, 자신감, 너그러움, 배려심, 지성 등 타고난 자질을 묻는 질문이다. 이 요소는 정체성에서 정말 중요한 부분이며, 진정한 친구와 연인이 당신을 좋아하는 이유다. 당신이 유명을 달리하면 추도사에 오를 내용이기도 하다.

당신은 상상을 넘는 부자나 성취가일 수 있지만, 성격이 나쁘다면 (당신의 돈, 지위 또는 성공 덕을 보겠다며 친구인 척 주위에 있는 사람을 제외하고) 분명 친구가 많지 않을 것이다.

2 | 무엇?

'무엇'을 가졌는지 또는 '무엇'을 하는지는 소유물, 직업, 관계를 나타낸다. 하는 일, 연인과 자녀 유무 또는 외모 수준을 따질 수 있다. 사랑하는 사람들과 진정한 친구들이 추도사에서 당신의 좋은 직업을 언급할 수도 있지만, 애도하는 이유는 '가진 것'과 '직업'이 아니라 당신의 '인간성' 때문일 것이다. 당신의 행동은 그저 '누구' 였는지의 부산물일 뿐이다.

3 | 어떻게/얼마나?

'어떻게' 일하고 '어떤' 감정을 느끼는지는 과업을 '얼마나' 잘 수행하는지, 특정 성격을 '얼마나' 잘 드러내는지를 나타낸다. 당신의 장례식장에서 당신을 좋아했던 이들 중 동료나 상사는 당신의 능력을 그리워할 것이다. 하드록 밴드 사운드가든의 크리스 코넬의 사망 소식을 들었을 때 나는 슬펐다. 그는 훌륭한 음악가이자 가수였다. 얼터너티브 록 밴드 린킨파크의 체스터 베닝턴도 마찬가지였다. 그러나 나는 개인적으로 그들이 '누구'였는지 모르고, 그들이 '얼마나' 공연을 잘했는지만 안다.

'얼마나'를 '누구'와 혼동하지 말아야 한다. 일부 유명인은 그들이 일을 '얼마나' 잘하는지 놀랍기까지 하지만, 그들이 '누구'인지로 알려져 호감을 사는 것과는 다른 문제다.

성공한 정치가와 리더 중에는 대중의 미움을 사는 사람이 있다. 할리우드의 여러 영화제작자와 거액을 주무르는 거물은 성폭행과 성희롱으로 유죄 선고를 받았고, 매력 넘치는 슈퍼모델들과 배우들은 조수와 초짜 직원에게 폭언과 신체적 학대를 일삼기도 한다. 더 올라갈 곳 없이 성공한 예술가 중에는 낮은 자존감과 우울 때문에 힘든 나날을 보내는 사람도 있다.

　이렇듯 직업, 부, 명성, 성공이 호감도, 성격, 자존감과 꼭 연관되었다고는 할 수 없다. 그러나 대체로 사람들은 내심 가치 있고 매력적인 존재가 되기 위해 성공하고 싶어 한다. 성공하려고 하는 사람은 많지만, 좋은 '성격'을 갖추려고 하는 사람은 얼마나 될까?

　내 코칭 대상 중 하나였던 제임스는 성공한 정신과 전문의였다. 보통 성공이 아니다. 그는 런던에서 15년 이상 개인 병원을 운영했고, 런던의 부촌 홀랜드 파크에서 가족과 더할 나위 없는 인생을 살았다. 그러나 그의 아내는 자신을 신경조차 쓰지 않는다고 억울해하며 급기야 이렇게 말했다. "애초에 당신이 그 망할 병원을 차리지 말았어야 했어!" 남의 호감을 살 수 있는 성공이란 게 이런 식이다. 제임스는 능력자에 매우 성공적으로 병원을 운영했지만, 낮은 자존감에 시달렸다. 코칭 중 했던 질문 가운데 이런 게 있었다. "성취를 빼면 당신은 누굽니까?" 그러자 그는 오랫동안 아무 말 없이 있다가 이렇게 말했다. "도무지 모르겠군요."

　나는 제임스에게 말했다. "친구들한테 가서 왜 당신 친구인지 물어보세요. 성공을 이유로 들면 진정한 친구가 아니니 정리하세요. 그렇지만 십중팔구 당신의 좋은 점과 그들에게 진짜로 보이는 모습을 말할 겁니다."

　일주일 뒤 제임스는 '지적인', '사려 깊은', '재미있는'과 같은 성격 목록을 나열했다. 이런 활동이 그의 자존감 문제 전부를 해결해준 건 아니지만, 올바른 방향으로 내디딘 첫걸음이 되었다. 직업을 넘어 자신이 누구인지 파헤치도록 도왔기 때문이다. 과거에 그는 일을 자신의 가치와 정체성의 기반으로 삼았고, 아무리 성취해도 만족스럽지 않았다.

아마 WWH 모델이 단순하고 뻔해 보일 것이다. 그러나 놀랍게도 우리는 대체로 (나처럼) 자신을 직업, 가진 것, 업무 능력, 감정과 연관 짓는 편이다. 실직 또는 실연을 겪고 나서 자존감이 땅속으로 뚫고 들어간 사람들을 생각해보자. 가끔 우리는 감정이 곧 자신이라고 생각할 수 있다. '나는 슬픔을 느낀다'고 하지 않고 '나는 슬프다'고 말한다. 감정은 WWH 모델 중 '어떻게/얼마나' 요소에 집어넣자. 감정이 바뀐다고 성격마저 바뀔까? 슬플 수 있지만 그렇다고 슬픔이 정체성의 일부일까? 당연히 아니다. 여러 명상 수행은 감정에서 자신을 분리하여 감정을 관찰하도록 유도한다. 그렇게 하면 관찰자가 되어 감정 기복에도 안심할 수 있다.

코칭 기반 '수용전념치료acceptance and commitment therapy(ACT)'에는 명상과 매우 유사한 '인지적 탈융합cognitive defusion'이라는 과정이 있다. 여기에도 생각과 감정을 떼어내 냇물 위 잎사귀처럼 바라보는 활동이 있다. 이를 통해 부정적 감정에도 안심할 수 있다. WWH 모델을 사용할 때도 마찬가지다. 나는 내가 느끼는 감정이 아니다. 감정은 '어떻게/얼마나' 요소에서 따질 일이다.

정신 질환은 어떨까? 우울증을 앓는다고 해서 그게 정체성의 일부인 듯 꼭 우울해야 할까? WWH 모델에 따르면, 아니다. 정신 질환은 우리가 '가진' 것이기 때문이다. 게다가 감정일 수 있어 '누구'가 아니라 '어떻게/얼마나'에 속할 수도 있다.

치료사와 처음 만나자마자 손을 뻗어 이렇게 말한 여성이 있었다. "안녕하세요, 저는 조울증입니다." 그러자 치료사는 미소를 짓고 악수를 하며 이렇게 말했다. "안녕하세요, 마크입니다." 자신을 질병으로 정의하는 사람들이 있다는 말이다.

정신 질환은 전혀 부끄러운 일이 아니며, 그것이 우리가 '누구'인지 정의할 수도 없다. 사람들이 트위터에 신체 질환을 포스팅하고 자신과 동일시하는 일을 상상할 수 있겠는가? '닉 해터. 인생 코치. 만성 콧물. 천식 환자.'

나 스스로 5년 이상 중독 치료를 받은 사람으로서 누군가 '제 이름은 X이고, 저는 중독자입니다'라고 말할 때마다 약간 발끈한다. '중독자'라는 단어에 어떤 의미가 함축되었다고 생각하는가? 내게는 꽤 부정적인 게 떠오른다. 무책임하고 통제 불가에 이기적인데다가 사회에서 별 볼 일 없는 사람. 문제가 있다는 것을 인정하는 것은 물론 중요하지만, 그 문제가 우리를 '정의'하게 내버려두지 않는 것도 중요하다. 자신을 정말 문제로 정의한다면 문제 행동을 강화하기 쉽다.

나를 이런 행동에서 구해낸 인물은 내 첫 인생 코치인 한스 슈만Hans Schumann이다. 나는 코칭 중에 그에게 이렇게 말했다. "저는 일 중독에 음식 중독자예요." 그러자 그는 이런 식으로 꼬리표를 붙이는 행위를 단호히 반대했다. 처음에 나는 매우 방어적이었다. 수년간 그렇게 나 자신을 정의했던 것이다! 도대체 그가 뭔데 하지 말라고 하는 것이었을까? 그러나 시간이 지난 뒤 중독이 핵심 정체성일 필요가 없다는 사실을 받아들이게 되었다. 슈만은 스스로 중독자라는 꼬리표를 붙이면, 중독자이니만큼 중독 행동을 더 쉽게 한다고 경고했다. 그렇지 않겠는가? 심리학에서 '낙인 이론'은 정체성이 '자기 충족 예언'이 될 수 있음을 의미한다. 사회학 교수 테레사 샤이드Teresa Scheid와 에릭 라이트Eric Wright는 정신 건강이라는 주제를 가지고 이 문제를 잘 요약한다.

> 어떤 사람이 정신적으로 아프다고 스스로 정의하기 시작한다. 이 정체성이 '내가 누구인지' 나타내기 때문에 정신 장애가 있는 환자는 자신이 아플 것이라 예상하고 계속 증상을 보인다…… 그가 정신과 환자 역할을 내재화해 그렇게 자신을 정의했기 때문이다. 요컨대 정상이 아니라는 꼬리표가 붙어 정상인처럼 취급받지 못하는 사람들은 정상이 아니게 된다. 정신 질환은 일종의 '일탈 경력'으로, 한 사람의 정체성과 인생이 형성될 때 문제가 된다.[3]

당신이 정신 질환을 앓고 있다면, 진심으로 걱정된다. 불안증, 우울증, 외상 후 스트레스 장애를 앓는 게 어떤 건지 알기 때문이다. 셋 모두 어느 시점엔가 찾아와 나를 무력하게 만들었다. 그러나 사람들이 정신 건강 꼬리표 때문에 당신을 다르게 대하기 시작하면, 샤이드와 라이트가 요약한 대로 자기 충족 예언으로 작용하여

내가 생각하는 나는 누구인가?

성장을 막을 수 있다.

명심하자. 어떤 정신 건강 꼬리표를 달고 있어도 당신은 그보다 '훨씬' 더 나은 존재다. 트라우마에서 회복 중일 때 한 심리치료사가 내게 이렇게 말했다. "이런 정신 건강 꼬리표는 전문가나 사용하는 것이지 환자용이 아니에요. 환자들이 꼬리표를 사용하면서 많은 문제가 생겼죠."

물론 나는 인생 코치라는 직업을 가졌지만, 내가 '누구'인지는

자가 질문 키트
정체성 발견

1 | 가장 친한 친구(또는 동료) 세 명에게 물어보자.

   i) 왜 나와 친구인가? 나의 좋은 점이 무엇인가?

   ii) 내가 친구 또는 인간으로서 성장하기 위해 할 수 있는 한 가지 일은 무엇인가?

▶ 위 질문의 답을 목록으로 만들어 보관하자.

2 | 누구, 무엇, 어떻게/얼마나 모델을 사용하여 '누구' 요소에 위 질문에서 알아낸 자질을 적고, 그것이 사람들이 바라보는 나의 모습임을 알아두기 바란다.

직업에 국한되지 않는다. 친구들에게 물어보면 (희망하건대) 내가 재미있고 흥미롭고 지적이며 세심하고 배려심 있고 너그럽다고 할 것이다. 또 나는 신앙을 가진 사람으로서 (칭하고 싶은 게 무엇이든) 신, 삼라만상, 절대자의 불완전한 자녀라고 할 수 있다. 이는 변하지 않고, CEO 타이틀과 달리 어떤 상황이나 환경에 놓여도 '결코' 빼앗기지 않는다!

WWH 모델을 적용한다면 우리가 무엇을 가지고, 무엇을 하며, 어떻게 느끼든 핵심 성격은 변하지 않는다. 이는 끊임없이 변하는 세상에서 진정한 자신을 알기 위한 탄탄한 토대를 제공한다.

☑ 이야기를 바꾸면 인생이 바뀐다

우리 모두 자신이 생각하는 '정체성 이야기'가 있다. 이 이야기는 과거에 겪은 일, 남이 우리를 대하는 방식에 바탕을 둔다. 알아차리기 어렵고, 모르는 사이에 생긴다. 수년에 걸쳐 다양한 사건을 통해 형성되기 때문이다. 결국 '나는 별로야'나 '내가 문제지' 등 우리 자신이 누구인지 알려주는 무의식적 서사가 된다. 문제는 일부 이야기가 놀라울 정도로 무력함과 낮은 자존감을 유발할 수 있다는 것이다. 따라서 어떤 사건을 겪고 스스로 만들어낸 이야기를 '바꾼다면' 자존감을 급속도로 끌어올릴 수 있다.

☑ 이야기를 '너무' 믿지 마라

솔직히 털어놓자면 나는 수년간 나 자신을 혐오했다. 내가 지어낸 이야기로는 나는 인간으로서 별로였다. 뒷받침할 증거도 몇 개 있었다. 형들은 나를 못살게 굴었고, 학교라는 울타리에서도 나를 좋아하는 사람이 그다지 많지 않았다. 살면서 짝사랑만 몇 번 한 것 같다.

나는 열네 살쯤에 학교 친구 발레리에게 데이트 신청을 했다. 발레리는 나처럼 과학을 잘했고 상위권이었다. 아마 나 같은 지적인 학생에게 연애 경험을 알려줄 딱 맞는 여자 친구이지 않았을까? 그러나 친구들 앞에서 데이트 신청을 받은 발레리는 '싫다'고 했다. 그러자 발레리의 친구들은 웃었다. 그날 나는 쓸모없다고 생각하며 집에 돌아갔고, 마음속에 이야기 한 편이 완성되었다. '내가 별로이거나 끌리는 구석이 없어서 싫다고 한 거야.' 이 이야기는 나중에 내 정체성 이야기의 일부를 구성했다. '나는 별로이거나 끌리는 구석이 없어.'

12년이 더 지나 발레리와 다시 연락이 닿았다. 발레리는 두 아이의 엄마로 남편과 행복하게 살고 있었다. 그간 어떻게 지냈는지 대화를 나누던 중 발레리는 허를 찔러 내 정체성 이야기에 의문을 품게 한 말을 했다.

"닉, 네가 우리 학년 여자애들한테 전부 데이트 신청하던 거 기억해?" 발레리가 짓궂게 물었다.

"이런, 내 인생에서 당황스러운 시절이야! 내가 너한테도 데이트 신청을 했었지!"

"맞아, 그랬지."

"그래, 이제 기억난다. 네가 '싫다'고 했었어!" 나는 얼굴이 화끈거렸다.

"사실…… 그날 데이트 신청을 받았을 때…… 정말 너무 좋다고 말하고 싶었어! 하지만 그럴 수 없었어. 친구들이 뭐라고 생각할지 너무 두려웠거든. 집에 돌아가서는 너무 속상해서 펑펑 울었어!"

정말 충격적이었다.

"잠깐! 그러니까 나는 12년 동안 '나'한테 문제가 있어서 거절당했다고 오해했다는 거야?"

"그래!" 발레리가 웃었다.

믿을 수가 없었다. 항상 나는 내가 문제인 줄 알았다. 내가 별로고 외모 또한 내세울 게 없다고 생각했다. '내가 또 어디서 이런 잘못된 이야기를 만들었을까?'

이 일화를 털어놓으니 내담자 안야 생각이 난다. 안야는 유명 댄서로, SNS 팔로워를 몰고 다녔다. TV에 자주 얼굴을 비췄고 언론 인터뷰도 여러 번 했다. 그러나 연인과 이별하면서 이별을 겪는 사람들이 거의 그렇듯 자존감이 상했다. 안야가 지어낸 이야기 속에는 안야 자신이 문제이고 별로라는 생각이 있었다.

안야는 우울증까지는 아니지만 온종일 침대에 처박혀 폭식하고 싶은 나날을 보내고 있었다. 커리어가 조금씩 꺾이자 에이전시에서 걱정하기 시작했다. 내 개입이 없었다면 안야는 결국 정신과적 도움을 받아야 했을 것이다.

내가 생각하는 나는 누구인가?

나는 굉장히 간단한 활동을 제시했다. 포스트잇에 수평선을 그린 후 그에 교차하는 수직선을 그리고 나서 이렇게 물었다. "이게 뭐라고 생각하시죠?"

안야는 눈을 가늘게 뜨고 보더니 이렇게 말했다. "십자가네요."

"다른 건 없을까요?"라고 내가 물었다.

"그래프가 될 수도 있겠네요."

"다른 건요?"

"맞다, 네 칸짜리 표요!"

"또 다른 건요?"

"음, 교차로?"

안야는 혼자서 다른 해석을 몇 개나 내놨다.

나는 이렇게 설명했다. "보세요, 인간은 의미를 만들어내는 기계입니다. 당신은 똑같은 그림을 보고도 여러 해석을 내놨어요."

이어서 이런 질문을 했다. "당신은 첫 번째 해석에 꽤 확신을 가진 것 같았어요. 다른 가능한 해석과 의미가 매우 많은데, 어떤 해석이 올바른지 어떻게 알 수 있나요?"

"음…… 모르겠네요." 안야가 말했다.

"맞습니다. 제 의도를 모르거나 정보가 적다면 당신은 확실히 말할 수 없어요. 이 그림을 그린 것도 저고, 저만이 그림의 의도를 알려줄 수 있습니다."

그러고는 안야에게 그림을 다시 보라고 했다.

"이번에는 이 그림을 보되 바라보고 있는 게 당신의 이별이라고 상상하고, 방금과 똑같은 과정을 밟아보세요. 다른 해석을 잘 찾으시는 것 같군요."

"음…… 첫 해석은, 모두 제 잘못이라는 거예요. 저는 연애 중에 많은 실수를 저질렀어요. 그에게 더 잘해줄 수 있었는데 말이에요."

"다른 해석도 있나요?"

"글쎄요."

"음…… 그가 관계를 끝내고 싶어 했다고도 설명할 수 있지 않을까요?"

안야는 잠시 생각하더니 이렇게 말했다. "어쩌면 지금은 당장자기 일로 힘든 시간을 보내고 있을 수 있겠죠?"

"네, 그럴 수도 있죠. 다른 해석 또 없나요?"

"음…… 저희 둘 사이에 좁힐 수 없는 차이가 있었을까요?"

"잘하고 있어요, 안야!"

"재밌네요. 전엔 이렇게 생각한 적이 없었어요."

☑ 지도는 영토가 아니다

안야는 갑자기 머릿속을 밝히는 해답을 찾은 것 같았다. 얼굴이 환해졌다. 무언가 달라진 것이다. 내가 답을 제시할 수도 있었지만 내담자 스스로 깨달음에 도달해야 효과가 훨씬 더 크다. 내가 한 일이라고는 '신경언어 프로그래밍neurolinguistic programming(NLP)'의 전제인 '지도는 영토가 아니다'를 도입한 것뿐이다.

NLP는 사고, 언어, 행동의 상호작용 방식을 자세히 살피는 심리학 체계다.[4] NLP는 전문가와 내담자 모두가 일반적으로 생각할 법한 유용하고 편리한 가정 또는 믿음인 '전제'처럼, 과거 사건을 생각하고 바라보는 방식과 인생에 관한 시각을 바꿀 실질적인 방법을 제공한다. 안야의 경우도 인생이 바뀌었다.

NLP에 따르면 우리는 종종 실제 현실보다 사람과 사건이 빚어낸 우리의 주관적인 '영토(인생)'를 나타낸 '지도(지각)'에 응답한다. 영토에 호수가 하나 있다고 알려주는 지도를 보지만 영토 그 자체를 보면 호수가 없다는 사실을 깨닫는 것과 같다. 지도가 잘못된 것이다! 인생에 관한 우리의 믿음은 내가 발레리에게 거절당한 이유를 오해한 것처럼 잘못된 지도와 같을 수 있다. 정체성과 자신에 관한 생각 역시 이런 영향을 받을 수 있다.

안야는 십자가 그림을 해석하며 이별을 새롭게 해석할 수 있었다. 더 낙관적이고 자책하지 않는 해석이었다.

나는 코칭 대상에게 자존감을 높이는 최고의 방법 중 하나는 남의 형편없는 행동에 '자책을 멈추는 것'이라고 말한다.

몇 달 뒤 다시 연락하자 안야는 새 남자 친구를 사귀고 있었고, 새로운 관계에서 피어오르는 질투심을 억누르기 위해 같은 활동을 했다. 그리고 내가 건넨 포스트잇을 보관하며 스스로 생각할 질문을 잊지 않았다. '다른 해석으로는 무엇이 있을까?'

안야는 상처받을 때마다 화내기 전 마음을 가라앉히고 이 질문을 했다. 인생 코칭의 훌륭한 점은 한 사람의 인생을 어루만지면 파급효과가 일어나 다른 사람들의 인생에도 영향을 미칠 수 있어 결국 세상에 긍정적 변화의 물결을 퍼뜨린다는 것이다.

학교나 직장에서 괴롭힘을 당한 적이 있거나 폭력적인 부모, 동료, 파트너가 있다면 낮은 자존감을 겪는 것은 당연하다. 그런 과거 사건을 '해석'할 때 '나 자신'이 문제라고 믿게 되기 때문이다. 나는 성장하면서 가족에게서 신체적으로나 정서적으로 다양한 방식으로 상처를 받았다. 대개 아이들은 부모나 친척을 비난하지 않는다. '자책'한다. 발레리에게 거절당했던 나와 이별을 경험했던 안야처럼.

☑ 상처받은 사람도 상처를 줬다

나는 프로그래머 시절 상사는 물론이고 동료들에게도 괴롭힘을 당했다. 괴롭힘을 경험하는 다른 사람들처럼 내가 받는 취급에 자책했다. 또다시 이야기는 이렇게 흘러갔다. '내 잘못이야. 내가 비호감이거나 일에 서툰 게 분명해.' 지금 보면 아프고 상처받은 것은 바로 그들이었다. 상처받는 사람 역시 다른 사람들에게 상처를 준다. 가해자 스스로 자존감이 낮아 영향력이 없다고 생각한 나머지 남들을 괄시하며 우월감을 느끼려고 하기 때문이다.

내게 잘못은 없었다. 문제는 단지 병든 환경과 개성에 맞지 않는 문화였다. 안타깝게도 정신적으로나 영적으로 이래저래 아픈 사람들이 많다. NLP 모델의 기틀을 마련한 인물이며 가족 치료의 대모인 버지니아 사티어 *Virginia Satir*는 직접 1만 개의 가정을 조사한 후 미국만 봐도 96퍼센트가 역기능 가정이라고 추정했다.[5] 이때 역기능이란 학대, 중독 또는 (누군가에 의존하려 하는) 공의존처럼 건강하지 않은 행동 다수에 관여하는 것을 의미한다.

영국의 억압적이고 자기 비하적이며 술에 환장하는 문화를 생각하면, 영국이라고 역기능 가정 비율이 낮지는 않을 것이다.[6] 연구에 따르면 주량을 기준으로 영국 국민 중 거의 3분의 1을 '술고래'로 분류할 수 있다고 한다![7]

철학자 지두 크리슈나무르티Jiddu Krishnamurti는 심각하게 병든 사회에 잘 적응하는 것은 건강의 척도가 아니라고 했다. 기억하자. 우리 사회는 한때 다음 사항을 합의했던 바로 그 사회다.

◆ 노예제는 꼭 필요했고, 용인되었다.
◆ 여성은 법정에서 믿을 만한 증인이 아니었으며, 선거권을 부여받을 가치가 없는 존재였다.
◆ 사람이 사자한테 산 채로 잡아먹히는 모습(로마 시대 맹수형)을 보는 게 '오락'이었다.

정말 역겹고, 비정상적이다! 오늘날 용인되는 것도 앞으로 50년 또는 100년 후에 흑역사가 되어 이런 질문을 하게 만들 것이다. '도대체 뭘 생각하고 있던 거지?' 그러나 아직도 우리는 괴롭힘, 망신, 조롱을 당하거나 어떤 일이나 역할을 맡지 못하면 여전히 자책하는 것 같다.

심리학에는 사건과 환경을 스스로 해석하는 방식인 '설명 양식'이라는 개념이 있다. 나와 안야의 설명 양식은 모두 '비관적'이었다. 우리는 사건의 원인이 전적으로 '내부'에 있다고 생각하여 우리 자신이 원인이라고 믿었다. 그러나 낙관적인 사람들은 사건과 환경의 원인을 외부에서 찾는다. 마틴 셀리그만 Martin Seligman 박사와 같은 심리학자들이 실시한 연구에 따르면, 부정적 사건에 자책하는 경향이 있는 사람은 실패 원인을 외부에서 찾는 사람보다 자존감이 낮고 더 우울하며 면역력도 낮아 발병률마저 더 높은 편이었다.[8] 짐 가방 싸듯 차곡차곡 쌓은 감정과 숨겨놓은 상처를 훤히 들여다볼 수 있는 엑스선 스캐너가 있다면, 아마 우리는 이렇게나 자주 자책하지 않을 것이다!

나는 불운한 사건을 겪고도 자신의 부정적 생각이나 에너지 때문에 그런 일이 발생했다고 생각하는 사람들의 상담을 진행한 적이 있다. 그들은 불운을 겪고도 쉴 새 없이 자책하고 있었다. 자신이 그런 일을 초래했다고 생각했기 때문이다. 전혀 도움이 안 되는 생각이다! 비관적 설명 양식은 심리 연구로 증명됐듯 정신과 신체 모두에 해롭다.

☑ 낮은 자존감의 악순환

낮은 자존감은 자신에게 불리한 '무의식적 부정 편향'이다. 즉 우리가 나쁘거나 결점 있는 사람이 돼버리는 부정적 사건을 최대한 불리하게 해석하게 만든다. 낮은 자존감의 악순환은 다음과 같다.

내가 생각하는 나는 누구인가?

- '내게 뭔가 잘못이 있어' (부정적 사건에서 처음 생긴 해로운 민음)
- '따라서 이 나쁜 일은 내 잘못이야' (해로운 민음 때문에 생긴 불리한 무의식적 편향)
- '따라서 내게 뭔가 잘못이 있어' (해로운 민음의 강화)

모든 부정적 사건이 우리에게 영향을 미치는 것을 가만히 보고만 있으면, 자신이 별로라는 유해한 초기 민음이 강화될 수 있다. 자신이 형편없고 쓸모없다고 느껴질 때는 계속 이렇게 물어야 한다. '나와 무관한 다른 해석이 있나? 나는 나를 어떻게 생각했지?' 우리는 어느 정도 책임을 덜고 모든 부정적인 일이 자신과 무관할 수 있다는 사실을 깨달아야 한다. (상황이 허락한다면) 부정적 결과를 과하게 책임지는 일은 즉시 멈추기 바란다.

☑ 두더지 굴을 산이라 한다 (일반화 vs 국한화)

자존감이 낮은 사람들이 부정적인 일을 '일반화'한다는 것 역시 주목해야 한다. 하나의 나쁜 사건이나 결과를 가지고, '이 나쁜 일 때문에 내가 커리어와 연애에서 얼마나 형편없고 선천적으로 결점투성이인지 다 티나!'라고 생각한다. 커리어, 인생 또는 정체성을 단 하나의 나쁜 사건만으로 판단하는 것이다. 그러나 자존감이 높은 사람은 부정적인 일을 '국한화'한다. 부정적인 일을 종합적인 자기 평가에 적용하지 않고 적당한 영역에 집어넣는다. 예컨대 자존감 높은 영업 직원은 잠재 고객에게 거절을 당해도, '끝이야. 나는 형편없는 영업 직원이고, 연애 상대로도 인간적으로도 꽝이야. 나는 쓸모없어'라고 결론 내지 않는다. 대신 그들은 이렇게 생각한다. '실망스럽지만 이번뿐이겠지.' 연이어 거절당한다 해도 자책하기보다는 일반적인 업황이나 판매 제품에서 거절 원인을 찾는다.

좋은 일조차
낮은 자존감을 악화시킨다

- '내게 뭔가 문제가 있어' (자신에게 불리한 처음의 해로운 믿음)
- '운이 좋았거나 남들 덕을 봤거나 다른 이유 때문인지 이 일만 잘 해냈어' (해로운 믿음 때문에 생긴 불리한 무의식적 편향)
- '따라서 나는 아직도 별로인 거야' (해로운 믿음의 강화)

이런 악순환은 사칭하는 사람이 된 듯한 '가면 증후군'을 유발할 수 있다.[9] 예컨대 임상심리학 박사 케이트 브라이어튼 ^{Kate Brierton}이 나를 인생 코치로 맞이한 일을 두고, '인생에서 가장 잘한 결정 중 하나'였다며 극찬하는 리뷰를 남겼을 때, 내게 불리한 무의식적 부정 편향(자존감이 낮은 자아)이 이렇게 말했다. '진담이 아니야. 예의상 하는 말이라고!'

긍정적 사건을 보면 부정적 사건과 다르게 반응해야 한다. 긍정적 결과를 내려고 무슨 일을 했는지 스스로 물어보자. 만약 답이

'아무것도 없다'라거나 '운이 좋았다'라면 감정적으로 흑백논리의 피해를 입기 쉽다. 이는 일종의 '인지 왜곡('그릇된 사고'를 이르는 심리학 용어)'이다. (뇌의 보안 센터인) 편도체 때문에 투쟁, 회피, 경직 또는 비위 맞추기(굴복) 방어기제가 작동할 때 발생한다. 이 과정은 우리를 전전두피질('사고' 즉 뇌의 이성 담당 부위)에서 분리하여 비이성적으로, 심지어 바보처럼 행동하다 '제정신'을 차렸을 때 결국 후회할 일을 하게 만들기도 한다. 생존에 유용한 기제인지도 모르겠다. 호랑이나 복면 쓴 무장 강도가 난입하면 살기 위해 순식간에 갑작스러운 결정을 내려야 한다. 그러나 대체로 그런 반응은 부적절하고 비이성적이고 유용하지 않다. 인지 왜곡에서 벗어나는 방법 하나는 자기 왜곡 속에 갇혔다는 사실을 인지하는 것이다. 또 다른 방법은 진정하는 것으로, 심호흡과 (7장에서 자세히 살필 '자기 최면'과 같은) 유도 이완을 통해 달성할 수 있다. 우리는 감정적으로 흥분해 있을 때 더 바보같이 변한다. 따라서 이성적으로 생각하려면 먼저 '진정'해야 한다.

☑ 균형 잡힌 자존감

성인기에 안착한 대부분의 건강한 사람들에게 나타나는 특성은 '균형'이다. NLP에는 '책임이 권한으로 이어진다'는 또 다른 전제가 있다. 사실 인생과 사고방식을 바꾸겠다고 책임지는 것은 변화를 일으키는 데 중요하다. 어디에서도 차이를 만들어내지 못하고 현 상태로 영원히 머무르게 만드는 '학습된 무력감'이 생기지 않도록 말이다. 그러나 안야의 경우처럼 특히 부정적 일에 책임을 과하게 지면 매우 무기력해져서 희생자로 전락할 수 있다. 중독자와 함께 살면서 그들에게 의존하는 사람들(공의존자) 역시 분명 겪을 수 있는 일이다. 그들은 남의 행동에 책임을 너무 많이 진다. 괴롭힘과 학대를 겪은 사람들 역시 자신이 잘못해서 생긴 일이라고 믿고, 자신에게 결점이 있다는 사실에 어느 정도 수치심을 느낀다.

반면에, 책임을 내려놓고 ('지나치게' 자존감이 높은 엄청난 나르시시스트라서) 살면서 만나는 모두를 비난한다면, 인생을 바꿀 권한이 없다고 느껴져 무기력해질 수 있다. 극단은 반대 역시 극단이다.

☑ 거절은 '항상' 주관적이다

이전 편집자가 내게 해준 말이 있다. "출판사나 에이전시가 잠재력을 몰라봤다고 해서 당신의 글이 별로인 건 아니에요! 완전히 주관적이거든요." 맞는 말이다.

- ◆ 그들이 당신에게 끌리지 않는다고 당신이 '꽝'인 건 아니다.
- ◆ 그들이 당신의 작품을 좋아하지 않는다고 당신에게 재능이 없는 건 아니다.
- ◆ 그들이 당신을 선택하지 않았다고 당신이 형편없는 건 아니다.

비틀스를 생각해보자. 어느 레코드사는 "그들의 사운드를 좋아하지 않습니다. 쇼 비즈니스 세계에서 그들은 미래가 없습니다"

라고 평했다. 물론 비틀스는 역사상 상업적으로 가장 성공한 밴드 중 하나가 되었다. 마찬가지로 누군가 당신에게 끌리지 않는다고, 어떤 일이나 역할에 딱 맞다고 생각해주지 않는다고, 그게 객관적으로 사실인 것도 아니고 모두의 의견을 대변하는 것도 아니다. 내게는 별로지만 친구들이 좋아하는 유명인이 분명 존재하며, 반대의 경우도 있다.

자가 질문 키트
다르게 해석하기

1 | 아래 표시를 보자.

X

ⅰ) 무엇 같은가? 첫 번째 해석은 무엇인가?

ⅱ) 다른 해석으로는 무엇이 있는가? 또 얼마나 많이 떠올릴 수 있는가?

2 | 이제, 살면서 자신의 정체성을 만들어냈다고 생각하는 사건을 떠올려보자. 나는 형편없고, 어울리지 않고, 별로라고 생각하는 사건일지 모른다. 그렇다면 다르게 해석해보자.

내가 생각하는 나는 누구인가?

사실 많은 것이 주관적이다. 과학 연구 논문조차 어느 정도 주관적이다. 논문을 게재하려면 동료 평가를 거쳐야만 한다. 이때 (유능하다고 알려진) 동료들이 해당 논문을 보고 과학적으로 흠이 없으며 정확하다고 만장일치로 동의해야 한다. 마찬가지로 법정에서 판사와 배심원은 이성과 논리를 유지하려고 하지만, 법적 주장과 증거를 살필 때 여전히 주관적 요소가 작용한다. 우리는 종종 상급 법원에서 하급 법원의 판결을 뒤집는 일을 본다. 요점이 뭘까? 인간은 주관적이고 감정적인 생명체라서 다른 것을 판단할 때 쓰는 '객관적' 시스템 역시 어느 정도 같은 성질을 띤다는 것이다. 객관성조차 본질적으로 주관적일 수 있다. 그러니 자책하기 전에 이 점을 명심하기 바란다.

우리는 사건을 다르게 해석하는 것에서 어떻게 정체성 이야기가 바뀌며 자존감까지 높아질 수 있는지 살펴봤다. 그러나 자신에 관해 어떻게 의견을 형성하는지 알아내려면, '완벽(이나 결함)'과 어떤 관계를 맺는지까지 면밀히 살펴봐야 한다.

☑ 완벽하지 않아도 '괜찮다'

어느 추운 겨울 저녁, 나는 바닥에 주저앉아 수화기 너머 엄마에게 울음을 토해내고 있었다. 몇 가지 일이 있었기 때문이다. 일단 금전적으로 어려운 편이었다. 한 달 코칭 수익이 예상치 못하게 많이 감소했다. 게다가 친척 중 한 명이 갚기로 하고 빌린 돈을 갚지 않았다(참고: 잃어도 되는 돈 말고는 절대 빌려주지 말기 바란다).

나는 한 데이트 앱에서 어떤 사랑스러운 아일랜드 여성에게 메시지를 보냈었다. 갈색 머리의 수지는 너무나도 매력적인 여성이었다. 똑똑하고 영적이었으며 재밌기까지 했다. 45분간의 전화 통화가 꽤 괜찮았다고 생각했다. 나는 완전히 들떠서 다시 통화하고 싶어 죽을 지경이었다.

그러나 소름 돋게도 다음 날 수지는 내게 대화를 이어나가고 싶지 않다는 메시지를 보냈다. 이유를 들어보니 나는 거의 내 얘기만 하느라 그녀에게 좀처럼 질문을 하지 않았고, 시간당 소득이 얼마며 그 데이트 앱에서 얼마나 많이 매칭시켰는지만 떠벌렸다는 것이다. 완전 얼간이었다. 왜 그랬을까?!

나는 수지에게 한 번 더 기회를 달라고 사정했다. 그녀의 아름다움에 겁을 먹고 내가 데이트할 가치가 있는 사람임을 어느 정도 증명해야겠다고 생각해서 자랑한 것이라고 말했다(많은 남자가 이런 덫에 빠진다). 수지는 솔직히 말해줘서 고맙다며 생각해보겠다고 했다. 그러나 안타깝게도 그녀는 마음을 돌리지 않았고 내 연애에 행운을 빌어줬다. 그게 수지에게서 들은 마지막 말이었다.

묵사발이 된 기분이었다. 13년간 자기계발을 하고 수년간 나 자신을 위해 치료, 코칭, 중독 치료를 받고 책을 숱하게 읽었지만, '또' 거하게 말아먹었다. 나 자신에게 화가 났다.

이번에는 특히나 쓰라렸다. 인생 코치로서 모범을 보여야 한다고 생각했기 때문이다. 그동안 나는 연애 문제와 삶의 질로 고민하는 내담자를 도왔다. 그러나 그때만큼은 수화기 너머 엄마에게 울

내가 생각하는 나는 누구인가?

음을 토해내며 낙오자가 된 기분이라고 말했다. 완전히 쓸모없는 인간이라고 자조했다. 그러고는 정신적 지지를 받으려 회복 치료를 받는 동료에게 전화를 걸어 대화를 나눴다. 문득 전설적인 농구 선수 마이클 조던이 떠올랐다.

☑ 완벽에 이르는 길은 없다

조던은 역사상 최고의 농구 선수 중 하나이며, 2020년을 기준으로 세계에서 가장 부유한 운동선수다.[10] NBA 챔피언 자리에 여섯 번 오른 탁월한 실력과 그간 거둔 성공에 도달하려면 연습에 연습을 거듭해야 했을 것이다. 그러나 그는 환상적인 농구 실력에도 불구하고 커리어 중 9,000번 넘게 슛 기회를 날렸고, 거의 300경기에서 패했다. 게다가 결승 슛이라고 믿었지만 놓친 게 스물여섯 번이라고 말한다.[11]

그러니 조던은 분명 '완벽한' 농구 선수는 아니다. 세계 최고 선수 중 한 명으로 매일 몇 시간이나 연습하고 경기력이 최상이었어도 '여전히' 실수를 저질렀다. 교육과 자기계발 후에도 절대 완벽하지 않은 나 자신을 용서해도 괜찮을 것 같았다.

그러자 마치 신이 내린 벼락을 맞은 것처럼 통찰을 얻었다. '내가 너무 좌절했던 건 나 자신에게 완벽을 원했기 때문이다.'

'완벽주의'는 학습된 행동이다. 우리에게는 완벽하면 매력적일 거라는 믿음이 생겨난다. 어린 시절 어쩔 수 없이 실수를 저질렀을 때 욱하거나 지나치게 비판적이었던 부모, 친척, 선생님 같은 사람들 때문이다.

안타깝게도 완벽은 손에 넣을 수 없다. 따라서 앞서 말한 믿음은 도움이 안 되며 건강한 자존감에 방해가 된다. 언제라도 깨질 수 있는 유리구슬 속에서 사는 것과 같다. 현실이 완전히 산산조각 나려면 작은 흠집(비난)이면 충분하다.

우리는 대체로 완벽에 도달하려고 노력한다. 완벽하지 않거나 실수를 저지르면 열등하거나 결점이 있다고까지 생각하는 사람도 있다. 그래서 내가 그랬듯, 쓸모없다고 느끼기도 한다.

☑ 완벽하지 않다고 쓸모없는 것은 아니다

완벽 여부를 따지며 자신에게 흑백논리를 갖다 대는 게 이상하다. 결점이 있거나 실수를 저지른다고 쓸모없다고 생각하다니. 땅바닥에 떨어진 20파운드 지폐는 엄청나게 구겨져 펴질 기미가 안 보이고 더럽다 해도 '여전히' 20파운드의 가치가 있다. 20파운드짜리 지폐로 설명하는 게 훨씬 더 쉽고 논리적이라는 생각이 얼마나 자본주의적인지 안타깝다. 분명 인간의 삶이 20파운드보다 훨씬 더 가치 있을 텐데 말이다.

실수와 성격 결함은 어느 날 누군가를 도울 때 대단히 큰 가치를 지닐 수 있다. 나는 코칭 교육을 받는 동안 내담자로부터 '결혼하셨냐'는 공격적인 질문을 받은 결혼 상담사 이야기를 들었다. 그 상담사는 이렇게 말했다. "아니요. 사실, 이혼했어요." 이에 내담자는 이렇게 물었다. "그렇다면 무슨 자격으로 제게 이래라저래라 하시는 거죠?" 그러자 상담사가 대답했다. "글쎄요. '나쁜' 결혼이 어떤 건지는 확실히 알려드릴 수 있죠."

우리가 저지르는 실수는 후에 남들이 배울 수 있는 가치 있는 교훈으로 재탄생할 수 있다. 많은 기업가가 과거에 저지른 사업 실수와 실패를 이렇게 바라본다. 나는 기프트게이밍을 운영하던 시절에 혼자서 다 하는 것은 불가능하고, 장기적인 성공에는 자기 관리가 필수라는 사실을 알게 되었다.

NLP에는 '실패란 없고 피드백만 있을 뿐'이라는 전제가 있다. 아이들은 피드백을 통해 걸음마를 배우는데, 넘어지고 다시 일어나는 실수를 해야 피드백을 얻을 수 있다. 그러나 우리는 실수를 저질렀을 때 얼마나 자주 자신을 매몰차게 비난하는가?

악기 연주처럼 뭔가 새로운 것을 배울 때를 생각해보자. 대개가 시작과 동시에 실수를 저지를 것이다. 잘못된 음을 짚을 수도 있고 박자를 틀릴 수도 있다. 그러나 그때그때 바로잡으면 된다. 그러면 연주가 훨씬 좋아진다. 이 과정은 곡을 완전히 익힐 때까지 계속된다. 인생, 커리어, 관계 역시 마찬가지다.

우리는 자신을 실패나 결점으로 정의할 수 있다. 그러나 실패는 위대한 성공으로 이어질 수 있다. 일부 유명한 일화는 다음과 같다.

- 토머스 에디슨은 천 번 넘게 시도한 끝에 전구 발명에 성공했다.
- 작가 J. K. 롤링은 『해리 포터』로 출판사에서 스무 번 넘게 퇴짜 맞았다.

- 윤활유 'WD40'이라는 이름은 40번의 시도 끝에 올바른 제조 법을 얻은 것에서 유래했다.
- 오프라 윈프리는 TV 진행자 자리에서 해고당하고 나서 자신만의 미디어 제국을 건설했다.
- 월트 디즈니는 '독창적인 아이디어가 없다'는 이유로 신문사에서 해고당했다.
- 영화감독 스티븐 스필버그는 서던캘리포니아대학교에 지원했지만 세 번이나 낙방했다.

결점은 재기를 위한 발판이다. 당신 역시 당신의 이야기 속 영웅이 될 수 있다. C. S. 루이스(『나니아 연대기』 저자)는 이런 말을 남겼다. '시작을 되돌릴 수도 없고 바꿀 수도 없지만, 지금 있는 곳에서 시작해서 결말을 바꿀 수는 있다.'

어쨌든 우리 모두 인생에서 걸음마를 배우고 있다. 완벽한 설명서를 가지고 태어나는 사람은 없다. 만약 어떤 아이가 걸음마를 배우다 넘어지면, 위로하고 다시 해보라고 격려할 것인가 아니면 실수해서 별로라며 질책하고 창피를 줄 것인가?

우리는 스스로에게 최악의 적일 수 있다. 최대한 매몰차고 가혹하게 말한다. 그 결과, 완벽주의자나 일중독자가 되어 자존감이 낮아지거나 자기 관리가 부족해진다. 완벽해지려던 과거에 작별을 고할 시간이다. 살면서 최선은 다하되 어쩔 수 없이 실수를 저지를 때는 너그러이 자신을 용서하자.

자가 질문 키트
완벽과 결별하기

1 | 완벽주의에 도전하기

▶ 일주일 내내 이상한 양말을 신고서 결함을 편하게 받아들여보자!

▶ 결점 목록을 만들고 가족이나 친구 중 최소 세 명에게 보여주자. 이후 여전히 나를 좋아하는지 물어보자.

▶ 새로운 취미를 배우고 서툴어도 인정하자. 악기를 배우거나 뭔가 그려보기 바란다.

▶ 이제 인생을 되돌아보자. 불상사와 실수에서 더 많이 배우고 크게 성공할 수 있었던 때는 언제인가? 나 자신을 용서하고 스스로 공감할 수 있다면 나의 인생은 어떻게 나아질까?

▶ 어떻게 하면 나 자신을 용서할 수 있을까?

☑ 정당한 비교인지 확인하기

'비교'는 낮은 자존감의 원천이 되곤 한다. 비교한다면 그것이 '정당'한지 반드시 확인하기 바란다. 체육관 탈의실에 있다가 근육이 쩍쩍 갈라진 사람과 자신을 비교하기 쉽다. 그러나 물끄러미 바라만 봐서는 스테로이드 때문인지 대식가라 그런지 아니면 운동 중독이라서인지 알 길이 없다.

비교 전에 정당성을 따지는 일이 얼마나 있는가? (좋은 차와 집을 가진) 이웃이 빚쟁이라는 사실을 숨긴 채 파산 직전일 수도 있다는 것을 어떻게 알겠는가? 부유하다고 해도 미심쩍은 방식으로 재산을 축적하지 않았다고 어떻게 확신할 수 있겠는가? 어쩌면 금전적 지원을 충분히 해줄 수 있는 부유한 집안 출신일 수도 있다. 한 번 더 말하자면, 부유한 사람이라고 해서 모두 부패한 것은 아니며 성공한 사람이라고 해서 모두 부유한 배경을 타고난 것도 아니다. 그러나 이런 질문을 의식하는 것은 중요하다.

- ♦ 이 비교는 공정한가?
- ♦ 내 시작점을 그들의 결승점과 비교하고 있진 않은가?
- ♦ 내 내면을 그들의 외면과 비교하고 있진 않은가?

질투의 한 원인으로 이런 게 있다. 모두 제 몫의 사랑을 받지 못한다고 생각하기 때문이다. 그러나 어리석은 말이다. 마치 내게 사운드가든과 오디오슬레이브 중 어떤 밴드를 더 좋아하는지 물어보는 것과 같다(두 팀 모두 크리스 코넬이 보컬이며, 훌륭하다). 아니면 빅터 프랭클의 『죽음의 수용소에서』나 모건 스콧 펙의 『아직도 가야 할 길』 중에서 어떤 책이 좋은지 묻는 질문과 같다. 두 책은 서로 다르지만 저마다 훌륭하고 내게 깊은 영향을 줬다. 그러니 두 사람 모두 특별하고 독특하지 않을 이유가 있겠는가? 질투는 공포의 결과이기도 하다. 결국 질투의 정반대는 '믿음' (그리고 감사)이다. 믿음은 다음과 같다.

- ◆ 나 자신을 위한 시간, 사랑, 관심이 충분하다.
- ◆ 남뿐만 아니라 나를 위해서도 여지가 충분하다.
- ◆ 내가 가진 것은 이미 충분하다(감사).
- ◆ '나'는 충분하다.

☑ 자존감을 높이는 또 다른 방법

심리학 박사이자 『자존감의 여섯 기둥』의 저자인 너새니얼 브랜든 Nathaniel Branden에 따르면, 자존감의 주요 기둥 하나는 보는 사람이 없어도 모든 일에 정직하게 행동하는 '자아 통합'이다. 우리는 완전히 혼자일 때 우리가 한 일을 잘 알고 있다. 개가 방귀를 뀐 거라고 둘러대는 등 사소한 일일 수 있다. 그러나 절도, 사기, 기타 범죄처럼 심각한 일일 수도 있다. 부정을 저지른 적 있다면 나중에 죄책감과 수치심이 밀려와 자존감을 좀먹고 나쁜 습관을 부채질한다(3장 참고). 우리는 아무도 모른다 해도 우리의 행동을 바탕으로 자신에 관한 의견을 형성할 수 있다. 정직함으로 자존감을 키워나갈 수도 있다. 진실을 말한 대가로 부정적인 결과가 있다 해도 양심만큼은 깨끗해서 믿음직하다며 자화자찬할 수 있는 것이다. 그러나 남에게 피해를 주거나 자신에게 나쁜 감정을 품을 수 있는 위험을 무릅써야 한다면, 정직함 역시 좋은 생각은 아니다.

올바른 일과 부정한 일 중에서 선택해야 할 때, 올바른 일을 더 많이 하려고 한다면 스스로를 높게 평가하기 시작할 것이다. 또 자기 관리가 '이기적'이라고 생각하는 덫에 빠지지 않도록 주의해야 한다(이기적이지 않으니까). 우리는 남을 돕기 전에 산소마스크부터 착용해야 한다. 자신을 고갈시키고는 그 누구도 도울 수 없다. 2011년, 심리학 박사 제니퍼 크로커Jennifer Crocker가 실시한 연구에 따르면, 이타적인 '봉사'는 자존감을 높인다.[12] 다만 앞으로 5장과 6장에서 더 깊이 다루겠지만, '누구'에게 '왜' 봉사하는지 반드시 자문해야 한다. 자기 잇속만 차리다가는 더 우울해지기 쉽다. 크로커가 지적하듯 어떤 봉사든 자존감을 높이려면 (해야 하는 일이라서 한다는 식의) 명분이 있어야지, 자존감을 높이거나 좋은 사람처럼 보이려고 해서는 안 된다. 봉사는 (인간의 중요한 욕구인) 인생에서 더 많은 의미와 목적을 얻는 방법 중 하나로, 다음 장에서 자세히 살펴볼 것이다.

'내가 생각하는 나는 누구인가?'라는 질문에 답할 때는 핵심 정체성을 형성하는 '방법'과 '기준'부터 살펴보는 것이 중요하다.

☑ 자존감의 원천

우리는 직업, 성취, 관계로 자신을 정의할 수 있지만, 그것은 분명 위험하고 약한 토대처럼 보인다. 자신을 정의하려면 직함과 지위를 넘어 성격 등 다른 면을 봐야 한다. 친구가 당신을 좋아하는 건 특히 성격 때문임을 기억하기 바란다. 그리고 우리 모두 언젠가 나이 들어 주름질 것이며, 허리둘레가 줄 수도 늘 수도 있다는 사실을 알아야 한다. 따라서 수려한 외모, 체격, 건강 수준을 자존감의 핵심 토대로 삼지 않는 게 바람직하다. 내가 만난 사람들 중 자신감에 넘치는 사람 일부는 건강이 좋지 않았고, 가장 불안정한 사람 일부는 건강만큼은 최고였다. 자존감과 내적 자신감은 미적 만족도에 따라 달라질 필요가 없다. 물론 좋은 몸매와 건강을 원하는 게 잘못된 건 아니다. 오히려 매우 권장한다! 그저 자기 가치를 결정짓는 궁극적 요소로 삼지 않기를 바랄 뿐이다.

(비교적) 불안정한 원천 - 외부	(비교적) 안정적인 원천 - 내부
▸ 직함 ▸ 부 ▸ 명성 ▸ 연인 ▸ 행운 ▸ 체격 ▸ 건강 수준	▸ 핵심 정체성 ▸ 정체성 이야기 ▸ 스스로 결함을 바라보는 방식 ▸ 부정적 혹은 긍정적 사건을 해석하는 방식 ▸ 핵심 믿음 ▸ 자아 통합과 선행 ▸ 정당한 비교

☑ 자존감의 양상에 따른 해석 차이

　우리는 과거 사건을 바탕으로 자신에 관한 의견을 형성할 수 있지만, 사건의 원인을 내부에서 찾는 비관적 설명 양식으로 해석에 나선다면 완전히 틀릴 수도 있다('내 잘못이야' 또는 '내가 별로라서 벌어진 일이야').

내가 생각하는 나는 누구인가?

자존감이 낮은 사람들	자존감이 높은 사람들
▸ 부정적 사건과 결과에 '자책'하고, 너무 많이 책임진다. ▸ 긍정적 사건과 결과의 공을 외부에 돌린다(예: '운이 좋았어' 또는 '남들이 잘해서 그래'). ▸ 인생의 '한' 영역에서 저지른 단 하나의 실패 때문에 다 망쳤다고 믿으며 부정적 사건을 '일반화'한다.	▸ 부정적 사건과 결과의 원인을 '바깥'에서 찾는다. ▸ 긍정적 사건과 결과의 공을 차지하고, 자신의 기여 또는 능력이 어떻게 차이를 만들어냈는지 본다. ▸ 인생의 '한' 영역에서 저지른 단 하나의 실패가 '특정' 영역에만 영향을 미치고, 자신을 전체적으로 반영하지 않는다고 믿으며 부정적 사건을 '국한화'한다.

이번 장에서 살펴봤듯이 ('지도는 영토가 아니다'라는 말을 기억하고) '다르게' 해석하면, 자신의 이야기를 바꿔 정체성까지 바꾸고 자존감을 높일 수 있다. 과거 사건에 내린 결론을 재검토하기 위해 '다른 해석이 있는지' 자문해보기 바란다. 병들었거나 학대 성향이 있는 사람들의 행위나 판단의 대상이었는지 항상 생각해봐야 한다 (사회가 어떤 면에서는 대체로 병들었거나 제구실을 못 한다는 사실을 명심하자). 또 우리의 믿음이 오늘날 더 이상 진실이 아닐 수 있고, 심지어 그 믿음이 우리 자신의 것이 아닐 수 있다고 인지하는 게 중요하다.

완벽해지려고 부단히 노력하는 것 역시 정체성에는 위험한 일이다. 인간으로서 실수를 저지르지 않기란 불가능하다. 그러므로 결함을 인지하고 완벽에 작별을 고하는 것이 낫다. 실패란 없으며 오직 '피드백'만 있을 뿐이라는 사실도 잊지 말아야 한다.

정체성, 사건을 설명하는 방식 외에도 우리의 심리적 행복에 중요한 역할을 하는 것이 인간의 '기본 욕구'다. 이는 다음 장에서 알아볼 것이다.

자존감 향상을 위해 '더 깊이' 생각해볼 질문

1 | 자신이 형편없고 창피하고 또는 결점이 있다고 느꼈던 사건에 관해 이렇게 자문해보자.

  i) 나와 무관한 다른 해석이 있는가?

  ii) 상대에게 무슨 일이 있었던 건 아닐까?

2 | 다음 질문을 깊이 생각해보자.

  나는 자존감 부족을 보상하기 위해 돈, 지위 또는 성취를 어떻게 활용하는가?

3 | 오늘은 어떤 '선행'을 베풀지 생각해보자.

내가 생각하는 나는 누구인가?

CHAPTER

2

채우지 못한 욕구가
있는가?

"모든 짜증과 주도권 싸움의 근원에는
충족되지 않은 욕구가 있다."

— 마셜 로젠버그 Marshall Rosenberg

정원에 식물 하나가 있었다. 언젠가부터 식물은 성장을 멈추고 시들어갔다. 식물은 사람을 상대하는 상담사가 지나가자 도움을 청했다. 날이 저물 때까지 그 앞에서 자기 문제를 죄다 늘어놨다. 말을 들어주는 이가 있어 기뻤지만 기분이 풀리지는 않았다. 다음 날, 인지행동치료사가 지나갔다. 식물은 또다시 도움을 요청했다. 치료사는 논리적 설명을 곁들이며 식물에게서 부정적 사고 패턴을 발견하려 했다. 식물은 논리 일부에 동의했지만 역시 나아지지는 않았다. 그다음 날엔 정신분석가가 지나갔다. 식물은 또다시 도움을 요청했고, 그와 함께 유년기 얘기를 하며 자신이 어린 식물로서 어땠는지 파헤쳤다. 그러나 여전히 활기를 찾지 못했고 오히려 기분이 더 안 좋아졌다. 다정한 부모가 없었다는 생각에 속상했기 때문이다. 세 명 모두 쩔쩔맸고 결국 의사를 불러 식물에게 강한 약을 처방했다. 식물은 조금 나아지는가 싶었지만 여전히 무기력했

채우지 못한 욕구가 있는가?

고 끔찍한 부작용까지 겪었다. 어느 날, 정원사가 지나가다 가엾게도 그늘 속에서 바싹 마른 식물을 발견했다. 그는 식물에 물을 주고 햇빛을 받을 수 있게 식물을 옮겨줬다. 얼마 안 있어 식물은 기분이 좋아졌고 다시 꽃을 피우기 시작했다. 식물은 너무 오랫동안 괴로워하다가 자신의 기본 욕구를 완전히 잊었던 것이다!

이 세상 온갖 비법을 쓴다 해도 식물의 기본 욕구(물과 햇빛)를 충족하지 못하면 식물은 시들어 죽는다. 인간도 마찬가지다. 이것이 '휴먼 기브스human givens' 심리치료의 기본이다. 인간은 타고난 신체적, 정서적 욕구를 가지고 있고, 충족되지 않으면 심리적으로 병든다.[13] 충족되지 않은 기본 욕구 때문에 성취감을 느끼지 못하고 무기력하고 스트레스를 받고 걱정되거나 화가 날 수 있다. 나는 내담자를 맞이하면서 몇 가지 작업과 더불어 그들의 성격 유형과 핵심 무의식 동기를 알아내기 위해 '종합 심리 평가'와 (휴먼 기브스 심리치료에서 개발하여 사용하는 양식을 개작한) '정서적 욕구 진단 검사'[14]를 진행한다. 이를 통해 무엇이 내담자를 그토록 비참하게 만드는지 빠르게 파악할 수 있다.

이제부터 휴먼 기브스 접근법의 근간을 이루는 구성 요소를 소개하고자 한다.[15] 이 중 일부는 내 식대로 표현하고 확장했다. 우리에게는 생물학적, 사회적, 심리적, 실존적 욕구가 있으며, 심신이 모두 건강해지고 싶다면 이를 충족해야 한다.

생물학적 욕구

바위 같은 무생물과 달리 우리에게는 수면, 영양, 운동, 신체 안전 등 생존을 위해 충족해야 하는 다양한 생물학적 욕구가 있다. 이게 당연하다고 생각하겠지만, 당연하다고 해서 반드시 지켜진다고는 할 수 없다. 잠을 줄이고 운동을 거르며 일을 더 하거나 파티 또는 사교 활동을 더 즐기는 일이 얼마나 잦은지 생각해보자. 그리고 얼마나 자주 정크 푸드와 포장 음식만 찾는지, 또 위험한 동네, 가정 또는 동반자나 유해하고 비협조적인 직장을 얼마나 오래 견디는지 따져보자.

일부는 다들 아는 뻔한 내용인 것 같지만, 대부분 어찌나 기본을 챙기지 않는지 놀라울 정도다. 나 역시 정신 건강에 위기를 맞고 나서야 기본을 더 진지하게 받아들이기 시작했다!

☑ 잠이 보약

서문에서 말했듯 수면은 인지 및 신체 상태의 정점에 오르는 데 꼭 필요하다. 듣자 하니 농구 선수 르브론 제임스와 테니스 선수 로저 페더러와 같이 세계적으로 유명한 운동선수들도 평균 열두 시간 잔다고 한다. 한편 우사인 볼트 같은 기록 경신 단거리 달리기 선수들은 약 열 시간 잔다고 한다.[16] 이렇듯 '잘 자는 자'가 승리한다. 인생에서 승리하고 싶다면, 답은 '수면'이다.

수면이 최고의 성과를 내는 데 중요하기에 '수면 박탈'은 '심히' 좋지 않다. 보통의 수면 박탈조차 술 취한 것과 같은 인지 기능 장애(사고 및 추론 능력 감소)로 이어진다는 사실을 아는가?[17]

그러나 오랜 시간 직장에서 자신을 매섭게 몰아붙이고 빡빡한 마감일을 맞추며 마치 운동선수처럼 '일'하지만, 이와 똑같은 수준으로 '수면'을 취하는 사람이 몇이나 될까? 코칭했던 여러 비즈니스 및 스타트업 오너에게 비즈니스에서 가장 중요한 자산이 무엇이냐고 묻자, 99퍼센트가 고객, 재산, 웹사이트 또는 제품이라고 답했다. 거기에 대고 나는 '아니'라고 하며 이렇게 말했다. "비즈니스에서 가장 중요한 자산은 '자기 자신'입니다. 운영자인 여러분이 없으면 일이 더는 굴러가지 않기 때문이죠." 지금껏 이에 반기를 든 내담자는 단 한 명도 없었다.

수면은 신체와 정신 건강 그리고 생산성의 핵심이다. 렘REM수면 상태에서 꿈을 꾸면 신경계가 '리셋'된다. 심리학자이자 휴먼 기브스의 공동 창시자인 조 그리핀Joe Griffin은 우리가 꿈을 꿀 때 낮 동안 표현하지 않고 쌓아뒀던 '정서적 각성'을 실연하고 해소한다는 사실을 발견했다.[18] 예를 들어 누군가에게 육체적으로 매우 끌렸을 수도 있고, 예기치 않은 소음에 깜짝 놀라 순간적으로 겁이 났을 수도 있다. 그런 사건이 정서적 각성을 일으키고 자율신경계가 작동하도록 발화한다. 그러나 우리는 좀처럼 행동에 나서지 않는다. 끌리는 대상에게 아무 말도 안 하고, 소음이 자동차 경적이었다는 사실을 깨닫고는 가던 길을 간다. 그러나 각성이 발생했다면 해소해야 한다. 그렇지 않으면 실제로 옮기지 않은 행동에 미련을 갖다가 약하게나마 신경쇠약을 겪게 될 것이다. 정서적 각성의 해소는 꿈을 매개로 이루어지며, 이는 뇌와 감정을 대상으로 진행되는 일종의 소프트웨어 업데이트와 같다. 깊은 수면은 신체가 스스로 치유하고, 신경화학물질의 균형을 다시 맞추며, 뇌에서 찌꺼기를 제거하면서 세포를 수리하는 시간이다. 이런 수면 형태는 하드웨어 유지 보수를 위해 전원을 끄는 것과 유사하다. 우리는 숙면을 취하고 나면 기운이 나고 의욕이 샘솟고 정서적으로 균형 잡힌다. 그러나 별로 못 자거나 최악의 경우 '전혀' 못 자면, 괴팍해지고 짜증 나고 무기력하고 굼뜨게 된다. 식탐까지 늘 수 있다. 수면이 그렐린^{ghrelin}과 렙틴^{leptin}이라는 식욕 조절 호르몬 수치에 영향을 주기 때문이다. 자신도 모르게 음식에, 특히 '나쁜 탄수화물(흰색 파스타, 피자, 감자칩, 단 디저트, 과자 등 정제된 단순 탄수화물)'에 손이 더 간다. 몸이 그런 당에서 얻는 즉각적인 에너지를 갈망하기 때문이다. 또한 신경계가 적절히 리셋될 기회를 얻지 못해 더 감정적으로 변하고 더 불안해진다.

내가 젊은 기업가 시절에 저질렀던 가장 큰 실수 중 하나는 '잠을 포기하면 일을 더 많이 해서 효율이 높아져 성공할 것'이라고 생각한 일이었다. 당연히 연료가 바닥난 듯 능력을 온전히 발휘하지 못하는 문제를 겪었다. 안타깝게도 해롭기 짝이 없는 극한 도전 문화가 만연한 탓에, 사람들은 잠을 거르고 성공을 향해 달리며 자신을 '갈아 넣을' 듯 쉴 없이 일한다. 『죽을 때까지 일하기: 일중독의 엄청난 대가 Working Ourselves to Death: The High Cost of Workaholism』의 저자 다이앤 패설 Diane Fassel과 같은 경영 컨설턴트들은 자기학대에 가까운 일중독 성향 때문에 스트레스, 질병, 번아웃을 이유로 쉬는 직원들이 있어 결국 대가를 '호되게' 치른다고 말한다.

수면의 질을 높이고 싶다면, 다음 제안을 참고하기 바란다.

- 정오 이후 카페인 섭취 피하기 (카페인 효과는 여섯 시간이 지나야 절반으로 떨어지므로, 열두 시간이 지나도 혈중 카페인 농도는 25퍼센트나 된다.)
- 낮에 운동하기 (산책만으로도 충분하다.)
- 자는 동안 편안한 음악 틀기 (긴장을 풀어주는 음악, 잔잔한 음악, 부드러운 재즈, 모두 적절하다.)
- 자기 직전 매우 자극적인 비디오 게임이나 TV 프로그램 피하기
- 방을 어둡고 서늘하며 조용하게 유지하기 (필요하다면 귀마개 사용 권장. 어둠을 싫어한다면 은은한 등 하나 놓는 것도 좋다!)

- 낮에 품었던 걱정이 뭐든 대처하여 선제 조치 취하기
- 잠들 시간쯤에 운동하지 않기
- 유도 이완, 명상, 최면 또는 기도

요점은 이렇다. 행복감, 기분, 건강 전반을 끌어올리고 싶다면 잠을 거르지 말아야 한다. 수면 시간이 충분하지 않다면 일이 너무 많은 게 이유일 수 있으니, 수면 시간 확보를 위해 일을 줄여야 한다. 그렇지 않으면 정신 및 신체 건강에 적신호가 켜지는 것은 물론이고, 잠재력과 능력을 온전히 발휘하지 못할 것이다.

☑ 영양 결핍은 영혼을 잠식한다

균형이 잘 잡힌 식단은 체중 관리와 신체 건강에만 중요한 게 아니다. '정신 건강'에도 영향을 미친다. 1990년대 의사 친구 하나가 장 건강과 식단이 정신 건강에 영향을 준다고 말했다가 의료계 동료들의 비웃음을 샀다. 그러나 이제는 정당성을 입증받았다. 많은 전문가들이 건강한 식단으로 정신 건강이 향상된다고 본다. 한 연구에 따르면 지중해식 식단(채소, 과일, 견과류, 콩, 곡물, 생선, 올리브유와 같은 불포화지방 비율이 높은 식단)에 생선 기름을 더했더니 피실험자들 사이에서 우울증이 감소했으며, 실험 후 6개월간 같은 효과가 지속되었다.[19] 2011년, 뉴질랜드 크라이스트처치에서 발생한 끔찍한 지진에서 살아남은 사람들에게 멀티비타민 보충제를 제공하자, 위약placebo과 비교하여 '심리 증상'이 상당히 감소했고 기

채우지 못한 욕구가 있는가?

분, 불안감, 에너지 측면에서 개선이 보였다.[20] 하버드 의과대학의 정신과학 교수이자 미국 매사추세츠 종합병원 우울증 클리닉 및 연구 프로그램 책임자인 데이비드 미셜런David Mischoulon 박사에 따르면, 오메가-3 지방산은 효험과 안전성에 관해 더 많은 연구가 필요하지만 '기분 장애' 개선에 탁월한 자연 치유제라고 한다.[21]

특히 지중해식 식단을 구성하는 음식 다수가 정신 건강에 좋다. 비타민B3 생성에 관여하는 아미노산인 트립토판을 끌어올리기 때문이다. 비타민B3는 신경전달물질인 세로토닌(웰빙, 행복, 좋은 기분을 관장하는 호르몬)뿐만 아니라 멜라토닌(적절한 때에 수면을 유도하는 호르몬) 생성에 꼭 필요하다. 트립토판은 닭고기, 달걀, 치즈, 생선, 땅콩, 호박, 참깨, 우유, 칠면조, 두부, 콩에 많이 함유되어 있다. 트립토판이 비타민B3로 전환되려면 체내에 다음과 같은 물질이 충분해야 한다.

◆ 철분 - 시금치, 브로콜리, 두부, 빨간 강낭콩, 풋콩, 이집트콩, 견과류, 말린 과일, 붉은 살코기, 생선에 함유
◆ 비타민B6 - 땅콩, 콩, 귀리, 바나나, 우유, 돼지고기, 닭고기 또는 칠면조 등 가금류에 함유
◆ 비타민B2 - 우유, 달걀, 버섯, 플레인 요거트, 아몬드, 아보카도, 시금치, 강화 두부, 소고기, 연어에 함유

감미료는 혈당 수치에 사정없이 폭격을 가할 테니 많이 소비해

봤자 좋을 게 없다. 혈당 수치가 낮으면 축 처지고 짜증 나고 불안할 수 있지만,[22] 혈당 수치가 높으면 심하게 들떠서 안절부절못할 위험이 있다. 카페인은 코르티솔과 아드레날린 수치를 높여 신경까지 자극하기 때문에 심한 흥분을 일으킨다(과거의 나처럼 카페인 음료를 하루에 여섯 잔 마신다면 틀림없이 경험할 것이다). 커피나 차 한 잔 정도는 괜찮지만 과하면 안 된다. 카페인의 반감기가 여섯 시간이라는 점을 고려하면 정오 이후에 마셔도 안 된다.

술 얘기를 안 하고 넘어갈 수 없다. 적은 양이야 괜찮지만 과하면 숙취를 겪고 또 매일 물처럼 마시다 말면 매우 불안해질 수 있다. 신경계가 둔화하여 알딸딸해봐야 금세 깨어나 원래 상태로 돌아올 것이다. 또한 술을 마시고 나면 어색함이 사라져 흑역사가 될 만한 일을 저지르기 쉽다. 흑역사의 여파는 범죄 기록, 음주운전, 사랑하는 이를 향한 폭언과 같이 정신 건강에 오래 영향을 미친다. 시청 고위직에 있으면서 일에 열심이던 내담자 소피가 생각난다. 그녀는 술만 몇 잔 하면 연인과 말싸움을 벌였다. 욕설과 고성이 난무한 다음 날에는 죄책감, 창피함, 후회(그리고 숙취)가 밀려들었다. 나는 때때로 밤에 놀다가 취한 채 들어와 포장 음식을 입 안에 무식하게 욱여넣고는, 다음 날 너무 무기력한 나머지 운동을 못한 건 물론이고 걱정만 쌓였다. 경찰인 우리 엄마 말로는 일 년 중 가장 안 좋은 시기가 크리스마스라고 한다. 어쩔 수 없이 만나고, 역기능 가족에 술기운까지 더해지니 그 조합이야 불 보듯 뻔하다!

앞서 말한 대로 정크 푸드를 달고 살고 야채는 입에 댈까 말까

채우지 못한 욕구가 있는가?

하면서 카페인 수혈이나 한다면, 정신적으로나 신체적으로 최상의 상태는 꿈도 꿀 수 없다. 나쁜 식단은 심장병, 고혈압, 당뇨, 암 등 만병의 근원이다. 잃고 나서 후회하지 말고 건강을 미리 돌보자.

마지막으로, 충분한 수분 섭취 역시 매우 중요하다. 연구에 따르면 탈수가 2퍼센트만 진행되어도 인지 기능과 (문제 해결 능력, 암기력, 주의력 등) 정신적 성과가 떨어질 수 있다.[23] 또한 생수만 마셔도 우울증과 불안증 위험을 낮추는 데 효과적이라는 사실이 드러났다.[24]

요컨대 채소와 단백질을 가까이하고 카페인, 정제당, 술은 절제하되 물을 많이 마시자. 저탄수화물 식단을 고려해보고 (갈색 빵이나 갈색 파스타와 같은) 복합탄수화물을 꾸준히 먹어보자. 그러면 에너지를 더 오래 유지하고 탄수화물 붕괴 또는 당 붕괴를 피해 심신의 건강이 향상될 것이다. 지병이 있다면 변화를 꾀하기 전에 의사에게 식단 조언부터 구해야 한다. 바람직한 식단을 유지하는 게 어렵다면 드러나지 않은 음식 중독이 있을지도 모른다(다음 장 참고).

☑ 운동, 다짐만 하는 건 자만에 불과

운동에는 콜레스테롤 감소뿐만 아니라 스트레스 완화, 수면질 향상, 기분 개선 등 수많은 이점이 있다. 항우울제만큼 효과가 있기도 하다.[25] 그러니 축 처진다면 빠르게 걷든 뛰든 운동장으로 나가자. 우울하고 의욕이 없다고 온종일 침대에만 처박혀 있다면

'최악'이다. '운동할 시간이 없다'는 말을 '건강을 챙기지 않는다'로 바꾼 뒤, 그게 '사실'인지 자문하기 바란다. 자, 돈이 온전한 정신보다 정말 더 중요한가? 타인의 소망과 욕구가 나 자신의 정신과 신체를 제쳐둘 만큼 중요한가? 없던 시간이 저절로 생기지는 않는다. 적극적으로 만들어내야 한다. 일정을 보고 우선순위를 따질 게 아니라, 우선순위를 정해놓고 일정을 짜야 한다. 이제부터 오후 7시에서 8시까지는 무조건 운동만 하겠다는 식으로 정하는 것이다. 아침형 인간이라면 오전 5시도 좋다. 그리고 실제로 즐기는 운동을 하자. 나는 보통 달리기와 덤벨 운동을 한다. 누군가는 수영, 테니스, 요가 또는 필라테스에 재미를 붙였을 수도 있다. 관심 있는 거라면 뭐든 좋다. 신체 활동을 유발하기만 하면 된다. 올림픽에 나갈 정도로 잘할 필요도 없다. 실수는 웃어넘기면 그만이다. 즐겁게 활동하기만 해도 충분하다. 내 이전 코치 중 하나는 80대였지만, 체육관에 다니며 규칙적으로 테니스까지 쳤다! 우리 중 금메달을 목표로 훈련하는 사람은 거의 없을 테니 자신을 더 관대하게 대하자! 아예 안 하는 것보다 조금씩이라도 자주 하는 편이 낫다. 번아웃이나 불면증 때문에 고생하고 있다면, 10분이라도 바람을 쐐보자.

☑ 자연이 제공하는 공짜 서비스

외출에는 여러 기능이 있다. 우선 햇빛이 생체리듬 조절을 돕는다. 우리가 햇빛 덕분에 낮에는 깨어 있고 밤에 졸리다는 말이다. 빛은 멜라토닌 조절에 꼭 필요하며 각성에도 중요하다. 빛 중에서

채우지 못한 욕구가 있는가?

도 특히 밝은 빛을 쬐면, 멜라토닌 억제로 인해 정신이 더 맑고 또렷해진다. 햇빛이 기분 개선을 돕는 세로토닌 수치를 높이는 요인으로 지목되기도 했다.[26] 심지어 빛이 우울증 타파에도 기여하는 것으로 보인다. 한 연구에 따르면 햇빛에 노출된 경우 우울증이 50퍼센트 감소하여 인공 빛보다 더 효과적인 것으로 드러났다.[27] 빛의 밝기(또는 강도)는 럭스[lux]라는 단위를 사용하며 웰빙에 중요하다. 한 연구에서 침침한 전구(300럭스)에서 나오는 어두운 빛과 달리 밝은 빛(2,500럭스)에서 눈에 띄게 항우울 효과가 있다는 사실이 드러났다.[28] 만약 (화창하고 맑은 하늘로 알려졌을 리 없는) 영국에 산다면, 밖이 1,000럭스 정도로 흐려도 나름 빛을 충분히 쬐며 정신 건강을 챙기는 셈이다. 약하게나마 항우울 효과를 경험할 것이다.

우리는 햇빛에서 비타민D를 얻을 수 있다. 비타민D 부족이 암, 심장병, 퇴행성 관절염, 뼈 약화, 구루병에 일조한다는 연구 결과가 있다. 우울증과도 관련이 있다.[29] 너무 오랫동안 좁은 공간에만 있으면 정신에도 좋지 않고, '밀실 공포증'이라고도 하는 폐소공포증으로 이어질 수 있다. 연구에 따르면 자연을 잠깐만 접해도 인지 기능이 향상되어 긍정적인 기분과 전반적인 웰빙을 누릴 수 있다. 확실히 나는 화창한 해변에서 진정 효과를 느낀다. (휴가를 맞아 스페인 등지로 떼 지어 가는 것을 보면) 다른 영국인들도 마찬가지다. 나무 아래에 앉았을 때, 맨발로 잔디 위를 거닐 때 또는 하이킹할 때도 이와 같은 완화 효과를 경험할 수 있다. 오염되고 붐비는 대도시에 사는 사람들이 점점 늘어나는 가운데, 자연은 아름다움을 선사할 뿐만 아니라 마음, 신체, 정신을 보듬어준다.

☑ 보금자리를 찾아서

신체가 안전하지 않으면 좀처럼 안심하고 경계를 늦출 수 없어 불안하고 안절부절못하기 쉽다. 집, 동네, 직장 또는 학교에서만큼은 안전하다고 느껴야 한다. 그렇지 않으면 투쟁, 도피 또는 경직 반응을 일으키려고 편도체에서 아드레날린 분비를 촉진할 것이다. 주거지가 험하거나 이웃이 적대적이라면 '과각성hypervigilance' 또는 '범불안 장애generalized anxiety disorder'가 생길 수 있다. 주거지가 안전하지 않아 발생하는 불안은 장애가 아니라 '평범하지 않은 상황에 대한 정상적인 반응'이다. 따라서 이사해야 할 시점일 수 있다.

마찬가지로 경찰, 군인, 소방관, 정신과 전문의 등 신체적으로 위해를 겪을 위험이 있는 일을 하는 탓에 직장에서 주기적으로 불안을 느낀다면, 신경계의 이완과 회복을 위해 일에서 완전히 분리되어 휴식하는 시간을 충분히 가져야 한다.

집, 직장, 거주지 또는 지역 체육관, 술집 등 신체적으로 불안하다고 느끼는 곳이 어딘지 주의를 기울여보자. 불안하다면, 그중 하나 또는 전부를 바꿀 시점이다. 이직, 이사 심지어 동반자와의 결별을 마주하더라도 말이다. 노력 없이는 아무것도 바뀌지 않는다. 나는 자라면서 집, 학교, 거주지에서 안전함이라고는 느껴본 적이 없었다. 그 탓에 정신 건강에 심각한 타격을 입었고, 성인이 되어서도 회복까지 상당한 치료가 필요했다.

채우지 못한 욕구가 있는가?

사회적 욕구

사회적 존재인 우리에게는 타인을 통해서만 충족할 수 있는 특정 욕구가 있다. 완전히 자급자족하겠다는 생각은 유감스럽지만 영영 잡을 수 없는 신기루에 불과하다. 우리에게는 서로가 필요하다. 온전한 정신은 집단 활동의 산물이다. 여러 연구에 따르면 고립되어 외로운 사람의 정신과 신체 건강이 더 안 좋은 편이다.[30] 우리는 생존하기 위해 진정 서로에게 의지한다! 이제, 이웃에게서 무엇을 얻을 수 있는지 알아보자.

☑ 인간은 누구나 '관종'

우리는 태어나면서부터 줄곧 관심이 필요하다. 아이에게 관심을 별로 기울이지 않는 행위는 '방치'로 잘 알려져 있으며 학습 문제, 낮은 자존감, 우울을 유발한다. 또 관계 형성 및 유지, 사회적 기술 발달에 문제를 일으킬 수 있다. 관심 욕구는 대단히 중요해서 유아가 관심과 애정 부족을 겪으면 심리적인 고통은 물론이고 발육에 문제를 겪고(성장 장애), 최악의 상황에는 사망에 이를 수 있다.[31]

자녀가 '애정에 굶주렸다'거나 '관심을 갈구하고 있다'고 하는 부모가 있다면, 그들은 자녀가 건강하고 정상이며 아이로서 '정확히' 할 일을 하고 있다는 사실을 잊고 있는 것이다. 성인인 우리에게도 관심이 필요하다. 그런 욕구는 조용히 사그라지지 않는다. 긍정적인 관심을 받으면, 타인이 자신을 인정하고 돌봐주고 경청해주고 존중한다고 느낀다. 분명 우리는 대체로 이런 느낌을 원하는 것 같다. 그렇지 않고서야 왜 그렇게 많이들 SNS에 자신의 인생을 공유하겠는가? (따뜻한 메시지와 댓글과 같이) '긍정적'인 관심을 받는다면, SNS는 실질적으로 정신 건강에 이로울 수 있다. 물론 지나치게 관심을 갈구하거나, 자신의 가치를 인정받는 데 있어 전적으로 관심에만 의존하지 않도록 주의해야 한다.

☑ 지란지교를 꿈꾸며

다들 자신을 있는 그대로 받아주는, 즉 끈끈하게 지내며 말 그대로 정신 줄을 붙들어 줄 친구가 적어도 하나쯤은 필요하다. 좋은 친구란 무엇인가? 잔소리 없이 잠자코 이야기를 들어주고 (곤경, 자기 의심, 낮은 자존감에 시달릴 때) 우리를 인정하며 지지해주는 사람이다. 곁에 있으면 원래 모습을 드러내고, 감정과 인생의 희로애락을 공유할 수 있는 그런 사람이다. 휴먼 기븐스의 창시자인 조 그리핀과 아이반 티렐Ivan Tyrrell이 주장하듯, 우리가 다시 제정신을 차리

채우지 못한 욕구가 있는가?

려면 타인의 두뇌를 빌려야 할 때도 있다. 특히 편도체가 우리 뇌를 장악하여 이성이 마비되는 '편도체 납치^{amygdala hijacking}' 현상이 일어날 때 그렇다. 나는 살면서 몇 번이고 무기력해져서 나 자신, 내 가치나 능력을 의심한 적이 있다. 이럴 때 믿을 만한 친구가 건네는 격려와 위로가 필요하다!

그렇다면 어떻게 해야 친구를 많이 사귈 수 있을까? 그런 주제를 다룬 책은 데일 카네기의 『인간관계론』이라는 고전을 포함하여 도서관 하나를 꽉 채울 수 있을 정도로 많다. 나는 내담자에게 (그리고 당신에게) 다음과 같은 조언을 건넨다.

- 우정은 발견하는 것이 아니라 '만드는 것'이다.
- 사람을 더 많이 만나거나 어느 정도 위험을 감수하지 않으면 친구를 사귀기 어렵다.
- 사소한 대화로 시작하자. 시작 단계에서 진지한 대화는 금물이다. 서서히 자신을 드러내고 마음을 열어야 한다.
- 어떤 행사에 초대받더라도 편견 없이 가자(지루하거나 안 맞을 것 같아도 앞일은 모르는 법. 놀라운 일이 벌어질 수도 있다!).
- 마음에서 우러나온 칭찬이 도움이 된다.
- 공통 관심사를 찾아보자.
- 상대에게 질문을 던지며 진심으로 관심을 가져보자(사람들은 자기 이야기를 즐긴다!).
- 상대도 나만큼이나 불안해한다. 사교 행사에서 왜 그렇게들 술

을 찾을까!

☑ 지인인가, 친구인가

친밀감이란 우리 자신, 생각, 감정, 기억, 일거수일투족을 공유할 수 있는 '깊이'를 나타낸다. 가벼운 대화만 이어가거나 인생을 속속들이 드러낼 수 없다면, 지인이 많은 것이지 진정 친한 친구가 많다고는 할 수 없다. 이것은 대도시에서 자주 목격하는 일이다. 모두 바쁘고 자신의 인생, 커리어 목표, 가정에만 집중하기 때문이다. 물론 자아를 드러내는 것이 '위험'하다고 생각할 수 있다. 특히 학대, 배신, 조롱 또는 상처를 경험해봤다면 그럴 것이다. 단단한 껍데기 안에 꼭꼭 숨어 있으면 안전하다고 생각할 수 있지만, 인생의 모든 가능성을 맛볼 수 없다. 친밀감은 인간의 기본 욕구다. 다만 최대한 '서서히' 친밀감을 쌓아나가는 것이 좋다. 가까워져서 좋은 사람이 있지만 아닌 사람도 있다. 예컨대 친해진 뒤 밀어내거나 조롱하는 사람이 있다면, 친해져봐야 불안하고 같이 지낼 수 없는 사람이니 미련을 버려야 한다. 아무리 노력해봐야 동그란 틀에 네모난 블록을 끼울 수는 없다.

친밀감은 생겨나는 데 시간이 걸리고, 많은 사람에게 두려움을 안긴다. 그러나 흐르지 않는 물은 고이기 마련이다.

☑ 인맥, 더 넓고 더 깊게

우리 인간은 태초부터 항상 집단에 속하고 싶어 했다. 일단, 안전과 보안 때문이다. 서로를 위해 망을 봐줘야 훨씬 안전하다. 또 현실 관념을 안정적으로 유지하고 살아 있음을 느낄 수 있다. 우리는 각자 '소속 영역'을 만들 수 있다. 나는 다음 모임에서 활동하고 있다.

- ◆ 코치, 치료사, 심리학자 친목 모임
- ◆ 다양한 12단계 중독 치료 모임
- ◆ 자기계발을 위한 남성 모임
- ◆ 테네리페 디지털 노마드 및 배구 선수들이 모인 왓츠앱 그룹
- ◆ 온라인 교회

나는 여러 이유로 이런 모임들에 속해 있다. 다양한 소속 영역이 있다는 것은 내가 강한 공동체 의식을 가지고 있으며, 직업, 영성, 웰빙 등 인생의 여러 측면을 탐험하고 있음을 의미한다. 나는 이런 다양한 영역들 덕분에 균형 잡힌 삶을 살 수 있다. 힘든 하루를 보내도 지지해줄 사람들이 여럿 있다. 누구나 여러 모임들에 가입하여 같은 경험을 할 수 있다. 자신과 같은 부류를 찾을 수 없다면, 만들자. 모임을 만들어 누가 등장하는지 지켜보자.

☑ 누구나 대접받기를 원한다

사실 우리는 타인의 영향을 받지 않는 내적 자존감을 가져야 한다. 그러나 지역, 직장, 사회집단 어디에 있든 다른 모든 생명

체들처럼 주위 환경과 남의 영향을 받는다. 예전에 작가 존 던^{John}^{Donne}이 남긴 말처럼 누구도 고립된 존재가 아니다. 우리 모두 일종의 지위감이 필요하다. 무리에서 약해빠진 놈 또는 단 한 번도 진지한 취급을 받지 못하는 광대 같은 존재가 되려는 사람은 없다(안타깝게도 나는 유년기와 청년기에 이 두 상황에 모두 처했던 것 같다). 물론 '무아^{zero ego}'에 도달했다면 이미 깨달음을 얻었으니 즉시 이 책을 덮고 열반으로 초월해야 한다. 그게 아니라면 '지위감'은 또 다른 기본 욕구다. 지위 '욕'이 아니라 지위 '감'이라 한 것은 집단 내에서 받는 대접과 배정받은 역할, 우리의 믿음과 관점이 영향을 미칠 수 있기 때문이다. 따라서 어떤 집단에서 별 볼 일 없는 역할을 맡고 있더라도 올바른 사고방식과 존중이라는 조건이 더해진다면 지위감을 가질 수 있다. 물론 무례한 대접을 받는다면 지위감은 낮아질 것이다. 갑작스러운 지위 하락은 (내가 겪었듯) 대단히 충격적이고 수치스러울 수 있다.

☑ 때로는 완벽한 타인이 낫다

꼭 내향적인 사람이 아니더라도 우리 모두 사생활이 필요하다. 사생활이 있어야 경험, 생각, 성찰 등을 통합할 시간을 마련할수 있다. 사회적 교류에서 동떨어져 '재충전'하고 경계심을 완전히 늦출 수도 있다. 가까운 사람들과 매우 친밀한 대화를 나눌 수도 있다. 집에서 사생활을 확보하기 어렵다면 다른 곳을 생각해보자. 공원, 자동차 또는 정원 창고면 되지 않을까? 사생활을 확보했다고 느끼려면 평화롭고 조용해야 한다. 특히 개인 공간에서 이웃의 대화나 원치 않는 음악 소리가 들려오면 사생활에 영향을 받는다. 평화롭고 조용한 곳을 좀처럼 찾을 수 없다면, 성능 좋은 노이즈캔슬링 헤드폰에라도 투자하자. 큰 차이를 느낄 것이다!

심리적 욕구

우리에게는 외부 환경과 공동체에서 비롯되는 욕구만 있는 것이 아니다. 자기 안에서 스스로 더 만족스럽게 충족하고 개선해야 하는 '심리적 욕구' 또한 존재한다.

☑ 쓸모 있음의 쓸모, 자존감

우리는 본질적으로 인간으로서 가치 있다고 느끼고 싶어 한다. 자존감이 낮으면 일과 관계 등 인생의 여러 영역에서 부정적 영향을 받는다. 완전히 쓸모없다거나 타고나기를 별로에 결점까지 있다고 느끼면 의욕이 꺾여 우울해지고 자살 충동을 느낄 수도 있다. 안타깝게도 젊은 세대 중 많은 사람들이 겪는 일이다. 미국 정신과 전문의들이 진행한 한 연구에 따르면, 자살 생각을 품었다가 응급실에 실려 온 청소년과 어린이 중 77퍼센트가 괴롭힘을 경험한 적이 있으며, 자살 사고를 예측하는 데 가장 중요한 변수가 괴롭힘을 당

채우지 못한 욕구가 있는가?

한 이력이다.[32] 분명, 괴롭힘을 당하면 자존감이 낮아질 수 있다. 1장에서 소개했던 비관적 설명 양식을 가지고 있으며 게다가 누군가에게 학대당하고 있다면, '내게 문제가 있는 게 분명해'라고 결론 내리기 쉽다. 자존감이 낮으면 나 자신에게서 도망치려다 중독에 빠질 수도 있다(3장 참고).

☑ 나는 그러기로 했다

우리에게는 스스로 결정하고 선택할 수 있는 자유와 통제력이 필요하다. 유아라도 조금이나마 자유를 느끼고 싶어 때때로 먹을 것을 앞에 두고 고개를 돌리며 거부 의사를 보인다. 우리 다수는 분명 코로나 바이러스 팬데믹 봉쇄령과 제약 때문에 자유와 통제력을 빼앗겼다. (친밀감과 소속감이라는) 타고난 욕구를 충족하기 어렵고, 자유와 통제력에 제약을 받는 상황이라 사회적으로 정신 건강 문제가 더욱 심각해졌다. '나는 그러기로 했어.' 전에 나를 담당한 코치 중 한 사람이 통제력을 상당히 발휘할 수 있는 말이라며 알려준 문구다. 예를 들어 '일하러 가야 해' 대신 '일하러 가기로 했어. 그러면 마음 놓고 고지서를 처리할 수 있고 잘살 수 있으니까'라고 생각하자는 것이다. 그러면 통제력은 더 많이, 무력감은 더 적게 느낄 수 있다. 현재 하는 일이 별로라면 스스로 권한을 부여해서 통제하면 어떨까? 이직하거나 사업을 시작해보자.

☑ 듣고 싶은 말, '참 잘했어요'

우리 모두 유능하게 살아가고 잘하는 게 있다고 느껴야 한다. 그렇지 않으면 이리저리 휘둘리고 쓸모없다는 생각이 들 수 있다. 혹여 편도체 납치 현상이 일어난다면 '잘하는 게 하나도 없어!'라고 잘못 결론지을 수도 있다. 다시 말하지만 흑백논리를 주의해야 한다. 아마 당신은 남 흉내를 잘 내고, 창의력이 뛰어나며, 말을 잘 들어주거나 꼼꼼한 사람일 것이다. 과거에 무엇을 이뤘는가? 샅샅이 조사하자. 그렇다고 당신의 가치를 전부 성취 측면에서 바라봐서는 안 된다(1장에서 내가 걸린 함정에 빠지지 않도록 말이다).

☑ 웃고 즐기기, 호모 루덴스답게

작가 찰리 혼Charlie Hoehn은 저서 『노는 것을 허락한다: 일중독자의 불안증 치료Play It Away: A Workaholic's Cure for Anxiety』에서 심각한 불안증을 치료하기 위해 스스로 시도했던 방법을 소개한다. 약물, 인지행동치료, 요가, 명상에다가 심지어 환각제까지 시도했지만 효과를 본 것은 없었다. 그는 많은 시행착오를 거친 뒤에야 불안을 다스릴 방법 하나를 발견했다. 그것은 '놀이'였다.

놀아야 하고 그 결과 긍정적인 영향을 받는 사람은 그뿐만이 아니다. 우리 '모두' 재미를 경험하고 가끔 놀기도 해야 한다. 그렇지 않으면 인생이 지루하기만 할 것이다. 즐겁고 해롭지 않다면 재미를 위해 뭘 하든 상관없다. 즐기는 운동을 하고 비디오 게임을 (적당히) 하고 혹은 노래를 부르거나 그림 또는 글을 창작하는 것과 같이 창의적인 활동에서 재미를 경험할 수도 있다. 성취하려 하지 말고 그저 즐기자. '어쩔 수 없이' 해야 한다고 느끼면 전혀 재밌지 않다! 나는 절친 스티브와 영상 채팅을 하면서 TV 보는 것을 좋아한다. 게임도 좋아하는 편이다. 그리고 내킬 때는 글쓰기가 정말 즐겁다. 일주일에 적어도 한 번은 재밌고 즐겁다고 생각하는 일 뭐든 할 수 있게 '나만을 위한 시간'을 마련하자.

웃고 농담하며 재미를 경험할 수도 있다. 나치 강제수용소에서조차 수감자들 사이에서 서로 삐쩍 말랐다는 농담이 오갔다. 코로나 바이러스 팬데믹을 겪으면서 나는 친구들과 두루마리 화장지 부족 사태 등을 꼬집은 밈을 공유했다. 유머가 있어야 회복 탄력성도 생긴다. 우리 대모는 고통을 아시는 분이다. 제2차 세계대전 중에 성장하여 유년기에 정신적으로 큰 고통을 겪고도 살아남으셨다. 학대를 일삼는 어머니 밑에서 자랐고, 두 자녀를 먼저 떠나보내셨다. 살아온 세월만큼이나 아는 것도 많은 대모께서 뭐라 하셨을까? '웃으며 살 줄 알아야 한다.' 웃음은 명약 중의 명약이다. 웃으면 엔도르핀과 세로토닌이 분비되어 더 즐거워진다. 웃어야 긍정적 심리 효과에 '더해' 생리적 효과를 경험한다는 연구 결과도 있다.[33] 그러니 요즘 도통 웃은 적이 없다면, 자리를 털고 일어나 코미디라도 보는 게 어떨까? 재밌는 프로그램을 찾아보자!

☑ 화수분이 필요해

우리는 현대 사회를 살아가면서 신체 안전뿐만 아니라 금전적 안정감을 느껴야 한다. 왜 그럴까? 돈이 있어야 꼭 필요한 의식주를 마련할 수 있기 때문이다. 게다가 휴가, 외식, 문화생활을 즐기고, 이 책과 같은 기발한 자기계발서도 사야 한다! 이렇듯 돈이 중요한 세상에서 갑작스레 금전적으로 어려워지면 자살하는 사람도 있고, 관계와 결혼 생활이 냉각될 수 있으며, 돈을 마련하려다 갈등을 겪고 가족이 해체될 수도 있다(나는 경험했다).

우리에게는 공과금, 생활비, 집세는 물론이고 가끔 친구를 만나서 재미있게 놀 수 있을 만큼 돈이 필요하다. 부족하면 불안하고 스트레스를 받는다. 내가 기업가로서 지난 10년간 수도 없이 깨달은 값비싼 교훈이다. 기프트게이밍을 운영하던 시절, 나는 사업 첫날부터 몇 년간 파산하지 않기 위해 몸부림쳤다. 우선 전 재산을 처분하고 6개월치 생활비 3,000파운드만 가지고 케임브리지 지역으로 이사했다. 처음 두 달간 나는 친구의 친구 집에서 바닥에 매트리스 하나만 깔고 잤다! 결국 돈이 바닥났지만 가족에게 손을 벌릴 수는 없었다. 그때부터 내가 되뇌었던 (또는 신봉한) 이야기는 '충분히 열심히 일하면 안전할 것'이었다. 휴먼 기브스 심리치료 모델에 따르면 기본 욕구를 충족할 수 없을 때 정신적 문제를 겪을 수 있다. '중독' 현상까지 경험할 수 있다.[34] 예컨대 안전, 소속감 또는 친밀감과 같은 욕구가 부족하면 술, 음식 또는 일중독으로 감출 수 있다. 그러면 다른 욕구를 방치하다 더 심각한 정신적 문제에 시달릴 수 있다. 나는 '밤새' 일하다가 수면 문제를 겪기 시작했다.

어쨌든 나는 금전적으로 매우 중요한 두 가지 기술을 터득했

채우지 못한 욕구가 있는가?

다. 만일의 경우를 대비하여 현금 일부를 따로 관리하고 입출금 이력을 파악한다. 그 결과 금전적으로 더욱 안전하다고 느낄 수 있었다. 금전적으로 불안하지 않으면 일중독이 최고조에 이를 일이 없다! 이외에도 나는 파국으로 이어지는 단계를 분해하는 '파국적 사고에 도전하기' 같은 기법을 배웠다.

때때로 파국적 사고를 겪는다면 이렇게 자문하는 편이 좋다. '지금 느끼는 두려움이 사실이라면, 내가 쥐고 있는 비상 대책은 무엇인가?' '어떤 전조가 있고 나서야 최악의 시나리오가 펼쳐질 것인가?' 파산하고 노숙자 신세가 되는 것처럼 단순한 시나리오만 있는 것은 아니다. 적어도 영국에서는 그렇다. 생각 외로 선택지가 많다. 예컨대 돈을 다 쓰기 전에 술, 정크 푸드, 담배 또는 외식과 같이 불필요한 지출을 줄일 수 있다. 또한 불필요한 소지품 중 일부는 팔고 친구, 가족 또는 고용주에게서 돈을 빌릴 수도 있다. 심지어 집세를 깎아달라고 할 수도 있다(영국에서는 세입자를 퇴거시키려면 장황한 과정을 거쳐야 하는데, 이를 기회 삼아 집세를 마련할 시간을 벌 수 있을 것이다). 최악의 경우 나처럼 몇 주간 친구 집 소파 신세를 질 수도 있다!

분명, 나는 당신에게 돈을 부치지는 않았다. 그렇지만 당신이 지금까지 이야기를 듣고 생각 외로 돈이 많다는 사실을 깨달아 금전적으로 더욱 안전하다고 느끼기를 바란다.

만약 여전히 금전적으로 불안하다면 이렇게 자문하자. '어떻게 해야 금전적 안정감을 향상시킬 수 있을까?' 지출을 줄이고 보수가 더 높은 일을 하고(또는 요율을 더 높게 책정하고), 어쩌면 더 저렴한 집으로 이사할 수도 있다. 또한 창업이나 부업을 위한 자격증을 얻고자 틈틈이 공부할 수도 있다. 금융 전문가와 상담하고 최후의 수단으로 저금리 신용 대출을 고려할 수도 있다. 상환할 수 있고 (말도 안 되는 고리대금에 계속 기대며) 상습적으로 빚 문제를 겪지 않는다면 말이다. 앞서 말했듯 생각 외로 선택지가 많다. 우리는 편도체 납치 현상을 겪을 때 '선택할 수 있는 게 없어! 난 망했어, 망했다고!'와 같은 흑백논리에 빠진다. 그럴 때는 이렇게 웃어넘기자. '편도체, 이 바보!'

채우지 못한 욕구가 있는가?

실존적 욕구

마지막으로 소개하지만 똑같이 중요한 욕구가 있다. 우리에게는 인생의 의미와 목적 그리고 미래에 대한 희망뿐만 아니라 고통을 이해하려는 실존적 욕구가 있다. 이를 충족하지 않고는 살 의지와 의욕이 사라질 것이다.

☑ 인간은 무엇으로 사는가

대개 성취와 부를 쌓고 열심히 일하며 산다. 무엇 때문일까? 의미와 목적이 없다면 인생은 무의미하고 스트레스로 똘똘 뭉친 모노폴리 게임에 지나지 않는다. 이 게임에서 우리는 번쩍이는 차 또는 모자를 사거나 반려견을 맞이하고, (운이 좋으면) 집 몇 채를 장만할 것이다. 일주일에 50~60시간 일하고 별일 없이 곧장 월급을 받지만, 머지않아 집세, 공과금, 세금을 내고 신용 대출을 상환하느라 손에 쥐는 것은 거의 없다. 운이 좋다면 결혼도 할 것이다(그러나 그중 최소 50퍼센트는 이혼할 것이다). 이윽고 우리는 생을 마친다. 카드를 상자에 정리할 시간이 된 것이다. 이렇게 게임이 끝난다.

이것이 인생의 전부일까? 우울하기 짝이 없다. 최근 연구에 따르면 영국인 20퍼센트가 불안 또는 우울에 시달린다고 하며, 우울증이 전 세계적으로 만연한 정신 건강 문제라고 한다.[35] 여러 연구에서 드러나듯 우울증의 주요 원인 중 하나는 '무의미'다. 사는 의미가 별로 없다면 우울해지기 쉽다.[36] 의미와 목적이 의욕을 북돋아주는 중요 요인이기 때문에 두 가지 없이는 침대에서 일어나는 것도 어렵다. 충분히 있다면 의욕이 솟구치고 투지에 불타 놀라운 일을 하려고 할 것이다.

☑ 희망의 노래를 불러라

우리에게는 내일이 더 나을 거라는 희망 즉 터널 끝에 빛이 있다는 믿음이 필요하다. 그렇지 않으면 실존적 절망과 허탈감에 이어 우울에 빠질 수 있다. 정신과 전문의이자 나치 강제수용소 생존자인 빅터 프랭클은 아내를 다시 볼 거라는 '희망' 덕분에 수용소에서 역경을 극복해냈다. "미래에 대한 믿음을 잃으면 수용자는 운이 다한 것이다. 이에 따라 영적 억제력마저 잃는다. 결국 자신이 어떻게 되든 방치하여 정신적으로나 신체적으로 쇠퇴하게 된다." 한 심리 연구에 따르면 우울한 사람은 종종 절망을 호소한다.[37]

우울한 사람은 무기력해 보일 때도 불안하다. 미래에 대한 커다란 불안이 기저에 깔려 있고, 상황이나 정신 건강이 나아질 거란

채우지 못한 욕구가 있는가?

희망은 사라진 지 오래다. 휴먼 기브스 심리치료와 (코칭과 치료를 결합한) 퓨전 테라퓨틱 코칭에 따르면, 우울이란 최면에 빠진 것과 같은 '몽환' 상태다. 터널 안에 있는 것처럼 시야가 좁아지고 (가망이 없고 절망적이라는 식으로) 사고가 왜곡된다. 따라서 휴먼 기브스 심리치료에서는 정서적 각성을 잠재워 어두운 터널 '너머'를 보도록 내담자를 진정시키는 일을 더 중요한 요소로 꼽는다. 이때 휴먼 기브스 치료사와 퓨전 테라퓨틱 코치가 사용하는 가장 강력한 방식은 (명상이나 최면과 같은) '유도된 심상'이다. 이를 통해 내담자에게 긴장을 푼 상태에서 가능성 있는 다른 미래를 시연할 기회와 해당 미래를 맞이할 절차를 제공한다.

어떻게든 진정하기만 하면 사고를 다시 정상 궤도에 올려놓을 수 있다. 가망이 없고 절망적이라고 느낀다면 심호흡, 유도 이완, 마음이 편해지는 음악의 도움을 받거나 믿을 만한 친구에게 전화하여 걱정을 털어놓자. 이제 당신은 어떤 선택지가 있는지 알고 싶을 것이다. 생각 외로 많다! 그리고 그날 문제는 그날 끝내자. 미래에 무엇이 기다리는지 알 수 없으니, 내일을 걱정하지 말고 '오늘'에 충실하자는 말이다.

2020년, 나는 그란카나리아에서 크리스마스이브 전날 밤을 보내고 있었다. 어떤 신나는 데이트 기회가 기다리고 있을지 기대하며 내가 만든 온라인 데이트 사이트에 로그인했다. 안타깝게도 응답을 찾을 수 없었다. 메시지도 없었다. 서로 관심 있는 경우도 없었다. '이유'를 몰라서 더 짜증 났다. FDBK를 더 빨리 시작했더라면! 그러면 프로필에서 문제가 될 만한 부분을 파악할 수 있었을 것이다. 눈치채지 못한 경고를 보내는 사진이 있었나? 내 정보나 사진에 뭔가 있었나? 어디서 정이 뚝 떨어진 걸까?[38]

나는 한숨을 내쉬며 절망하기 시작했다. 다행히 스스로 자책하고 있음을 포착하여 1장에서 설명한 재해석 활동을 통해 자존감이 완전히 붕괴되는 일만큼은 피할 수 있었다. 그러나 '너무나도' 슬프고 절망스러워서 울고 싶어질 지경이었다. 마지막으로 연애를 한 게 3년 전이었다. 어린아이 같은 생각이 머릿속에 떠올랐다. '연애할 일은 결코[39] 없을 거야! 영원히 혼자일 거라고!' 이런 상태에서 빨리 헤어나지 않으면 기분을 풀겠다고 폭식이라도 할 태세였다. 나는 마음을 가다듬고 '선행'의 중요성을 떠올렸다. 그래서 묵고 있던 호텔에서 요리사, 청소부, 접수 담당자 등 제 역할을 다하지만 좀처럼 팁을 받지 못하는 이름 없는 영웅들에게 팁을 주기 시작했다. 그들에게 기쁨을 주자 '나' 역시 기쁨을 느껴 바로 기분이 좋아졌다! 이후 지인 몇 명과 대화를 나누고(유대감 충족), 호텔 직원 한 명이 크리스마스 장식으로 장난감 기차를 설치하려고 하는 모습을 흐뭇하게 바라봤다. 커다랗게 원을 그리며 달리다 충돌하기를 반복하는 기차를 보니 재밌기까지 했다! 마음을 가다듬자 가벼운 우울 정도는 재빨리 날려버릴 수 있었다. 그날 나는 데이트 사이트에서 관심을 받지 못해 암울한 파국적 사고와 근거 없는 미래 한탄에 빠져들었던 것이다. 바보 같은 편도체 같으니라고!

기본 욕구를 전부 충분히 충족한다면, 정신적으로나 신체적으로 건강할 뿐만 아니라 온전하고 즐겁고 성취감 있는 인생을 살 것이다. '채우지 못한 욕구가 있는가?'와 더불어 '그렇다면, 이 욕구를 어떻게 충족할 수 있는가?' 하고 계속 자문해야 한다. 생각만으로는 욕구 전부를 충족할 수 없고, 선제적으로 문제를 처리해야 한다. 올바르게 행동하겠다고 '생각하기'보다 올바르게 생각하도록 '행동하자'. 그저 다르게 생각하려고 노력하는 대신 구체적이고 실질적인 조치를 통해 심리 상태를 바꿔야 한다. (사회 불안 장애 또는 불안증 때문에) 어려움을 겪는다면 코치 또는 치료사와 함께 방법을 강구하는 것이 좋다.

무기력하고 공허하고 뭔가 놓친 것 같은가? 운동, 우정, 웃음, 재미 또는 더 큰 목적이 부족한 건 아닌지 자문해보자. 인생의 의미가 부족할 수도 있고, 미래에 대한 희망이 없을 수도 있다(이는 자신의 믿음 때문일 수 있다. 6장 참고). 의미, 목적, 희망이 없으면 의욕이 순식간에 사라져 '굳이?'라는 생각에 우울증을 겪을 수 있다는 사실을 명심하자!

자가 질문 키트

기본 욕구 충족하기

1 | 다음에 열거한 기본 욕구 항목의 만족도를 스스로 평가해보자. (항목당 10점 만점)

▶ 수면의 질 – 자고 나면 얼마나 개운하고 힘이 나는가? 생물학적 에너지에 의존하는가, 아니면 카페인과 설탕에 의존하는가?
▶ 영양 상태 – 가공 당, 술, 카페인을 절제하는 건강하고 균형 잡힌 식단
▶ 운동 – 최소 주 3회 운동하기
▶ 야외 활동 – 햇빛을 충분히 쬐고 신선한 공기 들이마시기
▶ 자존감 – 얼마나 가치 있고 사랑받는다고 느끼는가?
▶ 신체 안전 – 안전한 집, 동네, 직장, 기타 장소
▶ 금전적 안정감 – 공과금 밀리지 않고 언제든 친구를 불러 만날 만큼 충분한 돈
▶ 관심 – 가족, 친구, 동료 등에게 받는 일종의 정서적 양분
▶ 자유와 통제력 – 마음대로 살아가고 선택한다는 느낌
▶ 더 넓고 깊은 인맥 만들기
▶ 우정과 친밀감 – 한 명이라도 자신을 있는 그대로 받아들인다는 사실을 아는 것
▶ 사생활 – 경험을 돌아보고 강화할 기회
▶ 사회집단 내 지위감

- ▶ 능력과 성취감
- ▶ 재미와 놀이 – 웃고 즐기기, 오락과 재미를 위한 시간
- ▶ 의미와 목적 – 인생의 확실한 목표 또는 사명, 의미 있는 일 하기, 도전하기
- ▶ 미래에 대한 희망 – 상황이 더 나아질 것이며, 앞으로 더 좋은 일이 있을 거라는 희망

이제 스스로에게 물어보자.

1. 점수가 가장 낮은 욕구를 개선하기 위해 무엇을 할 수 있는가?
2. 해당 욕구를 충족하기 위해 할 수 있는 가장 쉽고 간단한 일은 무엇인가?

CHAPTER

3

벗어나고 싶은 것이
있는가?

"어두운 생각, 수치심, 악의를
웃으며 맞이하고 집 안으로 들여라."

— 루미^{Rumi}

한 남자가 분주한 차로를 가로질러 달렸다. 아드레날린이 솟구치는 경험이었다! 여기에 매력을 느껴 그는 몇 년이나 계속해서 분주한 차로를 가로질렀다. 그러나 시간이 지나면서 차에 치여 쓸리고 멍이 들기 시작했다. 그래도 차로로 돌아가고 싶었다. '할 수 있어, 조금 더 조심하면 돼'라고 생각했다. 그는 분주한 차로를 가로질러 달리며 멍이 들다 결국 어떤 자동차에 치여 쓰러졌다. 다행히 자동차가 그리 빨리 달리지 않아 팔만 부러지고 끝났다. 그는 팔이 덜렁거리는 상황에서도 차로에서 달릴 생각만 했다. 기분이 너무 좋았기 때문이다! 그는 '더 조심하면 된다'고 생각했고, 또다시 분주한 차로를 가로질렀다. 더 조심했지만 또 치였고, 이번만큼은 운이 따르지 않았다. 매섭게 질주하던 자동차 한 대에 받쳐 하늘로 붕 뜬 것이다. 그 결과 뼈 몇 개가 부러졌고, 하반신이 마비되어 휠체어 신세를 져야만 했다. 더는 일할 수 없었고, 이런 기행에 진절

벗어나고 싶은 것이 있는가?

머리가 난 연인을 떠나보내야 했다. '그런데도' 더 조심만 하면 분주한 차로를 가로질러 달릴 수 있다고 생각했다. 친지들의 그만하라는 애원에도 멈추지 않았다. 그는 한 번 더 짜릿함을 맛보려 휠체어를 탄 채 붐비는 차로를 가로질렀다…… 아무리 빨리 휠체어 바퀴를 굴려봐야 어디선가 튀어나온 6톤 트럭을 피할 수 없었다. 그게 그의 마지막이었다.

'나쁜 습관'이 있다면, 사실 '중독'됐을지 모른다. 중독을 마약에 취한 노숙자, 공원 벤치에 드러누운 술고래에게나 어울리는 단어라고 생각할 수 있다. 그러나 중독이란 부정적인 결과에도 불구하고 위안을 주는 행동을 반복하는 것이다. 우리 중에는 늘어나는 허리둘레와 번번이 실패하는 다이어트 때문에 죄책감을 느끼거나 창피해도 먹을 것만 찾는 사람이 얼마나 많은가? 과로하다 건강을 해치거나 관계를 망치는 사람은 또 얼마나 많은가? '다시는 그러지 않겠다'고 다짐하고도 결국 똑같은 패턴을 반복한 적은? 우리 모두 일종의 중독 스펙트럼에 빠져 있다. 왜 아니겠는가? 음식, 성, 사랑, 비디오 게임, SNS, 커피, 운동, 일 등 즐거움을 선사한다면 뭐든 상관없다. 위안 또는 흥분을 유발하기 때문에 언제든 큰 타격을 입히는 중독으로 발전할 가능성이 있다.

대체로 중독은 건강진단, 신경쇠약, 연인의 최후통첩, 이혼, 해고, 유죄판결 또는 재활원 입소 등 큰 위기가 있고 나서야 드러난다. 이미 많이 망가진 뒤라서 원래대로 돌아갈 수 없는 경우도 있다. 안타깝게도 우리는 종종 자존심 때문에 문제를 쉽사리 인정하지 않는다. 중독으로 인한 흥분 역시 인정하지 않는다. 실보다 득이 많은 것 같기 때문이다. 그렇다면 왜 그만둬야 하는가? 문제 있는 습관을 무시하는 것은 자동차 계기판 경고등을 무시하는 것과 같다…… 즐거울 것이다. 좀 더 일찍 손을 썼다면 모면할 수 있었을 테지만, 결국 걷잡을 수 없이 잘못되어 브레이크가 말을 듣지 않는 순간까지는.

☑ 스스로 문제 인정하기

나는 일중독 외에도 정크 푸드 과식과 폭식으로 어려움을 겪었다. 수년간 요요를 경험했다. 별의별 방법을 시도해도 의지력 때문에 끝을 본 적이 없다. 상황이 바뀐 것은 마침내 음식 중독을 인정했을 때였다(체중도 조금 돌아왔다!). 지어낸 것처럼 들리겠지만, 아니다. 먹으면 기본 욕구가 충족되어 뇌에서 도파민을 마구 흘려보내 기분이 좋아진다. 외로움, 분노 또는 슬픔과 같은 감정에서 벗어나려고 폭식하거나 음식에 기댄다면, 음식 오용이다. 술, 약물과 달리 살아남으려면 음식이, 살아가려면 월급이 필요하기 때문에 음식 중독과 일중독은 잘 드러나지 않는 편이다. 별로 눈에 띄지 않는다. 특히 영국에서 심각하게 과소평가하는 음식 중독은 더욱 그렇다. '외적'으로 드러나는 징후가 체중 증가뿐이며,《2019년 영국 건강 설문 Health Survey for England 2019》에 실렸듯 영국 성인 중 약 3분의 2가 이미 과체중(36.2퍼센트) 또는 비만(28퍼센트)이기 때문이다![40] 굉장히 걱정스럽다. 과체중이나 비만으로 인해 면역력이 저하되어 가벼운 질환은 물론이고 [41] 당뇨, 고혈압, 뇌졸중, 심장마비, 심장병 발병 위험이 상승하기 때문이다. [42]

즐거움을 선사하는 것이 뭐든 중독을 유발하여 삶을 망가뜨릴 수 있다. 그러나 나만 해도 문제를 인정하기 전에 몇 번이고 '잘 할 수 있어', '더 잘하면 돼'를 되뇌었다. 사람들은 종종 바닥을 치고 나서야 비로소 항복하고 진정으로 변한다. 역설적으로 나는 중독 앞에 무력하다는 사실을 인정하면 더 기운을 얻고 통제력을 손에 쥐게 된다. 매일 바짝 경계하면서 새로운 '폭식 일화'를 탄생시킬 수 있는 음식을 피한다. 내 앞에 폭식 유발 음식이 있다면, 한 잔이 두 잔 되고 두 잔이 세 잔 되는 알코올중독자처럼 앞뒤 재지 않고 먹을 것이다. '딱 한 번이면 돼!'라고 말하는 코카인 중독자나 '딱 한 모금이면 돼!'라고 말하는 알코올중독자처럼 굳이 '딱 한 입이면 돼!'라고 생각하지 않는다. 다음 자가 질문 키트에는 중독이 얼마나 심각한지 파악할 수 있는 질문이 들어 있다.

☑ 손해 평가하기

이제 다음 내용을 생각해보자.

◆ 해당 중독에 지출하는 비용
  – 주간 비용?
  – 월간 비용?

자가 질문 키트
숨겨진 중독이 있는지 알아보기

1 | 자신이 가진 **나쁜** 습관이나 부정적 행동이 무엇인지 생각해
보고, 다음 질문에 솔직하게 답하기 바란다.

☐ 해당 행동에서 일시적으로 안도감, 편안함 또는 일종의
흥분을 경험하는가?

☐ 해당 행동을 하고 나서 부정적 결과를 경험하는가?

☐ 아무리 노력해도 해당 행동을 멈출 수 없는가?

☐ 연인, 친구, 가족 또는 전문가에게 해당 행동을 지적받은
적이 있는가?

☐ 해당 행동을 멈추거나 줄이라는 말을 들으면 조금이라도
방어적이거나 분노하는가?

☐ 기분을 전환하거나 '살아 있음'을 느끼기 위해 해당 행동
을 해야 한다고 생각하는가?

☐ 이따금 가만히 있어도 해당 행동을 하는 생각을 하는가?

☐ 해당 행동이 '나쁜 습관'이라고 생각하는가?

☐ 해당 행동을 조금이라도 의심해봤는가?

☐ 해당 행동에 관해 조금이라도 통제가 안 된다거나 '선을
넘었다'고 느낀 적이 있는가?

☐ 나도 모르게 해당 행동을 '몰아서' 하거나 집착하고 회피
하기를 반복하는가?

☐ 나도 모르게 해당 행동을 '조절할 필요가 있다'고 느끼는가?

벗어나고 싶은 것이 있는가?

□ 해당 행동에 관해 거짓말하거나 숨겨야 했던 적이 있는가?

□ 일정 수준의 안도감이나 즐거움을 느끼려고 나도 모르게 해당 행동의 강도와 빈도를 늘리고 있는가?

□ 스스로 '내일부터는 안 할 거야' 또는 '이번이 마지막이야' 라고 하지만 소용없는가?

□ 해당 행동이나 물질이 없는 삶은 상상할 수 없고, 심지어 무섭기까지 한가?

□ 해당 행동을 하려고 나도 모르게 점점 수면, 영양, 금전 문제, 자기 관리를 제쳐두거나 사랑하는 사람들을 무시하는가?

▶ 세 개 이상에 '그렇다'고 답했다면, 그 나쁜 습관은 '중독'일 가능성이 높다.

- 연간 비용?

- 지난 5, 10, 20년간 지출 비용?

- 그 돈으로 대신 무엇을 할 수 있었을까?

◆ 해당 중독이 미치는 영향?

- 건강?

- 심리적 웰빙?

- 커리어와 업무?

- 가족?

- 관계?

- 전반적인 행복?

☑ 벗어나려는 의지가 있는가

중독을 이겨내려면, 이겨내려는 '굳은' 의지가 있어야 한다. 중독을 유발하는 일이나 활동을 피하고, 전에는 꿈도 꾸지 않았을 일을 할 수도 있다는 의미다. 이런 약속을 할 준비가 됐는가?

나쁜 습관에서 벗어나려는
굳은 의지가 있는가?
결심이 섰다면,
계속 읽어도 좋다.

자, '굳은' 의지가 있는가? 그렇다면 축하한다. 당신은 인생을 바꿀 만한 중대한 결심을 한 것이다. 이제는 '급진적'으로 '행동'할 시간이다. 급진적 행동이란 남들 눈에는 미친 것 같아 보여도, 비범하게 극단적인 변화를 끌어내는 것을 의미한다. 명심하자. 노력 없이는 아무것도 바뀌지 않는다.

나는 열세 살 때부터 컴퓨터 프로그래밍을 했고 최우등으로 컴퓨터공학과를 졸업했지만, 그 세계를 떠나기로 했다. 이 책을 쓰고 있는 중에도 관련 학위를 따느라 빌린 학자금을 갚고 있는데 말이다! 그러나 이것이 바로 급진적 행동이고, 일중독에서 벗어나려면 이렇게 해야만 했다. 프로그래밍을 하면 일중독과 완벽주의에 빠져 코드가 제대로 작동할 때까지 못 먹고 못 자고 심지어 못 씻는 지경에 이르기 때문이다! 건강과는 거리가 먼 일이다. 내게 프로그래밍은 코카인과 다를 바 없다.

나는 (가장 좋아하는) 땅콩버터 같은 것을 더는 사지 않는다. 스트레스를 받으면 통째로 먹어 칼로리 폭탄을 경험할 가능성이 크다는 것을 알기 때문이다. 사실 폭식 위험이 극히 낮은 저지방 단백질 요거트와 코티지치즈를 제외하고는 집에서 음식을 거의 먹지 않는다. 단 것, 초콜릿 바, 케이크, 아이스크림, 페이스트리 등을 사거나 먹지도 않는다. 모두 음식 중독을 유발하기 때문이다. 건강 체중을 유지하고 폭식을 피하려면 이런 음식을 멀리해야 한다. 자제력을 무너뜨려 정크 푸드 폭식을 유발하는 술은 아예 입에도 대지 않는다(심지어 담배가 당길 수도 있다!). 회복, 온전한 정신, 건강을 위해 감수해야 하는 일이다. 당신은 어떤가? 나쁜 습관에 빠지게 만드는 인물, 장소, 활동 등이 있는가? 그렇다면, 이제 끊어내자. 오늘만이라도.

급진적으로 행동할 때는 무엇에서 벗어나려 하는지 상세히 조사해야 한다. 그 조사 방법에 대해 알아보자.

자가 질문 키트
급진적으로 행동하기

1 | 다음 질문을 깊이 생각해보자.

i) 어떤 인물, 장소, 활동, 상황 때문에 나쁜 습관에 빠진다고 생각하는가?

ii) 그런 인물이나 활동을 피하려고 마음먹는 건 얼마나 급진적일까?

2 | 이제 바로 급진적 행동에 나서자.

☑ 무엇에서 벗어나려 하는가

우리는 내부의 무엇에서 벗어나려 나쁜 습관에 빠졌는지를 파악해야 한다. 그 습관은 폭음, 과로, 잦은 비디오 게임일 수 있다. 해로운 사람에게 또는 관계로 돌아가는 문제일 수도 있다. 어쩌면 남모를 폭식, 과소비 또는 빚 문제가 있을지도 모른다. 습관이 뭐든 그것은 징후에 가깝다. 당신은 '벗어나려는 것'이다. 그래서 나쁜 습관을 삼가고 뿌리 뽑도록 벗어나려는 대상과 그 이유를 의식적으로 정확히 인식해야 한다.

벗어나려는 주요 대상은 다음과 같다.

- ◆ 채우지 못한 욕구(2장 참고)
- ◆ 스트레스
- ◆ 트라우마
- ◆ 낮은 자존감
- ◆ 분노
- ◆ 두려움
- ◆ 죄책감

이 장을 읽고 나면 더는 무의식적으로 행동하지 않겠다며 정면 대응하게 된다. 왜 의지력에 상관없이 나쁜 습관에 끌리는지도 알 수 있다.

벗어나고 싶은 것이 있는가?

채우지 못한 욕구에서 벗어나기

이전 장에서 설명했듯 정신적으로나 신체적으로 건강해지려면 기본 욕구를 충족해야 한다. 충족하지 못하면 보상받고자 건강하지 않은 행동과 물질에 의지할 수 있다. 모든 중독은 우울증으로 끝이 난다. 중독에 빠지면 타고난 인간 욕구를 점점 더 충족할 수 없어 결국 물과 햇빛을 갈망하는 시든 식물처럼 변한다.

중독은 일종의 일시적 정신이상이다. 중독으로 인해 극심한 고통에 빠지면, 흥분만이 해결책이다. 다른 것은 없다. 어떻게 보면 중독은 최면에 걸린 듯한 몽환 상태다. TV 프로그램, 비디오 게임, 흥미진진한 책에 몰두하느라 밤을 새운 적이 있는가? 아마 그때 비슷한 상태에 빠졌을 것이다. 그런 무아지경이나 '현실 왜곡' 상태에 있으면, 인생의 압박과 스트레스 요인에서 잠깐이나마 멀어질 수 있다. 그러나 머무르던 거품이 터져 현실이 밀려들면 체중 증가, 건강 문제, 금전적 손실, 상처 입은 사람들, 숙취와 같은 결과가 눈에 들어온다. 결국 욕구를 충족하는 일은 요원해지고 중독에 훨씬 더 끌리게 된다. 외로운가? (1파인트짜리) 아이스크림 한 통 또 비우면 되지. 인생이 무의미한가? 맥주 한 잔 더 마시면 되지. 더 나아지리라는 희망이 없는가? 드라마 한 편 또 보면 되지. 이런 악순환 때문에 의지력만 가지고는 중독에서 벗어나기 어렵다.

분명 나는 학습, 멘토링, 코칭을 여러 번 경험하고 나서야 나쁜 습관과 중독을 진정으로 이해하기 시작했다. 이런 단계에 접어들어도 회복은 종착지가 아니고 끝없이 이어지는 여정이다. 나는 시종일관 겸손해야 한다. 그렇지 않으면 예전처럼 돌아갈 위험이 크기 때문이다. 또다시 번아웃을 겪어 신경쇠약에 시달리거나, 일하느라 너무 바빠 충분한 수면이나 양질의 영양 같은 생물학적 욕구를 충족하지 못해 2019년 말처럼 25킬로그램이나 찔 수 있다. 나는 고성과자 내담자들에게 아무리 효율적인 기계라도 유지 보수 없이는 고장 난다고 말한다. 그들은 F1 레이싱카처럼 바뀌어야 한다. 레이싱카는 타이어 교환, 주기적 연료 공급 없이는 최고 성능을 낼 수 없다. 잠시 쉬기도 해야 하고, 오일을 갈아야 하며, 종종 점검까지 받아야 한다. 자, 무생물인 기계도 이런데 살아 숨 쉬는 사회적 존재인 인간에게는 이런 게 얼마나 더 필요할까? F1 레이싱카처럼 살기 위해서는 충분한 휴식, 낮잠, 휴가, 즐거움, 사교 활동, 관심, 소속감, 사생활이 필요하다. 사치가 아니다. 정신적으로 건강하고 나쁜 습관을 자제하고 싶다면 꼭 확보해야 한다. 우리는 욕구불만 외에도 장기간의 심한 '스트레스'도 피해야 한다.

스트레스에서 벗어나기

중독 전문가이자 의사인 패트릭 칸스Patrick Carnes에 따르면, 중독과 높은 수준의 스트레스는 '떼려야 뗄 수 없는' 관계이고, 중독 과정은 '스트레스에 대한 부적응'이다. 사람들이 스스로 스트레스를 치료하려고 중독에 기댄다는 것이다. 스트레스는 욕구불만, 분노, (나중에 알아볼) 병든 환경과 같이 여러 요인이 작용한 결과로 쌓일 수 있다. 그러나 상당히 단순할 때도 있다.

☑ 바쁜 일상이 스트레스(와 중독)의 원인이다

자신도 모르게 한숨 돌릴 틈도 없이 서두르지는 않는가? 가령 '지각'처럼 심장이 쿵쾅대고 아드레날린이 솟구치는 일은 없을 것이다. 갑자기 앞에 있는 자동차나 사람이 너무 느리게 가는 것 같다. '젠장, 왜들 꾸물대는 거야?' 미처 알기도 전에 자신에게 화를 내고 스트레스를 받는다. 정신없이 서둘러 아슬아슬하게 도착한다.

회의에 늦게 도착했어도 지각 따위에 골몰할 시간이 없다. 연이어 '또 다른' 회의가 있기 때문이다. 회의에 가는 길에 처리해야 하는 '급한' 일이 있다는 이메일 세 통을 받고, 상사(또는 고객)에게서 걸려온 전화로 '급한 요청'을 듣는다. 퇴근 무렵이면 진이 다 빠져서 '긴장 좀 풀 수 있는' 중독에 더없이 끌린다. '정신없이 보냈으니 이 정도는 해야지!' 되뇔 수 있다. 나도 이랬다. 젊은 기업가 시절에 출장과 회의로 정신없이 지냈고, 건강하지 않은 간식으로 긴장을 풀곤 했다.

그러나 요즘에는 세션 사이에 자유 시간을 마련하여 압박감을 덜고 쉬면서 재충전한다. 이런 호사를 누릴 수 없을 때 업무 경계를 어느 선까지 그을 수 있을까? '경계를 정하지 않으면 휘둘리고 이용당할 것이다.' 다음과 같이 할 수 있다.

- 퇴근 후 또는 여행 중 휴대전화 *끄기*
- 이미 눈코 뜰 새 없이 바쁘다면, 초과 근무 요청, 부탁이나 약속 또는 프로젝트 거절하기
- 퇴근 후 업무 이메일에 신경 *끄기*

물론 일부는 응급 서비스, 군대 등 업무 특성상 남보다 더 스트레스를 받고 아드레날린이 솟구치는 영역에서 일한다. 그렇다면 교대와 비상 대기 사이에 충분히 쉬자. 가능하다면 연이은 회의도 피하기 바란다. 이렇게 자문해보자. '하루에 너무 많은 일을 끝내려고

벗어나고 싶은 것이 있는가?

하나?' 유해하기 짝이 없는 '쉼 없이 이 한 몸 갈아 넣는' 또 '휴가 없는' 문화는 멀리하자. 명심하자. '바쁘다고 해서 꼭 생산적인 것은 아니다.'

지금까지 21세기 현대인의 생활이 얼마나 해로운지 살펴봤다. 그런데 '트라우마' 역시 스트레스를 유발한다.

트라우마에서 벗어나기

참전군인, 성폭행 피해자 또는 자동차 사고 생존자만 트라우마를 겪는 것이 아니다. 심리치료사들은 이렇게 큰 트라우마를 남기는 사건을 '빅 티Big T'라고 부른다. 우리 인간의 기본 욕구를 위협하는 모든 것이 트라우마를 일으킬 수 있다.

- 금전적 안정성 손실
- 우정 또는 관계 손실
- 괴롭힘(신체적, 정서적 안정 위협)

이런 사건은 '리틀 티little t'라고 한다. 그 자체로는 그다지 트라우마를 남기지 않지만, 반복되거나 길어지면 정신 건강에 악영향을 줄 수 있다.

트라우마에서 벗어날 수 있는지 의심스럽다면, 다음과 같은 기

벗어나고 싶은 것이 있는가?

법 중 한 가지 이상을 검증된 전문가와 함께할 필요가 있다.

- ◆ 리와인드 기법rewind technique
  - 편안한 상태에서 트라우마를 머릿속에 그리며 다시 바라보고, 잠재적으로 발생할 미래 시나리오에 대해 새로운 반응을 시연하는 기법이다.
- ◆ 안구운동 민감소실 및 재처리eye movement desensitization and reprocessing(EMDR)
  - 트라우마를 다시 떠올리면서 좌우로 움직이는 빛을 눈으로 따라가는 기법이다. 이 행동은 눈을 움직여서 좌뇌(논리)와 우뇌(창의성과 감정) 양쪽을 자극하여 좌뇌가 우뇌에 '말을 걸게' 한다. EMDR이 효과가 있는 또 다른 이유는 트라우마를 남긴 기억을 다시 떠올리면서 눈으로 빛을 쫓는 것이 일종의 노출치료로 작용하기 때문이다.
- ◆ 생체에너지기법 및 트라우마 해소 운동bioenergetics and trauma release exercise
  - 신체에 행하는 심리치료로, 생체에너지기법에서 '보우bow' 운동은 신체의 비자발적 떨림을 유발하는 데 특히 유용하다. 해당 동작을 하려면 손을 허리에 대고 등 아래를 활처럼 앞으로 밀어야 한다. 동시에 호흡을 지속하면 코어가 떨리기 시작하는 것을 느끼게 된다. 이 아이디어는 야생 동물이 공격을 받고 나서 과도하게 분비된 코르티솔과 아드레날린을 태워 신경계

를 재정비하고자 하는 행동을 이용한 것이다.

♦ 유도 후 치료 post-induction therapy(PIT)

  – 트라우마를 남긴 기억을 최면 상태에서 다시 떠올리는 기법으로, 다 자란 어른이 유년기의 자신과 상상 속 대화를 나눠 해당 기억과 새로운 관계를 맺게 된다.

트라우마가 작동하는 방식 때문에 인지적(지적) 접근으로는 큰 효과를 거둘 수 없을 때가 많다. 편도체는 트라우마를 남긴 기억을 가지고 있다가 조금이라도 닮은 구석이 있으면 해당 환경을 끊임없이 스캔한다(패턴 매칭). 패턴이 일치하면, 민감한 연기 탐지기가 식빵이 탈 때 울리는 것처럼 편도체에서 (공포증과 외상 후 스트레스 장애 형태로) 경보가 울린다. 일치하는 패턴을 찾으면 트라우마를 이야기하는 것만으로도 트라우마를 다시 경험할 수 있다. 따라서 해당 기억에서 감정적 전하를 제거하거나 그 기억을 편도체에서 뇌 속 장기 저장소로 이동시키는 데 별 효과를 못 본다.

트라우마는 치료하기 어려울 수 있다. 100퍼센트 효과적인 심리 기법이 없고, 트라우마 감소 기법의 효과가 치료사와의 관계 (그리고 치료사의 기법 시행 능력)에 달려 있기 때문이다. 그러나 트라우마 치료라는 긴 여정에서 다음 내용은 도움이 된다.

1. 정기적 유도 이완 | 자기 최면과 같은 유도 명상이나 유도 기도는 정서적 각성 수준과 불안을 낮추는 데 유용하다.

벗어나고 싶은 것이 있는가?

2. 온화하고 상냥하며 잘 받아주고 아껴주는 사람들과의 정기적 교류 | 지나치게 자극적인 인물, 상황, 장소는 피하자.

3. 카페인 섭취 절제 | 카페인은 코르티솔과 아드레날린 분비를 촉진하여 흥분을 유발한다.

4. 알코올 절제 | 취했다 깨면 더 불안하고 초조해질 수 있다.

5. 항상 더 큰 목표를 가지고 타인을 돕는 데 집중

6. 희생자 사고방식 지양 | '왜 나인가?'를 '왜 지금인가?'로 묻자.

7. 규칙적이고 의식적인 느린 심호흡을 통한 신경계 이완 반응 활성화 | 배만 이용하여 4초간 숨을 들이마시고 8초간 내쉬어보자. 일명 '횡격막 호흡법'으로, 호흡할 때 누워서 배꼽 위에 휴대전화나 조약돌 하나를 올리고 위아래로 움직일 수 있는지 확인하면 된다.

8. 편안한 음악 듣기 | 한 연구에 따르면 이를 통해 트라우마에 시달리는 사람들의 수면이 개선될 수 있다고 한다.[43]

9. 사람이 적은 아담하고 조용한 곳에서의 생활 | 분주하고 시끄럽고 공격적인 도시보다 신경계에 자극과 부담이 덜하다.

10. 평정을 찾기 어려울 때 귀마개 또는 노이즈캔슬링 헤드폰 사용

낮은 자존감에서 벗어나기

우리는 쓸모없고 비호감인 것 같다는 낮은 자존감에서도 벗어나야 한다. 가만히 있기에는 너무나 고통스럽다. 누가 그런 걸 경험하고 싶겠는가? 가치도, 호감을 살 만한 구석도 '아예 없다'고 생각한다면, 편도체에 납치되었을지도 모른다. 양자택일에다가 흑백논리를 바탕으로 생각하고 있기 때문이다. 정말일까? 내세울 수 있는 게 '아무것도' 없을까? 그렇다면, 심호흡을 하든 믿을 만한 사람과 대화를 하든 일단 차분해져야 한다. 이성적으로 사고하는 뇌가 아니라 그놈의 편도체 때문에 한 편의 쇼를 보고 있는 건지 모른다!

거절당했다고, 아니면 마음대로 되지 않았다고 해서 꼭 자책할 필요는 없다. 데이트 앱에서 좋아하는 사람들과 공통 관심사가 없다는 사실을 발견했던 나처럼 말이다. 사람들은 다음과 같이 저마다 다른 목적으로 데이트 앱을 사용할 수도 있다는 사실을 알아두는 편이 좋다.

벗어나고 싶은 것이 있는가?

- 둘러보기(연애 의도를 배제한 구경)
- 검증되었다는 자부심을 얻고 '좋아요' 수 확인하기
- SNS 팔로워 수 늘리기(특정 플랫폼을 통해 자신에게 메시지를 보내달라고 요청하면서 우선 자신을 팔로잉 해달라고 요구함)

우리는 데이트 앱에서 우리와 상관없는 여러 이유로 답장을 못 받을 수도 있다.

- 이미 사귀는 사람이 있어서
- 무료 회원이라 답장을 못 해서
- 잘잘못을 떠나 이상형이 아니라서[44]

1장에서 말했듯, 자존감을 높이는 최고의 방법 중 하나는 '자책을 멈추는 것'이다.

아직도 낮은 자존감에 시달리고 있다면 1장으로 돌아가 자가 질문 키트를 열고 활용하기 바란다. 과거를 바탕으로 지어낸 이야기에 이의를 제기하고, 나와 상관없는 다른 해석을 찾아보자.

분노에서 벗어나기

익명의 알코올중독자들^{alcoholics anonymous(AA)}에서 출간한 『빅 북 The Big』(12단계 중독 치료를 뒷받침하는 AA의 주교재)에는 중요한 구절이 있다. '분노는 (악화로 향하는) 일등공신이다. 다른 이들보다 알코올중독자가 더 쉽게 무너진다.'

이 구절은 내게도 '사실'이었다. 나는 화날 때마다 굉장히 스트레스를 받았다. 회복에 들어서기 전까지 과식과 과로는 물론이고 비디오 게임에 몰두했다. 때로는 와인 한 병과 같이 별로 유용하지 않거나 건강하지 않은 방식으로 스트레스를 해소하려고 했다. 분노에서 화가 생겨나고, 화는 강렬한 정서적 각성 상태를 의미한다. 편도체가 이성적인 사고 프로세스와 반대로 마구 날뛴다. 편도체 납치 즉 '화의 공격'은 건강에 매우 해로워 심장병과 고혈압 발병 위험을 높인다. 전과 기록, 징역형, 파탄 난 관계나 중독 또는 나쁜 습관의 재발을 야기하는 행동을 유발할 수도 있다. 과식, 과음, 과로 중 뭐든 중독 행위가 있다면, 분명 배고프고 화나고 외롭고 피곤한 'HALT^hungry, angry, lonely, tired' 상태에서 결정을 내려야 하거나 스트레스 받는 상황을 피하고 싶은 것이다. 그런 상태에서는 정서적으로 더 각성되고 이성을 잃어 실수, 재발을 겪는 것은 물론이고 흑역사로 남을 행동이나 발언을 할 수도 있다.

☑ 바보, 문제는 편도체야!

강렬한 정서적 각성 상태에서는 이성적으로 행동하거나 생각하지 못하기 때문에 일단 진정해야 한다. (자신을 제외하고) 화난 사람에게 그렇게 조언하는 건 추천하지 않지만 말이다! 정신과 전문의 스티브 피터스^Steve Peters는 저서 『침프 패러독스』에서 강렬한 감정을 느낄 때 우리를 장악하는 '내면의 침프'가 있다고 설명한다(일부 심리치료사들은 '내면의 아이'라고도 한다). 감정 괴물 침프가 화났다고 곧장 우리 속에 가둬서는 곤란하다. 강력한 주먹질에 맞아 죽을 수도 있다. 대신 '훈련'시켜서 침프를 피곤하게 만들어야 한다. 어린아이가 소리 지르며 울면 우선 부드러운 목소리로 안심시키고 진정시켜야 하듯 말이다. 내면의 아이 또는 침프를 진정시키는 몇 가지 방법은 다음과 같다.

1. 신체 운동 | '투쟁' 반응의 바탕을 다질 때(화났을 때) 도움이 된다. 달리기와 덤벨 운동은 아드레날린을 방출하는 좋은 방법이다. 그러나 화났을 때 샌드백을 치는 것은 경계해야 한다. 심리

학자 조 그리핀에 따르면, 화나면 뭔가를 치는 조건화가 성립할
수 있다. 일어나서는 안 되는 일이다!

2. 주먹 쥐기 | 숨을 들이쉬면서 주먹이 하얗게 질릴 정도로 꽉 쥐
   어보자. 이후 열까지 세면서 천천히 숨을 내쉬며 주먹을 풀어준
   다. 다른 근육도 이런 식으로 수축하며 전신 운동을 한다. 느린
   호흡과 긴 날숨 또한 신경계 이완 반응을 활성화하는 좋은 방
   법이다.

3. 털어놓기 | 말을 들어주고 고통을 알아줄 사람이 필요하다. 누
   군가에게 전화를 걸어 당신이 얼마나 화가 나 있는지 표현하고
   좌절감을 토로해보자. 회복 프로그램, 코치나 치료사, 친구에게
   기댈 수 있다. 전화 상대가 잔소리를 늘어놓지 않고 공감하며
   들어줄 수 있는 사람인지 꼭 확인하자. 그렇지 않으면, '더' 화
   날 수 있다.[45]

☑ 마음속 조사하기

차분해지면 화를 덜 내는 방향으로 상황을 재구성할 수 있다.
피터스는 이를 '침프 가두기'라 칭하고, 일부 심리치료사들은 '내면
의 아이 재양육'이라고 한다. 상황 재구성은 내가 12단계 회복 프로
그램에서 학습한 '마음속 조사'를 통해 가능하다. 분노처럼 강력하
고 해로운 감정의 영향력을 줄이는 데 도움이 되는 대단한 방식이
다. 우리는 무의식 속에 오랫동안 박혀 있던 분노 때문에 비통함을
느끼고 세상을 삐딱하게 볼 수 있다. 어느 날 다시 분노하거나 분노

벗어나고 싶은 것이 있는가?

를 유발하는 상황과 비슷한 또 다른 사건을 마주한다면, (빠르게 패턴을 맞춰보는 편도체 때문에) 스트레스와 화가 밀려들어 나쁜 습관에 몹시 끌릴 수 있다. 마음속 조사를 하려면 다음 네 가지 항목을 적어야 한다.

1. 분노 대상
2. 분노 이유
3. 영향받은 자아
4. 분노 감소 방안

1번 항목(분노 대상)에는 누구에게 분노를 느끼는지 적으면 된다. 간단하다. 대상은 사람일 수도 조직일 수도 있다.

2번 항목(분노 이유)에는 분노한 이유를 적으면 된다. 예를 들어 사려 깊지 않다는 이유로 누군가에 분노할 수 있다.

3번 항목(영향받은 자아)에는 분노에 자신이 어떻게 영향을 받았는지 적으면 된다. 자부심, 자존심, 자존감, 평정심, 정서적 안정감, 개인적 관계, 금전 문제, 야심 아니면 이 모든 것에 영향을 받았을 수 있다.

코로나 바이러스 봉쇄 기간이던 어느 화창한 오후였다. 집에서 일하려고 하는데 '쿵, 쿵, 쿵' 하는 소리가 계속 들렸다. 길 건너 이웃집에서 동네가 떠나갈 것 같은 음악 소리가 들렸다. 그래서 수도 없이 찾아가 음악 소리 좀 줄여달라고 부탁했다. 그리고 문제가 계속되면 신고하겠다고 했다. 이웃은 이 말에 격분하여 나를 위협하며 욕하기 시작했다. 나는 화가 머리끝까지 치밀었다. 그러나 일단 진정하고 다음과 같이 마음속 조사를 하기 시작했다.

1. 분노 대상 | 길 건너 이웃
2. 분노 이유 | 잦아들지 않는 시끄러운 음악 소리, 상당히 비이성적이고 위협적
3. 영향받은 자아 | 자부심, 자존심, 자존감, 평정심, 정서적 안정감, 개인적 관계, 금전 문제, 야심

나는 이웃의 말투 때문에 자부심, 자존심, 정서적 안정감에 상처를 입었다. 음악 때문에 평정심이 깨져 짜증 났고, 그로 인해 동요되면서 사람들에게 불친절하게 굴었으니 개인적 관계에도 영향을 받았다. 게다가 일에도 영향을 받아 금전 문제와 야심에도 차질이 생겼다. 그리고 자존감에 약간 타격을 입었다. 그에게 다시 맞설 만큼 '충분히 대범'하지 않은 겁쟁이가 된 것 같았기 때문이다.

마지막으로 4번 항목(분노 감소 방안)에 이르면 차분히 성찰하며 화를 가라앉히도록 하자. 이어서 소개하는 질문들 중 하나를 활용하면 된다.

벗어나고 싶은 것이 있는가?

☑ 분노를 줄이는 질문 1

― 내가 제공한 원인은 무엇인가?

1장에서는 폭력적이거나 해로운 행동을 경험할 때 자책하지 않는 것의 중요성에 집중했다. 사실, 그 내용은 여기에서도 유효하다. 그러나 '내가 제공한 원인은 무엇인가?' 자문하며 자신이 분노의 공동 창작자일 수도 있다는 측면을 따져보면, 그저 무력한 피해자로 남지 않고 지난 행동 속에서 부정적 패턴을 인지할 수 있다.

나는 분명 일부 폭력적인 코치와 멘토를 만난 적이 있지만, 애초에 그들을 고르지 않았다면 분노를 느끼지 않았을 것이다. 생각해보니 겉보기에 인상적인 코칭 이력서만 보고 코치와 멘토를 골랐던 것 같다. 잘 어울리는 사람들보다 서류상 좋아 보였던 사람들과 함께한 것이다. 따라서 나도 그 사태에 책임이 있다. 인정한다. 그렇게 그들을 향한 분노가 줄었다.

그러나 길 건너 시끄러운 이웃은 어떨까? 런던이 조용할 거라는 비현실적인 기대를 품은 게 내 잘못일지도 모르겠다. 또한 나는 시끄러운 음악을 듣고 온 동네가 피해를 보겠다기보다는 '개인적으로' 나를 겨냥했다고 생각한 사실을 깨달았다. 꽤 자기중심적이었던 것 같다.

분노를 일으키는 사건 속에서 (특정 트라우마처럼) 당신의 역할이 없을 수도 있다. 따라서 이 질문은 적절할 때도 그렇지 않을 때도 있다. 그러나 오늘 겪은 상처와 분노, 관계 측면에서 상처를 준 사람을 용서하고 앞으로 나아갈지 아니면 평생 마음속으로 나쁜 기억을 곱씹을지 선택해야 한다. 분노는 '느끼다'라는 뜻의 라틴어 'sentire'에서 유래한 것으로, 결국 '다시 느끼다'라는 의미를 가진다. 비통함과 적개심을 정말 다시 느끼고 싶은가?

☑ 분노를 줄이는 질문 2
— 위선자였던 순간은 언제였나?

'정당화된 분노'를 품었다고 느낄 때 특히 유용한 질문이다. 당연하다고 생각하면 정당화된 분노를 제거하는 일은 무척 까다로워진다. 그러나 화낼 권리가 있든 없든 계속 화가 나 있으면 스트레스가 쌓이고 나쁜 습관이 생길 것이다. 스스로 이렇게 물어보자. '살면서 사려 깊지 않은 적이 있던가?' '살면서 누군가에게 잘못한 적이 있던가?' 정도에 차이만 있을 뿐 우리는 대체로 언젠가 그런 적 있을 것이다. 그러나 화가 나면 편리하게도 자신이 저지른 모든 잘못을 잊고 비판적으로 변한다. 예를 들어 한 죄수가 이렇게 말할 수 있다. '내가 살인자이긴 해도 적어도 '소아성애자'는 아니라고!' 마찬가지로 소아성애자가 이렇게 말할 수도 있다. '내가 소아성애자이긴 해도 적어도 '살인자'는 아니라고!' 그러나 둘 다 교도소에 있으니 어떻게 보면 도토리 키 재기 아닐까?

아무리 사소해도 자신의 문제를 상기해봐야 평정심과 자유에 한 발짝 더 가까워질 수 있다.

벗어나고 싶은 것이 있는가?

☑ 분노를 줄이는 질문 3
— 상대가 혹시 아픈가?

한번은 회복 프로그램에서 지나치게 열성적인 몇몇 사람들을 보고 화가 나서 다른 사람에게 조용히 이렇게 말했다. "블리미, 12단계 회복 프로그램은 진짜 가끔 정신과 병동 같아요!" 그리고 이런 대답을 들었다. "온 세상이 정신과 병동인데요, 뭘." 완전히 공감한다. 그 사실을 파악하려 멀리 찾아갈 필요가 없다. 우리는 매일 뉴스에서 범죄, 폭력, 테러, 부패, 스캔들 소식을 접한다. 인터넷에서는 노래를 좋아하냐 (아니면 싫어하냐) 같이 아주 사소한 문제 때문에 서로를 향한 날선 말이 너무 많이 오간다. 인터넷에서 싸움을 붙이고 싶은가? 이렇게 하면 된다.

1. 의견을 공유한다.
2. 기다린다.

사려 깊지 않은 말을 한 누군가를 떠올릴 때, 이런 시나리오를 상상해보자. 정신과 병동에 갔더니 환자복 차림의 정신적으로 대단히 건강치 못한 사람들이 나지막이 횡설수설하고 있다. 이후 그들은 몹시 불쾌한 말을 뱉고 돌아가 손가락을 빨거나 벽에 대고 고래고래 소리를 지른다. 평범한 상황이라면 보복하고 똑같이 불쾌한 말로 응수할 것이다. 그러나 이 사람들은 아프다. 분명 동정심, 인내심, 관용을 가지고 그들을 대해야 한다. 마찬가지로, 분노와 좌절감을 안기는 대상이 누구든 혹시 정신적, 심리적 또는 영적으로 아픈 건 아닐까? 그렇다면, 그들을 어떻게 대해야 할까?

☑ 분노를 줄이는 질문 4
― 상대에게 무슨 일이 있었던 건 아닐까?

코칭 대상이던 제인이 어느 날 상담에 30분 늦었다. 나는 '문자나 이메일을 보내거나 전화 한 통 할 수 있잖아? 이렇게나 무례할 수가! 자기가 뭐라고 생각하는 거야?'라며 씩씩댔다. 과거에 학대를 많이 당해서 그런지 누군가 나나 내 시간을 존중하지 않는 낌새가 보이기만 해도 매우 예민하다. 그녀가 상담실로 올라오고 있을 때 무슨 말을 할지 머릿속으로 시연하기 시작했다. '뭐 하러 여기 온 거죠? 이게 당신이 말하는 시간 약속입니까?' 나는 그녀를 공격할 순간만 기다렸다. 그러나 어떤 이유에선가 내면에서 작은 목소리가 건네는 말을 들었다. '그녀의 말을 먼저 들어줘.' 그래서 가만히 앉아 그녀의 말을 들었다. 상담하러 오던 길에 지하철역에서 누군가 쓰러지는 일이 있었다고 했다. 제인은 자신이 어떻게 의사가 되었는지 들려줬고, 의사로서 의무감을 느꼈다고 했다. 그래서 우선 응급처치부터 한 뒤 구급대원이 도착해서 병원에 갈 때까지 그 가엾은 사람 곁에 있었던 것이다. 그 순간 나는 쥐구멍에라도 숨고 싶었다. 우리는 대체로 화부터 내고, 너무 늦게 '상대에게 무슨 일이 있었던 건 아닐까?' 생각한다. 나는 그 후로 상대가 잘못을 저지르지 않았을 거라는 생각부터 하게 되었다.

벗어나고 싶은 것이 있는가?

마찬가지로 길 건너 시끄러운 이웃은 어떤 트라우마 때문에 귀청이 떨어져나갈 것 같이 음악을 틀어놔야 증세를 다스릴 수 있었던 건지도 모른다. 아니면 코로나 바이러스 봉쇄 때문에 자유, 통제력, 소속감, 교류라는 욕구를 빼앗겨 다들 그렇듯 그 역시 조금은 미쳐버렸을 수도 있다. 또 다시 동정심이 피어올랐다. 나는 그 음악 소리를 들을 때마다 짜증이야 났지만 적어도 화가 난 상태는 아니었다. 잘못된 도덕적 우월감에 젖어드는 대신 우리 공동의 인류애에 더 가까워졌던 것이다. 결국 다른 쪽 뺨도 내어주라는 한없는 용서가 썩 나쁜 조언은 아니었다. 누구나 사실, 정보 또는 이야기의 이면까지 아는 것은 아니기 때문이다.

똑같은 사람이 되면 안 된다. 고통스럽다고 해서 그것이 남에게 상처를 줘도 된다는 면죄부인 것은 아니다. 그러니 화만 내지 말고 동정심을 품을 수 있는지도 생각해보자. 동정심을 느낀다면 화를 누그러뜨릴 수 있다. 또한 독단적으로 판단하지 않게 될 것이다.

절대 '그들처럼 행동하지 않겠다'고 생각하기는 쉽다. 행동으로 옮겼다고 해도 그것은 그들처럼 상처받지 않은 덕분일 것이다. 내가 본 영화 중 이를 잘 보여주는 〈오두막〉(윌리엄 폴 영^{William P. Young} 소설 원작)이라는 위대한 작품이 있다. 주인공 맥은 지혜의 화신인 소피아라는 여성을 만나 심판자가 될 기회를 얻는다. 먼저, 술을 마시고 분노에 차서 그를 향해 무자비하게 주먹질하던 아버지를 비난하겠느냐는 질문을 받는다. 그 질문에 "물론 저는 아버지를 비난합니다!"라고 말한다. 이어서 아버지에게 어떤 소년이 맞는 짧은 영상을 보고 소년을 비난할 거냐는 질문에 "아니…… 그저 어린 애잖아요!"라고 답한다. 그러자 소피아가 "그 소년이 '당신의 아버지'입니다"라고 말하고, 맥은 오열한다. 나 역시 폭력적이던 친척들이 내게 한 일을 떠올릴 때, 그들이 비슷한 일을 겪었을 것이며 어쩌면 나쁜 일을 당했을지도 모른다고 생각한다. 나도 당했으니 너도 당해보라고 한다면, '트라우마'는 대를 이어 계속된다.

☑ 분노를 줄이는 질문 5
— 받아들일 것인가, 바꿀 것인가?
뭔가 성가실 때, 우리에게는 세 가지 선택지가 있다.

1. 짜증 나는 상태로 있다가 화내기
2. 있는 그대로 받아들이기
3. 바꾸기

나쁜 습관을 끊어내려고 하는데 화난 채 있을 수는 없다. 그렇다면 결정하자. 수용하겠는가, 변하겠는가? 수용하면 기존의 일에 저항을 멈추고, 덕분에 해방된 시간과 에너지를 생산적으로 사용할 수 있다. 변할 수 없는 것을 바꾸려 하는 것은 태양을 보고 왜 보라색이 아니냐고 화를 내는 것과 같다. '태양은 보라색이어야 하는데 아니라서 화가 나!'라고 감히 말할 수 있는가? 아마 한숨 쉬며 상황을 수용하고는 가던 길을 마저 갈 것이다. 좋은 예가 될 만한 일화가 하나 있다. 전에 휴가차 스페인에 가서 바닷가 레스토랑에 앉아 있는데 짜증 나게도 몇 사람이 흡연 중이었다. 나는 분노에 차서 '얼마나 생각들이 없는지!'라고 투덜댔다. '자기 폐에 부담 주는 것도 충분히 나쁜데 왜 내 폐까지 피해를 받아야 하지?' 간접흡연으로 폐가 더러워지는 동안 나는 점점 더 화가 치밀었고, 이렇게 자문했다. '내가 할 수 있는 일이 있나?' 그러자 네 가지 선택지가 떠올랐다.

1. 손 놓고 불평만 한다.
2. 상황을 받아들이고 참아본다.
3. 느긋한 해변 감성을 망칠 위험을 무릅쓰고 한바탕 소란으로 담배를 피우지 말아달라고 부탁한다.
4. 상황을 받아들이고 레스토랑을 떠난다.

나는 2번을 시도했지만, 헛기침이 절로 나왔고 속은 부글부글 끓었다. 이제 남은 건 3번과 4번이었다. 담배를 피우지 말아달라고 하는 것은 경험상 마무리가 깔끔하지 않았다.

나는 마지못해 4번을 택했다. 그러나 돌아보면 옳은 선택이었던 것 같다. 휴가까지 와서 왜 말다툼에 휘말려야겠는가? 그럴 만한 일인가? 싸울 가치가 없는 경우도 있다. 화를 가라앉히고, 세상에는 사려 깊지 않은 사람들도 있으며 그들 또는 상황을 바꿀 수 없다는 사실을 받아들이는 편이 훨씬 낫다.

물론 간접흡연과 같은 사소한 짜증을 넘어 화가 훨씬 더 중요한 변화를 일으키는 때도 있다. 예를 들어 마틴 루터 킹$^{Martin Luther King Jr}$은 인종차별을 향한 분노를 이용하여 변화를 끌어냈다. 투덜대고 좌절할 때마다 내가 그렇듯 아이스크림으로 화를 누그러뜨릴 수도 있었다. 그러나 그는 시민권 운동을 전개했고, 대규모 평화 시위에 영감을 줬으며, 인종차별 방지법 제정에 힘을 실었다. 화가 언제든 창의성, 긍정적 행동, 변화로 이어질 수 있다는 점도 기억하자.

☑ 분노를 줄이는 질문 6
— 무엇이 두려운가?

무언가 두려워서 그에 대한 보호 기제로 화가 날 때가 있다. 우리는 사랑, 인정 또는 존중받을 가치가 없을까 봐 이용당할까 봐 아니면 욕구를 충족하지 못할까 봐 두려울 수 있다. '무엇이 두려운가?' 이렇게 자문한 뒤 화 이면에 어떤 두려움이 숨어 있는지 살펴보자. 예를 들어 운전 중에 누가 앞에 끼어든다면 자신이나 가족의 신체적 안전이 두려울 것이다. 즉 화 또는 분노는 나 자신을 보호하려는 감정적 뇌인 것이다.

☑ 분노를 줄이는 질문 7
— 상대에게 무엇이 필요한가?

화났을 때 이 질문을 하면, 건설적인 결과는커녕 '한 방 세게

먹여야지!'라는 반응이 이어질 수 있다. 그러나 화를 가라앉히고 나면 맑은 정신으로 이 질문을 던질 수 있다. 코칭과 심리치료에는 '조하리의 창johari window'이라는 이론이 있다. 요약하자면, 가로세로 두 칸인 표를 그려 놓고 가로축에는 '자신이 아는 영역'과 '자신이 모르는 영역'을, 세로축에는 '타인이 아는 영역'과 '타인이 모르는 영역'을 설정하는 것이다. 나 자신에 관해 남들은 알아도 자신이 모르는 영역을 '맹인 영역'이라고 한다. 우리의 적에게도 맹인 영역이 있지 않을까? 상담에서는 이를 두고 '인식의 가장자리'라 하며, 사람들의 패턴과 행동이 이 영역 바깥에 있을 때도 있다. 적을 보고 차마 행복을 빌어줄 수는 없다. 하지만 동료 인간으로서 그들이 치유되고 성장하거나 자기 인식을 높이기를 빌어줄 수는 있지 않을까?

필요해 보이는 것이 뭐든 어떻게 하면 상대(인물 또는 조직)가 그것을 얻기를 빌어줄 수 있을까? 내 경우, 그들을 위해 진심 어린 기도를 올린다. 그들이 인간으로서 성장하기 위해 필요한 것이라면 뭐든 얻게 해달라고 간청할 때, 분노가 감소하는 기적을 체험한다. 동시에 상대가 정신적, 영적으로 병들어 있을 수 있다는 사실을 상기할 수 있어 독단적 분노가 연민과 사랑으로 바뀐다. 누군가는 '자애 명상'을 선호할 수도 있다. 어떤 식으로든 상대에게 '좋은 기운'을 보내며 그들의 치유와 성장을 빌어준다면 방법은 상관없다.

우리 중에는 항의하며 '말도 안 돼, 그 인간이 잘되라고 할 수는 없지! 앞으로 호되게 당해야 한다!'고 말하는 사람도 있을 것이다. 당신이 나와 같다면, 또다시 당하고 참거나 상처 입을까 봐 분노에 중독되어 용서를 두려워할 수도 있다. 그러나 명심하자. 나아지기로 '굳게' 결심했다면, '굳세게' 나아가야 한다. 남 좋은 일 하는 게 아니다. '자신'을 위해서다. 우리 모두 저마다 결점이 있으며 구원받고 성장할 수도 있다. 내 친구 중 하나는 코카인과 매춘에 중독된 적이 있다. 자금을 대려고 부모님 돈에 손까지 댔다. 그러나 이제는 비슷한 문제를 겪는 사람들을 도와주는 말끔하고 멀쩡한 심리치료사다. 내 코칭 대상 중에는 수감 경험이 있지만 존경받는 기업가인 사람들도 있다. 분명, 범죄자는 교화되어 자신의 과오를 뉘우치고 사회의 귀중한 구성원이 될 수 있다. 분명, 적을 용서하고 그들이 잘 살기를 빌어주는 것이 적을 가장 친한 친구로 삼거나 사는 내내 곁에 둬야 한다는 의미는 아니다. 그어놓은 선까지 지울 필요는 없다. 이어서 분노의 사촌인 '두려움'을 살펴보자.

자가 질문 키트
분노 조사하기

1 | 다음 항목을 적어보자.

- 분노 대상
- 분노 이유
- 영향받은 자아

▶ 이어서 나의 10대 분노를 선정하여 정리해보자.

[예시]

- 분노 대상 : 이웃
- 분노 이유 : 너무 시끄럽다. 개똥도 안 치운다. 내게 불친절하다.
- 영향받은 자아 : 평정심, 개인적 관계, 자존감

▶ 이제 각 항목에 이번 장에서 살펴본 분노를 줄여주는 질문을 적용해보자.

[예시]

- 위선자였던 순간은 언제였나? : 나 또한 자녀와 소음을 유발할 수 있다. 나 또한 어떤 사람들에게는 친절하지 않다.
- 무엇을 할 수 있을까? : 견딜 수 없이 시끄러우면 이사할 수 있다. 노이즈캔슬링 헤드폰을 구입할 수도 있다. 집에 방음 장치를 설치할 수도 있다. '기존의 일'을 있는 그대로 받

아들이려 할 수도 있다.

- 상대가 혹시 아픈가? : 그럴지도 모른다. 음악 소리를 줄여줄 수 있냐고 요청하자 폭력적으로 나를 위협했다!

2 | 분노 조사 결과를 내가 믿고 따르는 사람과 공유하자. 감정적 전하를 가라앉히고 마음속에서 분노를 몰아내어 한숨 돌리거나, 또 다른 분노 감소 방안을 들을 수도 있다.

벗어나고 싶은 것이 있는가?

두려움에서 벗어나기

두려움은 우리 인간들 사이에 널리 퍼져 있다. 사실 우리 다수는 '무의식적 부정 편향'을 타고난 탓에 부정적 결과가 예상되면 편견을 가지게 된다. 그러한 부정 편향은 일종의 '생존 기제survival mech-anism'다. 최악의 시나리오를 상상하고 예방하기 위해 조치를 취한다면 사망 확률이 줄어든다. 그러나 두려움은 나쁜 습관에 빌미를 제공한다. 나쁜 습관이 두려움과 불안에서 잠시나마 도망칠 수 있는 피난처이기 때문이다.

두려움 조사를 하면 불안 원인을 콕 집어낼 수 있다. '왜' 그토록 두려운 건지 곰곰이 생각할 때 머릿속에서 두려움을 끄집어내어 종이 위에 옮기는 행위는 뇌의 이성적인 부분이 관여한다. 이후 두려움 조사 결과를 다른 사람과 공유하면, 분노 조사 결과를 공유할 때와 같은 효과를 거둘 수 있다.

두려움을 조사하기 위해 다음 네 가지 항목을 작성해보자.

1. 두려운 대상
2. 두려운 이유
3. 영향받은 자아
4. 두려움 감소 방안

우리는 대체로 두려움 때문에 잘못된 결정을 내린다. 일중독과 같은 중독은 가진 것도, 하는 것도, 존재 자체도 별로라는 두려움이 일으키는 질병에 가깝다. 많은 사람이 중독과 나쁜 습관을 통해 불안과 같은 감정에 무감각해지거나 담을 쌓는다. 나는 금전적으로 불안하다는 두려움에 사로잡히면 곧 일에 미치도록 몰두할 거라는 사실을 잘 안다. 결국 무의식적으로 이렇게 생각하고 말 것이다. '더 열심히 일하면 무사할 거야.' 안타깝게도 그렇게 하면 바닥을 치고 신체적, 정신적으로 피폐해질 때가 많다.

어떻게 해야 두려움을 줄일 수 있을까?

☑ 두려움을 줄이는 질문 1
— 이 두려움에서 내 잘못은 무엇인가?

대개 최악의 시나리오를 가정하거나 과거 사건을 바탕으로 조건을 설정하여 지금 겪는 사건을 바라본다. 그러니 해당 두려움에 일조하고 있는지도 모를 일이다. 금전적으로 불안해질 수 있다는 두려움을 예로 들어보자. 당신은 고리대금, 도박 또는 과소비 같은 나쁜 결정을 내려 두려움을 키우고 있을 수 있다. 아니면 최악의 일

벗어나고 싶은 것이 있는가?

을 상상하거나 성급하게 결론짓는 편일 것이다. 이 질문을 스스로에게 수없이 던지고 나면, 자신에게 해당 두려움을 키우는 특정 사고나 행동 패턴이 있다는 사실을 알아챌 것이다.

☑ 두려움을 줄이는 질문 2
— 이 일이 일어날 거라고 어떻게 장담하는가?

나는 때때로 코칭 대상에게 이 질문을 하지만 99퍼센트가 '모른다'고 답한다. 확신할 수 없다면, 왜 걱정하는가? 많은 경우 두려움은 부정적 시나리오의 반영일 뿐이다. 반영된 두려움을 가장 잘 보여주는 예는 2000년 직전에 있었던 'Y2K 컴퓨터 버그' 히스테리다. 네 자리 연도를 두 자리로만 저장하는 일부 컴퓨터 시스템 때문에 벌어진 일이었다. 1998년이라면 컴퓨터 메모리에 '98'로만 저장되는 식이었다. 따라서 2000년과 1900년을 어떻게 구분할 것이냐는 게 문제로 대두되었다. 둘 다 '00'으로 나타날 테니 말이다. 그 결과, 자극적인 헤드라인까지 가세하며 많은 사람이 비행기가 하늘에서 뚝 떨어지고, 원자로가 고장 나고, 물과 전기 공급이 끊기고, 문명 자체가 완전히 자취를 감출 것이라 믿었다. 급기야 식량을 비축하고 벙커까지 짓기 시작했다. 그러나 그리 대단한 일이 일어나지는 않았다. 사소한 문제가 있기는 했어도 세상의 종말이나 '디지털 최후의 날'은 분명히 없었다.

스스로 Y2K 같은 오류를 저지를 수 있는지 생각해보기 바란다. 나는 때때로 내담자에게 농담조로 이렇게 묻는다. '수정 구슬이라도 가지고 계십니까?' 물론 아니라는 답이 돌아온다. 우리 중 그 누구도 완전무결하게 미래를 예측할 수 없다. 그러나 어쩐지 신난다. 내일은 끝없는 가능성으로 가득하기 때문이다.

☑ 두려움을 줄이는 질문 3
— 두려움의 크기를 조절하기 위해 무엇을 할 수 있는가?

'역기능 관계'에서 회복하고 있을 때, 한 후원자(12단계 중독 치료 코치)가 내게 두려움 '크기 조절하기' 아이디어를 소개했다. 헤로인 중독자들과 주삿바늘을 돌려쓰거나, 피임 없이 미친 듯 성행위를 하는 등 무척 위험한 활동을 하지 않았음에도 불구하고 나는 한때 에이즈 바이러스가 있을까 두려웠다. 하도 오랫동안 시달려서 어떤 두려움에도 무감각해지거나 안심하려고 나쁜 습관에 빠질 위험이 있었다. 당시 후원자는 내게 이렇게 물었다. "가서 에이즈 검사를 받고 정확하게 아는 게 어때요?" 왜였는지 모르지만 나는 그런 생각이 전혀 떠오르지 않았었다. 아마 내 중독된 뇌는 근본 감정과 원인을 처리하는 대신 나쁜 습관을 이어가는 편이 더 쉬웠을 것이다. 결국 나는 검사를 받았고, 결과는 (아주 조금 예상한 것처럼) 음성이었다. 덕분에 두려움도, 중독에 빠질 구실도 줄었다.

한편, 탕진도 두렵다. 나는 이전 코치 덕분에 정기적으로 현금 흐름을 검토하고 예측하면 안심하게 된다는 것을 알았다. 일이 어떻게 돌아가고 수입이 얼마이며 현금이 뚝 떨어질 때까지 사업을 운영할 수 있는 시간이 얼마나 남았는지 파악하는 것이다. 그러면 나는 안심하고 살 수 있는 것 이상을 가지고 있다는 사실을 알 수 있었다. 내담자가 등록하지 않으면 내일 당장 파산할 거라는 공포는 비이성적이며 근거나 이점도 없었다! 두려움 '크기 조절'에 성공하면 높디높던 산이 야트막한 두둑으로 변한다.

☑ 두려움을 줄이는 질문 4
— 이 두려움이 사실이라면 무엇을 할 것인가?

이 질문은 2장에서 금전 문제와 관련하여 비상 대책을 설정할 때 거의 다뤘다. 실직이나 실연의 두려움 같은 다른 맥락에도 적용할 수 있다. 명심하자. 생각 외로 많은 선택지가 있다.

☑ 두려움을 줄이는 질문 5 — 정말 사실인가?

두려움 이면에는 때때로 거짓말이 있다. 아마 다른 누군가가 주입했을 것이다. 예컨대 '나는 쓸모없어'라는 거짓말에 속을 수 있다. 여러 이유가 있겠지만 아마 학대를 경험했기 때문일 것이다. 유년기 트라우마 및 중독 회복 전문가인 피아 멜로디Pia Mellody에 따르면 아동 학대란 '양육 활동을 제외한 모든 것'이다. 마찬가지로 '나는 빈털터리야'라고 생각할 수 있다. 그것이 정말 사실인가? 아마 '이번 달'은 빈털터리일 수 있지만, 길고 넓게 보면 여전히 살 집이 있고, 어쩌면 은행 계좌에 돈이 '좀' 있을지도 모른다. 명심하자. 생각이나 느낌 전부를 믿어서는 안 된다! 그중 일부는 그 바보 같은 편도체 때문에 생겼을 수도 있으니……

☑ 두려움을 줄이는 질문 6

— 누가 나를 이 두려움에서 꺼내줄 수 있는가?

우리는 종종 다양한 이유로 타인의 도움을 받아야 한다. 일단 매우 흥분하면 감정적인 뇌가 사고를 장악하기 때문에 이성적으로 생각할 수 없다. 그래서 믿을 만한 사람과 이야기하는 단순한 일이 두려움에서 벗어나는 데 유용하고, 어쩌면 필수다. 두려움이 공포증이나 트라우마와 연관된 것이라면, 전문 코치나 치료사의 도움을 받아야 할 수도 있다. 누가 나를 이 두려움에서 꺼내줄 수 있는지 생각해보자.

☑ 두려움을 줄이는 질문 7

— 어떻게 해야 굳건한 믿음이 생기는가?

나는 내담자에게 이렇게 묻곤 한다. '공포의 반대가 무엇일까요?' 그러면 대개 '용기'라고 답하지만, 아니다. 남을 구하려고 위험한 길로 달려드는 것과 같이 용기 있는 행위에서도 여전히 두려움을 느끼기 때문이다. 공포의 반대는 용기가 아니라 '믿음'이다. 내일도 태양이 뜰 거라고 '굳게' 믿는다면, 어떻게 태양이 더는 뜨지 않을 거라며 두려워한단 말인가? 굳건한 믿음은 뿌리 깊은 두려움과 공존할 수 없다. 물론 믿음은 매우 개인적인 문제라서 사람마다 다를 수 있다. 어떻게 믿음을 굳건하게 다질지는 전적으로 스스로에게 달렸다.

벗어나고 싶은 것이 있는가?

자가 질문 키트
두려움 조사하기

1 | 다음 항목을 적어보자.

- 두려운 대상(사람 또는 상황)
- 두려운 이유
- 영향받은 자아

▶ 이어서 나의 10대 두려움을 선정하여 정리해보자.

[예시]

- 두려운 대상: 탕진
- 두려운 이유: 무분별한 소비, 과소비, 비싼 집세
- 영향받은 자아: 금전적 안정감

▶ 이제 각 항목에 이번 장에서 살펴본 두려움을 줄여주는 질문을 적용해보자.

[예시]

- 두려움이 현실이 된다면 무엇을 할 것인가?: 집주인에게 집세 납부 유예 기간을 요청할 것이다. 필요하다면 전문가에게 마이너스 통장을 마련할지 금융 조언을 구할 것이다. 아니면 잠시 친구 집에서 신세를 질 것이다.
- 어떻게 해야 믿음을 굳건하게 다질 수 있는가?: 하루에 최소 10분간 성공한 미래를 그려볼 것이다.

◦ 누가 나를 이 두려움에서 꺼내줄 수 있는가? : 코치, 상담사, 자산관리사

2 | 조사 결과를 내가 믿고 따르는 사람 앞에서 읽어보자.

벗어나고 싶은 것이 있는가?

죄책감에서 벗어나기

'병은 비밀을 먹고 자란다.' 12단계 중독 치료에서 배운 또 다른 격언이다. 어두운 비밀을 숨기고 있으면, 그 비밀 때문에 두려움, 죄책감, 수치심에 휩싸여 자존감이 깎여나갈 것이다. 여러 심리학 문헌에서 수치심과 중독 사이의 연관성을 지적한다. 그 수치심의 시작점이 바로 '죄책감'이다. 죄책감은 잘못을 저질렀다는 느낌이며, 때에 따라서 수치심(내가 틀렸어)과 낮은 자존감으로 이어진다.

나쁜 행동을 저질렀어도 그 일로 자신을 정의할 필요는 없다. 누구도 완벽하지 않다. 심지어 수많은 사람에게 사랑받는 인생 코치인 나도 그렇다.

죄책감을 조사하기 위해 다음 네 가지 항목을 적어보자.

1. 상처 입힌 대상

2. 가한 행동

3. 나의 잘못

4. 죄책감 감소 방안

1번 항목(상처 입힌 대상)에는 내가 상처를 준 사람의 이름을 쓰면 된다. 2번 항목(가한 행동)에서는 자신이 한 일에 솔직해지자. 3번 항목에는 '나는 ~ 사람이다'라고 적고 빈칸에 이기적인, 제멋대로인, 사려 깊지 않은, 정직하지 않은 등등 자신이 선택한 단어를 적어보자. 처음 세 개 항목이 힘들 것이다. 그러나 4번 항목(죄책감 감소 방안)에서 죄책감을 줄여주는 질문 중 하나를 적용하면 죄책감을 모르던 때로 돌아갈 수 있다.

이어서 가장 어두운 비밀을 차례대로 정리한 뒤 가장 가까운 사람과 공유한다. 이 과정이 몹시 불편해 차라리 치료사나 전문 코치에게 말하는 것이 더 편할 수 있다. 그러나 가장 어두운 비밀을 공유하고도 여전히 존중과 사랑을 받는다면, 카타르시스가 일어나 치유되고 있음을 느낄 수 있다.

☑ 죄책감을 줄이는 질문 1

— 상처를 주지 않고 어떻게 상황을 바로잡을 수 있는가?

우리는 과거를 바꿀 수 없지만 보상은 할 수 있다. 사과 외에도 상대에게 '어떻게 상황을 바로잡을 수 있느냐'고 물어볼 수 있다. 예컨대 레스토랑에서 분노를 쏟아내며 홧김에 뭔가를 깬 적이

벗어나고 싶은 것이 있는가?

있을 것이다. 그러면 레스토랑에 돌아가서 사과하고 지갑을 꺼내 보상하겠다고 할 수 있다. 그러나 사과가 오히려 상처를 줄 때도 있다. 만약 남을 속인 적이 있다면, 상대에게 속였다고 밝히지 말라고 하고 싶다. 상처를 줄 확률이 높기 때문이다. 그 대신 '보상'해야 한다(다음 질문 참고).

☑ 죄책감을 줄이는 질문 2
 — 어떻게 심기일전할 수 있을까?

도리어 상처를 주기 때문에 보상하거나 상황을 바로잡을 수 없을 때도 있다. 예를 들어 전에 만나던 여자 친구는 마음에 큰 상처를 입었다며 나를 두 번 다시 보고 싶어 하지 않았다. 그 뜻을 존중하여 내가 할 수 있는 일은, 바로 잡을 수 없는 피해를 '속죄'하거나 보상하기 위해 '심기일전'하여 똑같은 실수를 반복하지 않는 것이다. 내게 심기일전이란 시속 1,000마일로 서두르다가 갑자기 잘못된 사람 곁에 있는 것이 아니라, 다음 연인과 함께 아주 천천히 신중하게 가는 것을 의미한다.

☑ 죄책감을 줄이는 질문 3
 — 완벽과 어떤 관계를 맺고 있는가?

잘못한 일에는 죄책감을 매우 쉽게 느낀다. 그러나 앞에서 소개한 마이클 조던의 일화가 기억나는가? 그는 아무리 '연습해도' 실수를 저질렀고, 공공연히 그 사실을 인정한다. 우리 역시 완벽에 미치지 못해도 스스로 눈감아줄 수 있다. 보통 수치심으로 어려움을 겪는 사람은 스스로 인간으로서 완벽하지 않으니 잘못됐다고 생각한다.

☑ 죄책감을 줄이는 질문 4
— 똑같은 실수를 저지른 친구에게 뭐라고 할 것인가?

우리는 타인에게 연민을 더 잘 느낀다. 자아를 우회하기 때문이다. 또 자존감이 낮아 '자기 연민'을 실천하기 어렵다고 생각할 수 있다. 스스로 '나는 이럴 자격이 없어' 말할 수 있다. 따라서 친한 친구가 똑같은 실수를 저질렀다고 상상하는 편이 더 쉽다. 친구에게 뭐라고 할 것인가? 위로의 말을 건네고 안심시키고 싶지 않을까?

☑ 죄책감을 줄이는 질문 5
— 이럴 줄 알았다면 다르게 행동했을까?

우리는 매 순간 이용할 수 있는 자원을 가지고 최선을 다하며 산다. 따라서 실수하더라도 실패를 따지는 것이 아니라, '피드백'을 얻는 학습 기회로 삼을 수 있다. 물론 실연, 깨진 우정, 심지어 형사 판결 등 갑작스레 자각하는 사건에서도 피드백을 경험할 수 있다. 나는 이별을 여러 번 경험한 후 치료사에게 집중 치료를 받기 전까지는 건강하지 않은 관계의 패턴이 어떤 건지 몰랐다(다음 장 참고). 어떻게 미리 알 수 있었겠는가? 인지하지 못하면 바꿀 수 없다. 자라면서 보거나 경험한 것이라고는 우리 부모님의 관계 그리고 나

벗어나고 싶은 것이 있는가?

와 친구들 사이의 폭력성이었다. 둘 다 긍정적인 역할 모델은 아니었다. 나는 내게 문제가 있다는 것이 어떤 패턴을 보이는지도 몰랐다. 무의식이 삶을 자동 조종한다고 했던 칼 융이 맞다. 우리 안에는 예외 없이 프로그래밍과 패턴이 숨어 있고, 우리가 의식하기 전까지 드러내지 않으며 우리의 삶을 지배한다. 따라서 나는 잘 몰랐던 나 자신을 용서할 수 있다. 앞날을 알았다면, 이럴 줄 알았다면, 다르게 행동했을 것이다. 또한 자신이나 타인에게 결과가 얼마나 심각할지만 알았어도 다르게 선택했을 것으로 생각한다.

☑ 죄책감을 줄이는 질문 6
— 대신 무엇을 할 수 있었을까?

'그랬어야 했는데' 또는 '더 잘 알았어야 했는데'라는 말에는 삶을 통달하지 못했다는 자책이 담겨 있다. '했는데'는 '수치심'으로 이어진다.

'수치심 = '수'년간 산 것 '치'고는
'심'각하게 뭘 모르는 인간'

그러나 '할 수 있었어'는 완벽을 향한 기대를 가능성과 대안으로 재구성한다. 따라서 '할 수 있었는데', '하지 말았어야 했는데'라는 말을 삼가고, '할 수 있었어'라고 해보자. 그러면 완벽해야 한다는 기대를 없앨 수 있다. '했는데' 타령을 멈출 '수' 있는 것이다!

자가 질문 키트
죄책감 조사하기

1 | 다음 항목을 적어보자.

- 상처 입힌 대상 또는 숨겨온 비밀
- 그런 이유
- 영향받은 자아

▶ 이어서 죄책감과 관련하여 각 항목을 정리해보자.

[예시]

- 무엇을 비밀로 했는가? : 바람을 피우고 있는지 확인하려고 연인의 이메일과 문자메시지를 읽었다.
- 그런 이유 : 내가 별로라서 실연당할까 봐 두렵다.
- 영향받은 자아 : 자존감, 개인적 관계

▶ 이제 각 항목에 이번 장에서 살펴본 죄책감을 줄여주는 질문을 적용해보자.

[예시]

- 어떻게 심기일전할 수 있을까? : 상처 줄까 봐 연인에게 말할 수는 없지만, 즉시 해당 행동을 멈춘 뒤 자존감을 높이고 과한 의심을 버리기 위해 도움받을 것이다.

▶ 만약 죄책감을 수면 위로 끄집어내기 어렵다면, 했던 일 가운데 가족, 친구, 동료 또는 상사가 몰랐으면 하는 일들을 떠올려보자.

벗어나고 싶은 것이 있는가?

2 | 어떤 어두운 비밀을 깊이 숨겨두고 있는가? 적어보자.

3 | 이제 이 조사 결과를 정말 내가 믿고 따르는 사람과 공유하고, 그들 앞에서 크게 읽어보자.

도움받기

여덟 살이던 해에 아버지와 함께 튜브를 끼고 인공 파도를 즐기는 워터파크에 갔다. 얕은 물가에서 즐거운 시간을 보내던 중 갑자기 더 깊은 곳으로 빨려 들어가는 느낌을 받았고, 어느 순간 인공 파도에 휩쓸리고 있었다. 수영에 서툴렀던지라 무서웠다. 빠져나가려고 할수록 힘에 부쳤다. 손 쓸 방도가 없었다. 그때 다행히 안전 요원을 발견하고 그를 향해 미친 듯이 손을 흔들었다. 곤경에 처한 나를 보자마자 그가 막대기를 대준 덕분에 안전한 곳으로 나갈 수 있었다. 그가 없었다면 더 큰 곤경에 빠졌을지도 모른다. 때때로 혼자는 위험하다. 우리에게 '감정'은 인공 파도와 같다. 행복할 때는 안 좋은 선택에 잘 빠지지 않는다. 그러나 인생이 험난하고 불편하고 또는 어려워지면, 방향감각을 상실하면서 감정이라는 파도를 제대로 타지 못한다! 이때 충분한 지원이 없다면 나쁜 습관 쪽으로 떠밀릴 것이다.

벗어나고 싶은 것이 있는가?

의지만으로 중독에서 회복하려고 하는 것은, 자동차가 고장 났는데 보닛을 열고 엔진을 살펴보고서 '왜' 굴러가지 않는지 파악하지도 않고 그저 힘으로 자동차를 밀어 언덕 위로 올리려고 하는 것과 같다. 자동차가 고장 났으면 정비공이나 고장 수리 서비스와 같이 차량을 더 잘 아는 사람에게 검사받은 뒤 문제를 알아내야 한다. 혼자서 고장 난 자동차로 인생이라는 여정을 가려 하지 말고, 더 많은 경험과 지식을 쌓은 타인에게 도움을 구하자.

중독은 나쁜 습관과 매우 밀접하다. 우리 다수가 중독이라는 말을 듣고는 극단적이고 매우 부정적으로 느껴 '제가요? 중독이라고요? 그럴 리가'라고 반응하는 것과 달리, 나쁜 습관은 상대적으로 편하게 받아들인다는 차이를 제외하면 말이다.

중독은 부정적 결과가 예상되는데도 어떤 물질이나 과정에 기대는 지속적인 행동이다. 세상에는 나쁜 습관이 많다는 이유로 '난 중독은 아니야. 그저 나쁜 습관이 있을 뿐'이라며 현실을 부정하는 건 아닌지 따져봐야 한다. 우리는 내심 사소할지라도 어떤 행동 때문에 인생이 힘든지 알고 있다. 그 행동 때문에 연인과 다투고, 일이 손에 안 잡히고, 요요를 겪고 아니면 금전 상황에 영향을 받는다. 심각한 결과가 드러난 다음에야 우리는 '마침내' 문제를 인정한다. 문제가 있고, 문제의 싹부터 자르기 위해 도움이 필요하다고 쉽사리 인정하지 않는다. 만약 인정했다면, 축하한다. 당신은 매일 충실히

벗어나고 싶은 것이 있는가?

나쁜 습관을 타파하는 길로 접어든 것이다! 이어서 욕구불만, 두려움, 분노, 수치심이든 뭐든 벗어나려는 대상과 이유 그리고 그에 관해 할 수 있는 일이 무엇인지 살펴봐야 한다.

중독에 빠지면 호수 속에서 오도 가도 못하는 물이 된 것 같다. 중독에 빠지면 사고가 갇히기 때문에 더욱 유연한 사고를 통해 새로운 아이디어, 관점, 자질을 받아들여야 한다. 중독과 회복의 징후를 알아차릴 수 있을 때, 어떻게 해야 더 건강하고 나은 선택을 할 수 있을지 한층 더 의식하게 된다. 회복이 약속하는 것과 향후 결과를 떠올리는 것은 큰 도움이 된다. 따라서 회복 경험, 회복에서 얻는 힘과 희망뿐만 아니라 고민까지도 공유하는 모임에 참여하는 것이 바람직하다.

(즐겨 기대는 나쁜 습관이 뭐든) 맥주 한 잔이나 아이스크림 한 통 대신 전화기를 집어 들기 바란다. 어딘가에 연결되어야 한다. '유대'야말로 중독의 반대다. 모임 활동은 여러 유형이 있을 수 있다. 중독 치료 또한 모임 활동이다. 친구나 다른 사람들을 만나도 된다. 또한 배고프고 화나고 외롭고 또는 피곤한 상태(HALT)를 피해야 한다.

이번 장에서 우리는 나쁜 습관 혹은 중독을 유발하는 주요 요인 중 일부를 살폈고, 그런 요인을 줄이는 방법까지 알아봤다. 다음 장에서는 우리의 행동 그리고 타인과의 관계의 바탕을 이루는 무의식적 요소를 생각해볼 것이다.

CHAPTER

4

진짜 속마음은
무엇인가?

"의식하지 않으면 무의식이 인생의 향방을 좌우하며,
우리는 이를 '운명'이라 한다."

— 칼 융 Carl Jung

이번 장에서는 숨은 동기를 살펴볼 것이다. '동기'라고 해서 (5장과 6장에서 살펴볼) 인생의 목적을 알아보겠다는 것은 아니다. 하고 싶은 일을 왜 하고 싶은지, 무의식적으로 대부분의 행동을 일으키는 원인은 무엇인지 알아보고자 한다.

우리는 대개 행동과 목표 이면에 '진짜 속마음'이랄 수 있는 더 중요한 무의식적 동기를 가지고 있다. 가장 깊숙한 곳에 자리 잡은 동기가 무엇인지 이해하고 밝혀낼 때, 한쪽으로 치우치지 않게 성격을 계발하는 방법과 감정 유발 요인, 강점, 약점, 맹점과 같은 매우 유용한 정보까지 알아낼 수 있다. 이런 무의식적 동기를 발견하는 도구 중에 '에니어그램enneagram'이 있다.

진짜 속마음은 무엇인가?

인생을 지배하는 숨은 동기

☑ 에니어그램 소개

　'에니어그램'이란 간단히 말하면, 서로 연결된 아홉 가지 성격 유형으로 구성된 고대의 성격 계발 시스템이다. 그리스어로 '9'를 의미하는 'ennea'와 그림 또는 글이라는 의미의 'gramma'에서 유래했다. 기원에는 여러 설이 있지만 고대 유대교, 이슬람 신비주의인 수피즘, 기독교의 황야의 교부들로 보는 시각이 대표적이다. 1970년대에 철학자 오스카르 이차소^{Oscar Ichazo}와 정신과 전문의 클라우디오 나란호^{Claudio Naranjo}가 주류 심리학과 자기계발 영역에 도입했다. 이후 에니어그램은 내담자의 가장 깊숙한 곳에 있는 동기를 이해하려는 코치와 심리치료사의 조수 노릇을 하고 있다. 에니어그램에는 아홉 가지 성격 유형이 있으며, 저마다 행동이 아니라 '동기'로 구분된다. 에니어그램의 두 가지 유형이 똑같은 행동을 보이더라도 행동하는 '이유'를 보면 동기는 완전히 다를 수 있다.

에니어그램은 우리를 변하지 않는 전형에 가두기보다 우리가 무의식으로 들어간 상자가 무엇이며, 그 상자를 깨부수기 위해 무엇을 해야 하는지 밝히고자 설계되었다는 점에서 다른 성격 유형 시스템과 구별된다. 또 한 사람에게 서로 다른 비율로 각기 다른 유형 몇 가지가 있을 수도 있다. 종종 우리에게는 주요 동기 말고도 그에 따르는 '2차 동기wing'가 있다.

☑ 아홉 가지 성격 유형

유형 1 | 개혁가 perfectionist **'난 완벽해야 해'**

완벽주의자는 세상이 완벽하지 않다고 생각한다. 따라서 올바른 일을 하고 '완벽'해야 한다. 이런 동기 때문에 매우 부지런하고 꼼꼼하지만, 때때로 매우 금욕주의적이고 비판적이며 꽉 막혀 있기도 하다. 그 결과, 그들의 주요 약점은 '분노anger'이다. 그러나 분노를 표출하면 '덜 완벽'하다고 비칠 수 있어 속으로만 발현된다. 자신의 결점 때문에 자극받는다면, 이렇게 물으며 스스로 코칭할 필요가 있다. '완벽을 좇는데 어째서 상황이 더 불완전해지는가?' '아직 완벽하지 않다고 생각하는데 어째서 나 자신에게 화가 나는가?' 또한 타인의 결점을 인지하여 자극받는다면 날선 분노를 줄이기 위해 이렇게 자문해야 한다. '내가 위선자였던 순간은 언제였나?' (3장 중 '분노에서 벗어나기' 참고)

진짜 속마음은 무엇인가?

조력자에게는 도움이 되고 필요한 사람이 되어야 한다는 핵심 동기가 있다. 그들은 '인정받고 필요한 사람이 될 때만 가치 있다'는 이야기를 만들어낸다. 이러한 동기 때문에 남들에게 잘 맞춰주고 베풀지만, 이면에는 (상대가 자신을 사랑하고 인정해줄 거라는 기대를 하고 선의를 보이는) '은밀한 계약'을 설정했을 수도 있으며, 때때로 남을 조종하려는 의도를 품고 있기도 하다. 남이 뭐라고 생각하는지 지나치게 신경 쓰기 때문에 그들의 주요 약점은 '교만 pride'이다. 그들은 그저 남들에게 사랑받고 싶어 한다. 당연한 존재로 전락하고 인정받지 못하면 자극받기 때문에 자신을 돌아보며 스스로 이렇게 물어봐야 한다. '왜 그렇게나 인정받고 싶어 하는가?'

성취가는 최고가 되겠다는 생각에 이끌린다. 그들은 '승자'여야 한다. 또 '나는 쓸모없는 인간이 아니다'라는 이야기를 만들어낸다. 그 결과 매우 투지 넘치고 경쟁심이 강하지만, 참을성 없고 최악의 상황에는 부정직하다. 큰 성공을 거두고 승리한 듯한 '모습'에 신경 쓰기 때문에 그들의 주요 약점은 '기만 appearing'이다. 그들은 자신을 철저히 무너뜨리는 사람에게 분노를 느낀다. 자부심이 부족하면 종종 강력한 성취로 과잉 보상한다. 이 유형이 반복하여 자문해야 할 질문은 다음과 같다. '더 가치 있다고 느끼기 위해 나는 어떻게 노력하나?' '성공적으로 보이는 게 왜 그렇게 중요한가?'

유형 4 | 예술가 individualist '나는 특별하고 독특해야 해'

예술가는 특별하고 독특하며 남다르기를 열망하여 자신의 정체성을 매우 찾고 싶어 한다. 그들은 '특별하고 독특하고 평범하지 않으면 가치 있다'는 이야기에 끌린다. 매우 독창적이고 자아와 밀접한 관계를 맺을 수 있어 대체로 비범하고 창의적인 예술가가 된다. 이 유형의 주요 약점은 '시기envy'다. 그들은 타인이 자신만의 독특함으로 인정받으면 (자신이 받을 사랑과 관심이 줄어들 거라고 두려워하여) 좋아하지 않는다. 게다가 무시당하면 (자신이 평범해서 그런 것이라고 생각해) 싫어한다. 그리고 '우울'과 '자기 연민'을 겪는다. 그들은 바로 앞에서 장점을 보고도 인정하지 않는 꽤 슬픈 인생관을 가진다. 도움이 될 질문은 다음과 같다. '실패할 수도 있다고 생각하면 어떤 이야기가 만들어질까?' 우울을 극복하려면 '감사한 일'을, 자기 연민을 극복하려면 '자신이 도울 수 있는 대상'을 생각해봐야 한다. (5장 중 '이기심 vs. 봉사' 참고)

유형 5 | 사색가 specialist '나는 이해해야 해'

사색가는 방대한 지식을 깊이 이해하고 획득하고 싶어 한다. 그들은 스스로 '이해하기만 하면 괜찮을 거야. 나는 자원을 보존하고 지식을 모아야만 해'라는 이야기를 한다. 그 결과 매우 학구적이고 눈썰미가 좋고 꼼꼼하지만, 꽤 냉담하고 무심하며 지나치게 이성적일 수 있다. 종종 (주변에서 동떨어져) 사고와 분석에 시간과 에너지를 매우 많이 투입하기 때문에, 주요 약점은 자신의 시간과 에

진짜 속마음은 무엇인가?

너지에 대한 '인색stinginess'이다. 그들은 생각이 지나쳐 타인의 요구나 수다를 부담스럽다고 생각하기 쉽다. 스스로 물어봐야 하는 질문은 다음과 같다. '왜 나는 예상치 못한 일에 쓸 에너지가 없다고 생각하는가?'

유형 6 | 충성가 sceptic '나는 안전해야 해'

충성가에게는 안전과 소속감이 동기다. 그들은 '이 위험한 세상 속에서 나는 안전해야 해'라는 이야기를 지어낸다. 따라서 잠재 위험을 찾고 최악에 대비하는 것뿐만 아니라 믿을 만하다고 검증된 사람에게 충성하는 데 매우 능하다. 그러나 그 탓에 매우 회의적이고 불안해할 수 있다. 그래서 가장 많이 겪는 문제는 '두려움fear'이다. 그들은 이렇게 자문해야 한다. '나는 예상하고도 왜 어쩔 줄 모르는가?' '어떻게 해야 굳건한 믿음이 생기는가?'

유형 7 | 낙천가 visionary '나는 모든 것을 경험해야 해'

낙천가는 모든 것을 경험하고 싶다는 욕망에 이끌린다. 그들의 핵심 이야기는 다음과 같다. '나는 모든 것을 경험해야 해. 세상은 가능성으로 가득 차 있다고. 신나기만 하면 고통쯤은 피할 수 있어.' 이런 동기가 있어 기회 포착에 능하고, 예지력이 있어 인생에서 무한한 잠재력을 본다. 그러나 안타깝게도 모든 것을 경험하고 싶다는 생각 때문에 (먹을 것보다는) 경험에 욕심이 생겨 '탐닉gluttony'이라는 문제를 겪는다. 고통이나 불편함을 피하려고 더 많이 원하는 성향을 보이며 좀처럼 헌신하지 않으려고 한다. 따라서 이렇게 자문해야 한다. '나는 환상이나 현실 도피를 통해 무엇에서 벗어나려고 하는가?' (3장 참고)

유형 8 | 지도자 challenger '내게는 힘과 지배력이 있어야 해'

지도자에게는 힘과 지배력이라는 동기가 있다. 그들의 이야기는 이렇다. '나는 약하면 안 돼. 독립적이고 지배력을 갖춰야 한다고. 세상은 강한 자들만 살아남는 무서운 곳이니까.' 따라서 이 유형은 거리낌없이 자기주장을 하고 필요할 때 이의를 제기한다. 그러나 권력을 향한 '과도한 욕망lust'이라는 문제가 있다. 따라서 통제와 부당한 일에 자극받는다. 어떻게든 약하다고 비치면 자극받을 수 있다. 그들은 이렇게 자문해야 한다. '마음대로 못 하면 무엇이 두려운 것인가?' '어떤 식으로 강해지려고 하는가?'

유형 9 | 중재자 peacemaker '나는 평화를 지켜야 해'

중재자의 소망은 화합 유지와 갈등 예방이다. 그들은 스스로 '주위 사람들이 좋다면 나도 좋아. 모두의 말을 들어주고 존중해야 해'라고 이야기한다. 그 결과 매우 순응적이고 종종 대세를 따른다. 그러나 무례한 사람이 나타나 자신의 불만과 감정을 억누르는 기미가 보이면 활화산처럼 화를 낼 수 있다! 이 유형의 주요 문제는 일종의 일탈인 '나태sloth'다. 그들은 자신을 제외한 모두에게 매우 순응할 수 있다. 갈등 때문에 자극받는다면 이렇게 자문해야 한다.

'나 자신을 위해 목소리를 높이지 않음으로써 어떤 불화를 일으키고 있는가?'

☑ 행동 아닌 '동기'에 주목

유형 소개를 읽고 자신에게서 전 유형을 어느 정도씩 발견하는 것은 지극히 정상이다. 우리는 저마다 다른 비율로 아홉 유형 모두를 가지고 있다. 어쨌든 명심할 것이 있다. 에니어그램 유형을 구분하는 것은 행동이 아니라 '동기'다. 나를 가장 많이 채워주는 동기는 무엇인가? 다른 것에 비해 더 끌리는 한 가지 핵심 동기가 있을 것이다. 이 동기가 고정되어 우리의 주요 에니어그램 유형은 바뀌지 않는다. 그러나 해당 유형에 대한 전반적인 인식과 문제 측면은 바뀔 수 있다. 핵심 에니어그램 유형을 더 정확히 알 수 있는 온라인 선다형 종합평가가 있으니, nickhatter.com/enneagram에 방문하여 더 자세히 알아보기 바란다.

☑ 역유형

지배적인 동기가 없다면, 진정한 동기가 무엇인지 의식하지 못하거나 스스로 솔직하지 않기 때문이다. 아니면 에니어그램의 '역유형counter-type' 때문일 수 있다. 역유형이란 본능이나 핵심 동기에 역행하는 것을 의미하며, 다음과 같다.

♦ 유형 1 : 분노를 완벽하게 억제하려고 하지 않고 공공연히 표출

- ♦ 유형 2 : 관심받고 싶지만 타인에게 의존하는 것에는 저항
- ♦ 유형 3 : '기만하지 않기 위한' 기만(자신이 얼마나 타인에 의존하고 겸손을 가치 있게 여기는지 들키고 싶어 하지 않음)
- ♦ 유형 4 : 대체로 참을성 있고 고통을 드러내지 않지만, 해당 유형이 도드라지지 않는다면 고통을 공공연히 표출하는 편
- ♦ 유형 5 : 자신의 감정을 잘 파악하지만 드러내지 않음
- ♦ 유형 6 : 두려움이 없다고 증명하는 행동을 통해 두려움을 과잉 보상하는 편(역공포)
- ♦ 유형 7 : 즐거움보다는 봉사와 금욕에 탐닉
- ♦ 유형 8 : 자신보다 집단을 보호하려고 함
- ♦ 유형 9 : 매우 온전한 인생을 살지만 자신의 진정한 정체성이나 소망을 모름

명심하자. 에니어그램은 행동이 아니라 동기에 집중한다. 에니어그램 교육을 받던 시절에 이런 일이 있었다. 나는 강사의 제안으로 같은 반 사람들과 함께 연습 삼아 서로 어떤 유형인지 추측했다. '저 사람은 두 번째 유형(조력자)이고, 저 사람은 여덟 번째 유형(지도자)이야. 간단하네!' 추측이 맞을 거라고 확신했다. 그래서 두 사람이 각각 네 번째 유형(예술가)과 세 번째 유형(성취가)이라는 사실은 (콧대가 꺾일 정도로) 의외였다! 즉 겉으로 드러나는 행동만 보고는 누군가의 에니어그램 유형을 알 수 없다. 겉으로 보이는 행동 이면에 깊숙이 자리 잡은 진정한 동기가 무엇인지는 오직 그 사람만

진짜 속마음은 무엇인가?

안다. 당신도 마찬가지다. 따라서 (면밀한 에니어그램 테스트 없이) 유명 인사의 주요 에니어그램 유형을 안다고 주장하는 웹사이트는 본질적으로 '잘못된 것'이다. 기본 동기가 아니라 행동을 바탕으로 판단했을 게 당연하니 그들의 주장은 추측에 불과하다.

하나 더 명심할 것이 있다. '유형이 곧 나인 것은 아니다.' 특정 유형이 우세하다고 해서 '나는 X유형이야'라고 할 것까지는 없다(1 장에서 본 것처럼 정신 질환에 자신을 동일시할 때와 같이 이런 행동은 부정적인 결과를 초래한다). 에니어그램은 이런 식으로 쓰라고 생긴 게 아니다. 에니어그램은 이 세상에서 안전함을 느끼려고 자아가 지금껏 무엇에 의지했는지 이해하고, 그런 집착에서 떨어져 자신에 게 더욱 충실하고 성격상 오롯이 균형 잡힌 존재가 되도록 돕는다. 그러니 '나는 X유형에 가까워'라고 말하자.

가장 가까운 유형(또는 동기)이 무엇인지 발견하면, 자극 유발 질문과 성장 질문 양쪽을 깊이 생각해볼 수 있다. 대체로 핵심 에니 어그램 유형은 바뀌지 않지만 인식 수준은 바뀔 수 있다. 무의식적 동기와 자극 유발 원인을 무턱대고 따르지 않고 의식할 수 있다는 것이다. 그러면 자동 조종 모드가 걸린 듯 무의식적 동기와 자극 유 발 원인이 멋대로 삶을 쥐락펴락하게 내버려두다가 왜 그런 행동 을 했는지, 왜 그런 상황에 부닥쳤는지 물으며 당황하지 않을 수 있 다.

자가 질문 키트
숨은 동기 찾기

1 | 다음 질문을 깊이 생각해보자.

   i) 어떤 에니어그램 유형에 가장 가까운가?

   ii) 어떤 문제를 가장 많이 겪는가?

   iii) 어떻게 하면 성격상 균형 잡힌 존재가 될 수 있을까?

2 | nickhatter.com/enneagram에서 자신의 에니어그램 유형
   을 알아보자.

진짜 속마음은 무엇인가?

관계 속 숨은 동기

우리는 연애, 관계, 우정 측면에서 다음과 같은 무의식적 동기 뿐만 아니라 건강하지 않은 관계를 빚어낼 수 있는 패턴에 유의해야 한다.

☑ 사랑 회피 '아니라고 말 못 해' '상처받을까 봐 겁나'

'사랑 회피'는 간단히 말해서 당신이 관계 초반에만 굉장히 매력적이라는 것이다. 그러나 상대가 더 가까워지기 시작하면서 자연스레 더 친밀해지기를 원하면, 상대를 피하거나 원망하고 '덫에 빠졌다고' 느끼면서 밀어내기 시작한다. 그러면 상대는 같은 감정을 나눌 수 없다는 사실을 알아채고 똑같이 밀어내려 한다. 그 결과, 버림받았다는 생각에 외로워서 다급하게 매력을 발산하며 상대를 곁에 둘 수 있는지 보려고 한다. 여기서 매력이란 성적일 수 있지만 꼭 그렇지도 않다. 상대가 원하는 말을 들려주거나 프러포즈와 같이 거창한 행동을 보여주는 것일 수도 있다. 쳇바퀴 돌듯 계속되는 사랑 회피라는 광기는 다음과 같은 무의식적 동기에서 비롯된다.

- 지금껏 만났던 사람 중 최고라서 이 사람과 무조건 데이트해야 한다.
- 나는 이 사람의 사랑을 '거절'할 수 없다.
- 혼자는 싫지만 그렇다고 이 사람을 원하는 것도 아니다.
- 겉으로 좋은 사람 같으니까 이 사람을 '좋아해야' 한다.
- 사랑을 나누고 싶지만 이 사람과는 아니다.

나는 회복 치료 중에 한 후원자로부터 '데이트할 때 강도를 11에서 1로 낮추라'는 가르침을 받았다. 처음부터 너무 달려들면 '분명' 금방 식는다! 시간을 갖고 천천히 상대를 알아가기 바란다. 이제 스스로 이렇게 물어보자.

- 이 사람을 정말 좋아하는가? 아니면 살면서 겪는 외로움이나 스트레스에서 잠시 도피하고 싶을 뿐인가?
- 이 사람에게 정말 끌리는가? 아니면 '겉으로 좋은 사람 같으니 끌려야 한다'고 생각하는가?
- 이번이 마지막 기회일까 봐 두려운가?

'매력은 억지로 느낄 수 있는 게 아니다.' 시간이 흐르면서 드러

진짜 속마음은 무엇인가?

날 수 있다(그래서 상대를 천천히 알아가야 하는 것이다). 그러나 연애에 여러 번 실패하고 나서야 어렵사리 감을 잡은 나처럼 당신은 누군가를 낭만적으로 사랑하는 방법을 모를 수 있다. 상대가 좋은 사람이고 안정적이며 잘생겼다고 해서 꼭 감정을 느껴야 하는 것은 아니다.

나는 혼전순결을 지키는 (아니면 적어도 진지하게 생각하는) 사람들이 내숭을 떤다고 생각했다. 그러나 연애에 여러 번 실패해보니 그들이 그다지 어리석은 건 아니었던 것 같다. 한 멘토에 따르면, 성관계는 '핵반응'과 같다. 그래서 견고한 토대에 핵물질을 보관하듯 다루지 않으면 위험한 낙진을 경험할 것이다. 성을 가볍게 생각하는 서양(특히 영국과 미국)에서는 대개 성관계 '이후'에 대화가 이어진다. 성에 대한 연구를 포괄적으로 검토한 결과, 대학생 중 60~80퍼센트가 데이트나 연애 상대 '말고' 다른 사람과 성관계를 경험했다.[46] 기혼자에게 불륜을 권장하는 웹사이트 애슐리 매디슨은 2020년 기준 회원 수 7,000만 명을 자랑했다.[47] 대단들하다! 미국 내 컨트리, 팝, 알앤비 장르에서 상위 10위권에 든 노래 174곡을 분석한 결과, 약 92퍼센트에 '성적인 메시지'가 하나 이상 담겨 있었다. 노래 한 곡당 평균 10.49구절이다.[48] 이쯤 되면 서양 문화와 예술이 가벼운 성문화를 잘 드러내는 것 같지 않은가?

솔직히 우리 사회는 역기능적 방식으로 성에 접근한다. 그러나 그와 반대로, 성적인 단계에 들어서기 '전에' 긴밀히 서로를 알아가며 깊은 신뢰를 쌓고 기대를 품어야 한다. 그러면 재앙과도 같은 관계로 이어지는 일이 훨씬 줄어들 것이다. 게다가 상대를 향한 감정이 어떤지 깊이 생각하면서 기대하고 수용할 수 있는 범위를 합의할 수 있다. 혼란을 최소화하고 상대가 알아주지 않는 감정이 커질 위험을 줄일 수 있는 것이다. 외롭고 절박할 정도로 '누군가' 있었으면 하고 바란다면 명심하자. 불행한 결혼 생활을 하느니 불행한 싱글이 낫다. 나쁜 관계에 걸려들었다고 생각하거나 폭언이 오가는 이혼 때문에 괴로워하는 사람들이 주변에 너무 많다.

'관계를 희망하나 상처 입을까 봐 두려워하는' 무의식적 동기 역시 사랑 회피로 드러난다. 이런 동기는 '트라우마' 때문일 수 있다. 어렸을 때 부모에게 버림받거나 조롱을 당했을 수 있고, 부모의 사망을 경험했을 수 있다. 아니면 숨통을 조이고 비밀을 허락하지 않으며 정서적, 신체적 또는 성적으로 학대하는 부모나 보호자 아래에서 성장했을 수도 있다. 그 결과 친밀감, 유대감, 헌신에 공포를 느끼게 되었을 것이다. 무의식적으로 사랑이 위험하다고 생각했을지도 모른다. 이 경우 자기계발과 더불어 전문가의 도움을 받는 것이 좋다.

☑ 사랑 중독 '나는 그들이 필요해'

'사랑 중독'은 종종 폭력적이거나 함께할 수 없는 사람을 향한 갈망으로 비친다. 많은 할리우드 영화에서 이런 역학 관계를 미화한다('당신 없이 살 수 없어, 당신이 필요해!' 외치는 주인공을 떠올려보자). 사랑 중독 성향을 보이는 사람들은 상대를 인간이 아니라 삶의

진짜 속마음은 무엇인가?

고통과 낮은 자존감을 고쳐줄 만병통치약으로 생각한다. 사랑 중독 전문가 피아 멜로디에 따르면, 사랑 중독은 누군가의 힘이나 매력에 끌려 시작되고 '연애 환상'을 자극하여 '흥분'을 유발한다.[49] 이런 성향의 사람은 살면서 마주하는 (2장에서 언급했던 낮은 자존감이나 욕구불만과 같은) 고통이 줄어드는 느낌을 경험한다. 상대와 함께할 수 없다는 현실을 부정하고 상대와 연애 중이라는 환상 속에 사는 것이다. 만약 누군가 사랑에 중독되어 있다면, 그들은 사랑을 더욱 갈망할 테고 상대와 함께하지 못할 수도 있다는 사실을 망각하기도 한다(사랑 중독자는 종종 사랑 회피자와 데이트를 한다). 결국 사랑하는 이와 함께할 수 없다는 사실을 인지하고 환상이 깨지면서 위축된다. 이때 그들은 사랑하는 이를 되찾거나 설욕하거나 아니면 지난 상처를 보듬어줄 누군가를 찾을 방법에 집착한다.

내담자 중 하나였던 베로니카는 슬로바키아 출신의 잘 나가는 코치로, 건강하고 매우 행복하며 긍정적인 40대 여성이다. 그녀의 인생은 대체로 순탄했지만 "당신이 너무 '긍정'적이라 싫어"라고 말하는 남자 친구와의 관계가 문제였다. 그는 베로니카를 향해 점점 더 비판을 쏟아내며 멀어졌다. 나는 그녀에게 이렇게 물었다. "그가 당신을 그다지 좋아하지 않는 것 같군요. 왜 그런 남자 곁에 있는 거죠?" 그러자 그녀는 그를 사랑한다고 말했다. 그래서 이렇게 말했다. "그도 같은 마음인지 궁금하네요." 그녀는 울기 시작했다. '그의 사랑이 식었다'는 현실을 자각한 것이다. 상담 직후 베로니카는 남자 친구와 헤어졌다. 그러나 다음 세션에 행복하고 신

난 상태로 돌아와 있었다. "그는 완전히 변했어요. 저보고 곁에 있어
달라 애원하고, 비싼 레스토랑에 가서 저녁을 사주고, 이 예쁜 반지
까지 사줬어요!" 별로 와닿지 않았다. 나는 그녀에게 사랑 중독과
사랑 회피 패턴을 설명했다. 그리고 남자 친구라는 사람이 버림받
은 트라우마를 겪고 있다고 확신했다. 혼자는 싫지만 그렇다고 '그
녀'를 원하는 것도 아니었던 것이다. 그래서 베로니카에게 말했다.
"그가 진지하게 노력하지 않으면 예전처럼 당신을 비판하게 될 가
능성이 큽니다." 아니나 다를까 예견이 '딱' 맞아떨어졌다. 몇 주 지
나자 그는 뚱해져서 비판하기 시작했다. 줬던 반지를 돌려달라고까
지 했다. 그래서 베로니카는 그를 향해 반지나 가지고 꺼지라고 일
갈했다. 야호! 다행히 그녀는 사랑 회피와 사랑 중독 패턴을 알아
챈 덕분에 무의식적으로 무슨 일이 벌어지고 있는지 깨닫고 마침내
자유를 찾았다. 주어진 운명을 생각 없이 받아들이지 않은 것이다.

☑ 공의존자 '내가 그들을 고칠 수 있어!'

　공의존자는 타인의 중독이나 역기능 행동을 고치고 관리하고
통제하고 부추기는 사람들이다. 누군가 이런 패턴을 보인다면 자
신은 물론이고 상대도 피해를 볼 수 있다. 공의존자는 중독이나 역
기능을 겪는 상대를 고치려고 노력할수록 (그리고 실패할수록) 점
점 좌절하고 절망한다. 안타깝게도 나는 우울증과 외상 후 스트레
스 장애를 겪던 오랜 친구 로런스와 함께 공의존 관계에 제 발로 들
어섰다. 그 친구는 나처럼 유년기에 트라우마와 학대를 많이 경험

진짜 속마음은 무엇인가?

했다. 게다가 나처럼 생활 수당을 받으며 살고 있었다. 그래서 나는 여러모로 우리가 비슷하다고 생각해서 그를 도울 수 있는 일이라면 뭐든 했다. 치료 센터에 데려가 나를 담당하던 치료사에게 무료로 그를 봐달라고까지 했다. 12단계 지원 모임에 데려갔고 회복을 다룬 다양한 책도 빌려줬다. 또 여자 친구와 문제가 있다는 불평을 수도 없이 들어줬다. 정말 할 만큼 했다.

그러나 로런스에게 나아질 기미가 보이지 않았고, 많은 공의존자처럼 나 역시 점점 좌절했다. 그렇게 숱한 노력을 했는데 무엇 하나 소용없었고 그의 눈에 차지도 않았다. 치료 센터 담당자는 '심리학자가 아니라서' 별로였고, 12단계 지원 모임은 '불평하는 사람이 너무 많아서' 별로였고, 내 담당 치료사도 별로였다. 나는 그와 어울리면 어울릴수록 점점 힘이 빠지고 지치기 시작했다. 무슨 일이 벌어졌는지는 나중에서야 알았다. 로런스에게 에너지를 뺏겼던 것이다. 결국 치료사에게 이런 말까지 들었다. "닉, 이제 포기해요. 로런스는 안 돼요." 그 말이 맞았다. 나는 너무 헌신적이었다. 로런스를 끊어내야만 했다.

혹시 누군가를 고치려는 '프로젝트'에 돌입한 적이 있는지 생각해보자. 살면서 심각한 중독에 빠졌거나 역기능적 행동을 하는 사람을 보고 '고쳐서 바꿔놓을 수 있어'라고 생각해봤는가? 그럴 때 대가를 받지 않는다면 공의존자이고, 돈을 받는다면 전문가인 코치나 치료사인 것이다! 그러나 우리 같은 전문가들조차 누군가의 변화를 도울 때는 깊게 개입하지 않도록 주의한다. 여러 연구에 따르면, 치료 및 코칭 결과 중 약 40퍼센트가 '외부 요인' 즉 상담실 바깥과 전문가의 통제 밖에서 일어나는 일에 영향을 받는다고 한다.[50]

당신에게는 가장 가까운 사람을 돕는 기술과 노하우가 없을 수 있다. 있다 하더라도 도울 대상과 추억이 너무 많아 부적절하다. 인생 코치나 치료사와 같은 전문가의 도움이 낫다.

☑ 자신감 없는 아이 '나는 인정받아야 해'

이것은 내가 경험한 동기부여의 함정이다. 근원에는 낮은 자존감이 자리 잡고 있다. '나는 별로 가치 있는 것 같지 않아. 이 사람이 괜찮다고 안심시켜주면 좋겠다.' 권위 있다고 생각하는 특정 인물 앞에서 무의식적으로 아이가 된 기분이 든 적이 있을 것이다. 이 동기에 지배당하면 남의 비위를 맞추며 '거절'하고 싶어도 계속 '승낙'할 수 있고, 타인의 비판이 무엇이든 (낌새만 느꼈든 실제로 경험했든) 더 깊게 상처받을 수 있다. 전에 굉장히 훌륭하지만 부정적인 피드백을 통해 몇 날 며칠이고 내 기분을 최악으로 치닫게 하는 치료사가 있었다. 처음에는 기분이 왜 안 좋은지 몰랐지만, 어느 날 분명해졌다. 우리는 마치 부모 자식 같았다. 나는 그를 진심으로 숭배하고 마치 아버지처럼 꽤 많이 존경한다는 사실을 깨달았다. 그의 말이 곧 신조였고 반기를 드는 것이 두려웠다. 그에게도 우리의 관계가 어떤지 알려줬다. 안타깝게도 의식은 했지만 그의 태도는 바뀌지 않았다. 나는 여전히 그에게 자극받으며 그의 곁에서 아이가

진짜 속마음은 무엇인가?

된 기분이 들었다. 결국 그에게 치료를 그만해야겠다고 말했다. 나는 이러한 이유로 코칭 대상 앞에서 흠결 없는 완벽한 존재로 보이지 않게 노력한다. 권위자, 장인, 스승이 아니라 그들과 동등한 존재이자 조력자로 비치려 최선을 다한다. 사실 코칭 대상들은 훨씬 더 신중한 태도를 보이는 다른 전문 조력자와 비해 결점이며 실수며 단점을 아무렇지 않게 말하는 나를 보고 꽤 신선하다고 생각한다.

부모 자식 같은 관계를 끊어낼 수 없다면 벗어나야 할 때도 있다. 또 그럴 수 있다. 우리는 전에 트라우마를 일으킨 패턴과 똑같은 관계를 또 누군가와 만들어 최악의 상황에 부닥칠 수 있다. 상대나 상대의 행동을 보고 상처의 원흉을 떠올리게 되기 때문이다. 정신분석가들은 이를 '전이transference'라고 부른다. 때때로 나와 상대 모두 관계에서 벗어나고 애착을 버리는 편이 훨씬 더 쉽고 덜 고통스럽다.

우리 중에는 은근히 무의식적으로 남보다 더 낫다고 느끼고 싶은 사람들이 있다. 이런 사람들은 때에 따라 '비판적 부모'의 모습을 보일 수 있다. 나는 살면서 나를 '훈육'하려 드는 친구나 코치를 몇 번 만났다. 주위 사람들이 지나치게 비판적인지 주의를 기울이며 이렇게 자문하자. '이거, 비판적 부모가 할 말 아냐?' '이 사람 옆에서 지금 내가 몇 살이지?' 만약 해당 인물 곁에서 꽤나 어려진 것 같은 기분이 든다면, 부모 자식 같은 관계를 맺고 있을 가능성이 크다. 상대는 자신도 그런 해로운 관계에 일조하고 있다는 사실을 의식하지 못할 수 있다. 따라서 그들이 당신을 성인으로 대하지 않는 것 같다고 지적하는 편이 좋다.

☑ 영웅이 된 아이 '내가 가족을 구할 수 있어!'

역기능 가족을 구하고 싶다는 이유로 내면 깊숙이 동기부여가 일어날 수 있다(심리치료에서는 '영웅' 유형으로 알려져 있다). 그러나 헛수고다. 가족을 구한다는 것은 가족의 명예나 이미지를 회복하겠다는 의도를 가지고 행동에 나서면 더욱 존중받고 사랑받을 거라는 무의식적 믿음을 품고 자행하는 과도한 성취이며, 일중독과 비슷하다. 성공했다고 해서 간절히 바랐을지 모를 사랑과 관심을 얻는 것도 아니다. 원하던 대로 사랑과 관심을 얻는다고 해도 '상대가 진심인지 아니면 성공에 편승하려고 하는지' 따져봐야 한다. 좋아하는 것이 나라는 '사람'일까 아니면 나의 '조건'일까? 성공이라는 말이 나왔으니 이제 목표를 살펴보고 해당 목표를 '정말' 달성하고 싶은 이유를 생각해보자. 무의식적 역기능 관계 패턴은 이번 장에서 소개한 것 외에도 더 있지만, 여기서 마친다.[51]

진짜 속마음은 무엇인가?

자가 질문 키트

관계 속 숨은 동기 생각하기

1 | 다음 질문을 깊이 생각해보자.

   i) 앞서 소개한 패턴 중 당신의 (이전 또는 현재) 관계 속에서 목격한 것이 있는가?

   ii) 만약 그렇다면, 해당 패턴에 동기를 부여한 것이 무엇인가?

   iii) 해당 패턴의 결과는 무엇인가?

▶ 어떤 대안을 선택할 수 있을까?

목표 이면에 숨은 동기

　　내 고객 중 하나인 앨버트는 연봉 100만 파운드를 받는 매우 성공한 은행원이었다. 나를 찾아왔을 때 그에게는 연봉 200만 파운드라는 단 한 가지 목표만 있었다. 나는 부유해지려고 찾아온 사람들을 보면 (별로 흥미가 안 생겨서) 코칭하지 않지만, 앨버트에게는 호감이 갔고 유대감을 느껴서 그만큼은 예외로 했다. 코칭 교육을 받다보면 '목표 이면의 목표 찾기'를 배운다. 아마 이전에 여러 코치가 곧장 뛰어들어 그가 더 높은 연봉이라는 목표를 달성하게 도왔을 것이다. 결국 코칭은 목표를 달성하도록 돕는 것이니 말이다. 그렇지 않은가? 사실 꼭 그렇지는 않다. 코칭은 목표와 결과에만 집중할 수도 있지만, 자아 발견과 개인적 성장을 동반하기도 한다. 그래서 나는 앨버트에게 이렇게 물었다. "말씀해보시죠. 연봉 200만 파운드를 받으면 뭘 누릴 수 있을까요?" 그러자 이런 답이 돌아왔다. "만족감이겠죠. 더 많은 경제적 자유도 누릴 수 있을 테고요."

진짜 속마음은 무엇인가?

☑ 목표 이면의 목표 찾기

돈을 더 벌고 삶의 수준을 높이는 게 문제는 아니다. 앨버트의 경우에는 연봉을 100만 파운드에서 200만 파운드로 높여도 삶의 질에 큰 차이가 없을 것 같다는 생각이 들었다. 심리학 연구만 봐도 그렇다. 2010년, 심리학자 대니얼 카너먼Daniel Kahneman과 경제학자 앵거스 디턴Angus Deaton은 미국 내 거주자 1,000명의 웰빙 설문 조사 45만 건을 살펴봤다. 그 결과 연봉이 75만 달러 이상일 때 (2021년 기준 66만 487달러) 행복에 큰 영향을 받지 않는다는 사실이 드러났다.[52] 당연하다. 돈이 있으면 좋은 집이나 자동차 등 많은 것을 누리겠지만 진정한 친구, 소속 집단, 건강한 관계 또는 삶의 의미와 목적까지 손에 쥘 수 있는 것은 아니다. 세션 중에 앨버트는 무심코 아내와 문제가 있어 집에 가기 싫다고 했다. "가정에서 아내와의 관계가 그다지 좋아 보이지 않는군요." 그는 인정했지만 뭔가 해보려는 것부터 두려워했다. 혼자는 싫지만 그렇다고 아내를 원하는 것도 아니었다(앞서 소개한 '사랑 회피' 동기가 작동했다). 결국 앨버트는 잘못된 이유로 목표를 정한 것이다. 그래서 원래 목표였던 연봉 상승 대신 결혼 문제로 상담 주제를 바꿨고, 나를 찾아온 의도가 뭐였든 더 분명한 답을 얻을 수 있었다. 돈이 더 많아 봐야 문제를 해결할 수 없었다. 그에게 정말 필요했던 것은 아내와 떨어져 있을 시간이었다.

이와 마찬가지로 캐서린이라는 내담자는 사업으로 연 여덟 자리 수에서 아홉 자리 수 매출을 내고 싶어 하는 성공한 기업가였다. 내게 격려받고 잠재력을 최대치로 끌어내려는 다른 내담자와 달리,

그녀는 성과 측면에서 집중 코칭을 받기 위해 나와 계약했다. 캐서린은 사업을 확장해야 하는데 일을 믿고 맡길 수 없다고 털어놨다. 그래서 우리는 무엇이 그녀의 목표 달성을 위협하는지 살펴봤다. 위협 중 하나는 남을 좀처럼 믿지 못해서 생긴 '망설임'이었다. 그녀가 왜 남을 믿지 못하는지 더 파고들자, 그 바탕에는 일이 잘못되어 '자신의' 기준에 미달하면 무능한 사람처럼 보일 거라는 두려움이 있었다(캐서린은 에니어그램 세 번째 유형인 '성취가' 성향이 매우 강해서 대외 이미지를 의식했다). 내가 '누구' 눈에 차지 않겠냐고 묻자, 그녀는 잠시 생각하더니 '나 자신'이라고 답했다. 그래서 그녀가 스스로 능력자라고 증명하려 하는 '이유'를 알아보려 그녀의 청소년기가 어땠는지 들어봤다. 당시 그녀는 아무것도 이룬 게 없다고 생각했다. 공허했고 건강하지도 부유하지도 사랑받지도 않았고, 잠재력을 최대치까지 발휘하며 살지도 않았다. 그리고 그 이후로 계속 '자신을 증명'해야 한다고 생각했다. 그런 태도에 발목이 잡혀 현재 실제로 원하는 성공을 이루지 못하고 있었던 것이다. 자기 눈에 자신이 어떻게 비칠지 지나치게 신경 쓰는 탓에 스스로 '통제광'인 것 같다고도 했다. 뭐든 통제하려다 보니, 사업에 더 큰 영향을 주고 목표 매출을 가능케 할 고부가가치 업무 대신 사소한 것까지 챙기느라 별 가치가 없는 업무까지 맡곤 했다. 캐서린은 무의식적 동기를 의식하느라 기회를 날려버렸던 것이다.

앨버트와 캐서린의 사례를 보면 NLP 교육에서 들었던 이야기가 생각난다. 한 미국인 사업가가 해변을 따라 걷다가 별 고민 없이

진짜 속마음은 무엇인가?

사는 것 같은 초라한 낚시꾼을 보고 "여기서 뭐 하는 거요?"라고 물었다. 그러자 낚시꾼은 "별거 없습니다. 날 밝을 때 물고기 몇 마리 낚으면서 햇빛 좀 쐬다 저녁이면 밤하늘 아래서 가족과 함께 그날 잡은 물고기를 요리해 먹죠." 사업가는 당황해서 이렇게 물었다. "물고기를 왜 더 잡지 않는 거요?"

"왜 그래야 하죠?" 낚시꾼이 물었다.

"그러면 더 큰 배를 장만해서 물고기를 '훨씬 더 많이' 낚을 수 있다오"라고 사업가가 말했다.

"왜 그래야 하죠?" 또 낚시꾼이 물었다.

"그러면 배를 몇 척 더 사서 수백은 아니더라도 낚시꾼 수십 명은 거느릴 수 있을 거요!"

"왜 그래야 하죠?"

"그러면 물고기 수백만 마리를 잡아 당신에게 매년 수백만 달러를 벌어다 줄 다국적 어업 회사를 설립할 수 있을 거요."

"왜 그래야 하죠?"

"그러면 남는 시간에 햇빛을 쐬면서 물고기 몇 마리 잡다가 저녁이면 밤하늘 아래서 가족과 함께 저녁을 먹을 수 있을 거요!"

우리는 대체로 이렇다. 정말 원하는 것을 손에 넣기 전에 돈을 더 많이 벌거나 특정 지위에 도달해야 한다고 생각한다. 나는 어렸을 때 많은 사람이 따뜻하고 화창한 어딘가로 은퇴하려는 꿈을 품는 것을 보고 항상 혼란스러웠다. 기억하기로 삼촌에게 '사람들이 왜 지금 떠나지 않느냐'고 물었다. 그리고 지금까지 만족스러운 답변을 들은 적이 없다. 그래서 나는 스물아홉이던 때에 런던을 떠나 화창한 그란카나리아로 이사했다. 꼭 육칠십 먹을 때까지 기다릴 필요가 있나?

B라는 목표에 도달하겠다고 생각하면서 도중에 A라는 목표로 빠져 원래 목표를 이루려고 노력한 적이 있는가? 앨버트는 연봉 200만 파운드(목표 A)를 목표로 설정하고 무의식중에 그 목표를 이루면 결혼 생활이 더 행복해질 것(목표 B)이라고 생각했다. 곧장 목표 B를 이루면 목표 A에 시간을 낭비하지 않을 수 있는데, 왜 굳이 목표 A로 빠지는 걸까?

시작점 →→→→→ 목표 A →→→→→→목표 B

시작점 →→→→→→→→→→→→→목표 B

내 경우 연애, 부, 성공이라는 목표(목표 A) 이면에 숨은 동기 중 하나는 사랑과 존중을 받고 싶다는 것(목표 B)이었다. 그래서 외적 목표로 빠지는 대신 목표 B로 곧장 향하겠다고 결심했다. 자존감을 높이면 될 일이었다. 연애와 돈은 내 맘대로 되지도 않고 (실연을 당하거나 돈을 잃을 수도 있어) 자존감을 세우기에 불안정한 토대일 뿐이다. 인생의 짝을 만나는 일이나 차세대 대박 상품을 터뜨려 (10억 달러 가치가 있는) 유니콘 기업이 되는 것 모두 해낼 수 있다고 확신해도 생각처럼 쉬운 게 아니다. '내 맘대로' 되는 것은 자존감에 영향을 주는 내면의 노력뿐이다.

진짜 속마음은 무엇인가?

요약

'전부'는 아니라도 행동에는 더 깊숙이 자리 잡은 '숨은 동기'
가 있다. 이런 동기는 대개 아홉 가지로 요약되며, 이를 촉발시킨 원
인과 함께 분노, 교만, 기만, 시기, 인색, 두려움, 탐닉, 과도한 욕망,
나태와 같은 약점에 영향을 받기 쉽다. 그러나 이번 장에서 소개한
질문을 자문하면서 자기 인식을 높이면 그런 약점에서 벗어날 수
있다. 숨은 동기는 우리의 관계 그리고 타인과의 상호작용에도 영
향을 미쳐 사랑 회피, 사랑 중독, 공의존과 같은 건강하지 않은 관
계 패턴에 우리를 옭아맬 수 있다.

숨은 동기를 일으킨 원인을 파헤쳐보면 때로는 충격적이다. 따
라서 진정한 이유가 무엇인지 받아들이는 데는 큰 용기가 필요하
다. 그러나 받아들이면 자유로워진다. 자신의 행동을 더 의식하면
서 그런 행동을 진짜 '왜' 하는지 숨은 동기를 파악해보자. 그러면
생각 없이 주어진 운명을 따라가는 대신, 무의식을 의식하면서 자

신의 운명을 더 자유롭게 결정짓게 될 것이다.

명심하자. 숨은 동기가 무엇인지 스스로 물어야 한다. 이면에 답이 있다!

진짜 속마음은 무엇인가?

내게 가장 중요한 것은
무엇인가?

"가치관이 분명하면 결정이 쉽다."

— 로이 디즈니^{Roy Disney}

결정의 순간은 언제나 고통스럽다. 보통 '결정 장애'라고 부르는 '분석 마비analysis paralysis'에 빠지기 때문이다. 나는 가게에 세 시간이나 머물며 신발 두 켤레를 사서 나온 적이 있다! 당신 역시 이혼, 퇴사뿐만 아니라 웹사이트에 쓸 서체 선정이라는 단연 가장 성가신 문제와 비슷한 일을 마주한 적이 있을 것이다.

나는 CEO 시절에 멘토에게서 'CEO는 '차악'과 '최악' 중 나은 것을 선택하는 사람'이라는 말을 들었다. 사업상 결정은 늘 완벽하지 않고, 이 정도면 됐다 싶은 정도의 결정에 불과해 무엇을 선택하든 문제가 뒤따른다. 옷, 음식, 거주지, 직업, 할 일 등 모두 선택의 연속이다. 우리는 대체로 잘 살고 싶어 한다. 어떻게? 어떻게 해야나 자신을 위해 긍정적인 선택을 할 수 있을까? 다행히 내게 가장 중요한 것이 무엇이냐는 질문으로 빠르게 답을 찾을 수 있다. 질문을 통해 내면을 들여다보고 필요한 것의 우선순위를 정하면 된다.

핵심 가치와 우선순위

　나는 인생의 목적과 커리어 패스를 분명히 설정하고 싶다며 도움을 청하는 내담자들에게 먼저 당신에게 가장 중요한 것이 무엇이냐고 묻는다. 핵심 가치와 우선순위를 살펴보라 하고 자아 발견 여정을 시작하는 것이다. 보통 그들은 사랑, 가족, 즐거움, 건강, 봉사, 창의성, 자기표현 등을 핵심 가치라고 한다. 그러면 나는 나열한 가치에 '순위'를 매겨보라고 한다. 우리는 종종 중요한 가치를 후순위로 밀어내며 불행한 삶을 살기도 하기 때문이다. 이어서 우선순위를 충족하는 몇 가지 직업과 커리어 패스를 떠올려보라고 한 뒤, 우선순위를 얼마나 충족하는지 10점 만점으로 점수를 매기라고 한다. 그러면 자신의 정체성을 가장 잘 보여주는 직업이 무엇인지 훨씬 분명하게 파악할 수 있다. 최우선순위를 충족할수록 해당 직업이 잘 맞는 것이다. 이런 활동은 다른 분야에도 적용할 수 있다.

☑ 인생의 목적 찾기

'이키가이ikigai'는 일본어로 '존재 이유'라는 뜻으로 해석된다. '무엇을 잘하는가?' '무엇을 좋아하는가?' '무엇이 세상에 필요한가?' '무엇을 보상받을 수 있는가?' 이렇게 네 가지 질문으로 인생의 의미와 가치를 파악하는 것이다. 여기에 나는 질문 하나를 더해 약간 수정된 형태를 소개하고자 한다.

1 | 무엇을 잘하는가?

이 질문은 컴퓨터 프로그래밍, 달리기, 노래 부르기는 물론이고 창의성이나 사색과 같은 더 포괄적인 기술까지 아우른다. 기술 중에는 전이 능력을 동반하는 것도 있다. 예를 들어 컴퓨터 프로그래밍을 잘하면 문제 해결과 기술 개념 이해에 능할 것이다.

2 | 무엇을 좋아하는가?

이 질문에 봉사, 문제 해결, 지식 탐구, 여행, 만들기, 심리학, 과학, 예술 또는 살림이라고 답할 수 있다. 심지어 초콜릿을 좋아한다고도 할 수 있다.

3 | 무엇이 세상에 필요한가?

이 질문은 꽤 거창해서 답하기 어려울 수 있다. 그래서 나는 이렇게 묻는다. '당신에게 가장 중요한 것은 무엇입니까?' 그러면 아름다움, 관용, 연민, 창의성, 진실성, 공동체, 보존, 정의와 같은 답이

내게 가장 중요한 것은 무엇인가?

돌아온다. 앞서 말한 것보다 자유(독립성)가 더 중요할 수도 있다. 나는 지시를 받는 것을 썩 좋아하지 않는다! 핵심 가치를 발견하고 나면 정리한 뒤 '핵심 우선순위'로 바꿔보자. 이후 각 항목이 '왜' 중요한지 따져보자.

4 | 무엇을 보상받을 수 있는가?

이 역시 내담자가 어떤 답도 못 할 수 있는 질문이라 창의적 사고를 약간 가미해야 한다. 요즘에 어떤 새로운 직업이 있는지 알면 놀랄 것이다. 예를 들어 다음과 같은 일로도 보상을 받을 수 있다.

- 비디오 게임 하기(프로 게이머, 비디오 게임 테스터)
- 음식 먹기(레스토랑 비평가, 맛의 대가, 식품 조향사)
- 레고 세트 조립하기(레고 마스터 빌더)
- 사람들 웃기기(코미디언, 작가)
- 쇼핑하기(퍼스널 쇼퍼, 미스터리 쇼퍼)
- SNS 사용하기(인플루언서, 소셜 미디어 매니저)

이제는 사무실이나 공장에서 하는 일만 '진짜'라는 낡은 생각을 버려야 한다. 세상에는 더 많은 일과 역할이 있기 때문이다. 물론 다른 것보다 더 경쟁해야 하고 재능, 헌신, 끈기까지 필요하다. 하룻밤 새 성공한 코미디언이 될 수 있는 사람은 없다. 기술을 연마하여 명성을 쌓고 팬을 늘리는 데 시간이 걸리기 때문이다.

앞서 소개한 네 가지 질문에 답하면서 공통적으로 어떤 테마가 나타나는지 파악해보자.

만약 모든 영역을 만족하는 테마를 발견했다면, 축하한다. 이키가이에 따라 당신은 인생의 목적을 찾은 것이다! 그런데 실존주의 코칭으로 석사 학위까지 보유한 야닉 제이콥Yannick Jacob은 '본업' 말고 봉사, 공동체, 부업 등 인생의 다른 영역에서도 이키가이를 도출할 수 있다고 생각한다. 이 생각은 이키가이를 향한 유효한 접근법이다. 짧고 예측 불가능한 인생에서 불만스러운 본업을 하며 매주 40~50시간을 보내는 것이 얼마나 인생 낭비인가!

우리는 대체로 보상받을 수 있거나 잘하는 일을 우선순위에 놓는다. 좋아하거나 가장 중요한 것을 택하는 사람이 우리 중 얼마나 있을까? 스타트업 액셀러레이터인 와이콤비네이터의 공동 창립자 폴 그레이엄Paul Graham은 스타트업을 이끄는 것은 '사기morale'라고 주장한다. 커리어가 거의 그렇다. 나는 맨손으로 일군 기프트게이밍을 설립 4년 만에 정리하려고 결심한 뒤 6개월간 휴식하고 나서야 뭔가를 깨달았다. 복귀하고 보니 '사기'가 떨어져 있었다. 회사는커녕 인생 자체에 관심이 없었다. 이제 보니 당시 삶의 의미와 목적에 굉장히 갈증을 느꼈던 것 같다. 나는 인생이 그저 무의미하다는 생각에 너무 우울해졌다. 기프트게이밍을 정리하려면 용기를 내야 했다. 계좌에는 다음 해에도 영업을 이어나갈 수 있을 만큼 돈이 있었고, 신경쇠약을 겪기 전에는 손익을 맞췄다. 그러나 (영화 〈빅 쇼트〉로 잘 알려진 의사) 마이클 버리^{Michael Burry}는 이렇게 말했다. "돈 버는 일은 사업과 관련 없는 인생의 필수 요소를 죽인다."

기프트게이밍의 투자자와 후원자가 분명 매우 실망했을 것이다. 그중 일부는 내 친구들이었다. 사업 정리는 정말 힘든 결정이었다. 그러나 성공적인 운영에 필요한 열정이 부족한 채 계속했다가는 그들에게 엄청난 피해를 줬을 것이다. 나는 기프트게이밍을 정리하고 정신 건강을 우선순위에 놓았다. 그 후 치유와 성장을 위해 여러 가지를 경험했고, 나를 더 잘 알게 되었다. 또한 나를 옴짝달싹 못하게 만든 유년기 트라우마에 집중했다.

나는 타인을 돕는 일을 내가 잘하고 즐길 수 있으며, 보상받을 수 있고 세상이 필요로 한다고 생각했다. 안타깝게도 기업가 정신에는 이키가이의 기본 요소 중 하나인 '세상이 필요로 하는 것'이라는 측면이 결여될 수 있다. 시장에도 특정 제품이 필요하기는 하지만, 나는 기본적으로 세상에 필요한 것이 무엇이냐는 측면에서 말하는 것이다. 세상에는 더 많은 광고와 그에 따른 수익보다 연민, 공감, 치유가 더 필요하다. 또한 더 많은 사랑과 유대감이 필요하고, 외로움은 줄여야 한다. 이것이 내가 FDBK를 공동 창립한 이유 중 하나다. 나는 코칭을 통해 사람들이 데이트 프로필을 개선하도록 도와 연인이나 새로운 친구를 만날 확률을 높이고 싶다.[53] 영국에는 외로운 사람들이 많다. 2018년에 5만 5천 명 이상을 대상으로 실시한 연구에 따르면, 청년층 40퍼센트가 외로움을 경험하고, 16~24

세와 35~44세 집단은 다른 집단에 비해 빈번하게 극심한 외로움을 경험한다고 한다.[54] 같은 연구에서 외로움을 신체와 정신 건강 문제에 연관 지은 것을 볼 때, 외로움은 분명 국가 차원의 유행병이고 해결해야 할 중대한 문제다(2장 중 '사회적 욕구' 참고).

나는 글쓰기, 인생 코칭, 기업 활동을 하지 않을 때면 실시간 전략 게임 '커맨드앤컨커: 제너럴'을 즐긴다. 그렇다고 해서 내가 프로 게이머여야 할까? 내게 게임은 성취감을 주거나 충분히 유의미하지 않기 때문에 일이 아니다. 성관계를 즐긴다고 포르노 스타라도 되어야 한다는 논리는 어떤가? '좋아하는 일을 하라'는 말이 최고의 커리어 조언이 아닐 수 있다.

☑ 타고난 강점 발휘하기

생명체마다 잘하는 일이 있다. 댐 건설? 비버가 이길 게 뻔하다. 덫으로 파리 잡기? 거미가 잘한다. 배경과 한 몸 되기? 그건 카멜레온이 딱 맞다. 귀여운 거? 새끼 고양이 앞에 적수가 없다. 당신은 어떤가? 타고난 강점과 약점은 무엇인가? 타고난 재능이 뭐라 생각하는가? 통솔, 창작, 혁신, 문제 해결 말고도 여러 가지가 있지 않을까?

한 치료사가 전에 내게 '새들이 왜 우냐'고 물었다. 나는 잠시 생각하다가 '짝을 찾거나 위험을 알리기 위해서'라고 답했다. 바로 그때 '위험하지도 않고 짝짓기 철도 아니라면 왜 우냐'는 추가 질문을 받았다. '새들은 원래 그렇다.' 저마다 다른 80억 종의 인간이 있

내게 가장 중요한 것은 무엇인가?

고, 각자 특별한 재능과 별난 구석이 있으며 저마다 꿈을 꾸고 생각을 한다면? 그게 우리다. 자신이 평범하다고 생각하면 자존심을 내려놓는 데 도움이야 되겠지만, 타고난 재능과 강점을 잊을 수도 있다. 우리 모두 유일무이한 존재다. 다른 누구도 될 수 없다. 일란성 쌍둥이라도 마찬가지다. 그러니 나는 평범하다는 생각은 접어두자.

자가 질문 키트

인생의 의미와 목적 찾기

1 | 다음 질문에 답하며 인생에서 더 많은 의미와 목적을 찾는 데 도
움을 받아보자.

▶ 어떤 명분이나 문제에 진심으로 열정을 느끼는가?

▶ 나의 도움이 필요한 사람은 누구인가?

▶ 누구를 왜 진심으로 돕고 싶은가?

▶ 내 기술이 사회 어디에서 쓸모 있을 것 같은가?

▶ 인생에서 가장 중요한 것은 무엇인가?

▶ 어떤 유산을 남기고 싶은가?

▶ 나와 같은 사람들이 직면한 비슷한 문제는 무엇일까?

▶ 세상의 모든 부를 가지고 있다면, 남에게 무엇을 왜 해주겠는가?

▶ 나는 앞으로 40년 뒤에 무슨 이유로 유명해질까?

내게 가장 중요한 것은 무엇인가?

우선순위 정하기

☑ 소중한 것에 마음이 가는 법

일전에 내게 코칭을 받을 만한 여력이 없다는 사람들을 상담해준 적이 있다. 그럴 수 있다. 메릴 스트립을 자신의 독립 영화에 캐스팅한다거나, 지역 축구팀에 크리스티아누 호날두를 선발할 수 있는 사람은 몇 없잖나! 그런데 그들은 재미 삼아 '멋진 장면' 좀 찍어보겠다고 미국에 가서 카메라가 장착된 드론을 구입한 이야기를 들려줬다. 나는 적당히 듣고 있다가 그들의 우선순위가 무엇인지 궁금해졌다. 분명 그들은 개인적 변화, 발전, 성장보다 여행과 재미를 더 중요하게 생각했다. 그게 잘못은 아니다. 게다가 어쩔 수 없어서가 아니라 자의로 우선순위를 정한 것이다. 축구팀에서 호날두 같은 선수에게 매년 수천만 파운드를 투자하는 이유가 있다. 우승을 중요하게 생각하고 최고 중의 최고가 되고 싶기 때문이다. 시간, 돈, 에너지를 쏟는 곳에 우선순위가 놓이는 법이다.

'내게 중요한 것이 무엇'인지 자문하고 행동이 답과 일치하는지 살펴보자. 그러면 성취, 유대, 만족 측면에서 문제를 겪는 이유를 알 수 있을 것이다.

자가 질문 키트
귀중한 시간을 할애하는 영역 파악하기

1 | 건강, 가족, 재미 등 내게 가장 중요한 것을 순서대로 써보자.

2 | 다음 활동에 매주 몇 시간이나 할애하는지 계산해보자.

a. 수면   b. 일   c. 운동   d. 관계
e. 여가   f. 꿈과 목표   g. 기타 중요한 것

3 | 매주 각 영역에 할애하는 시간을 퍼센트로 따지면 얼마나 되는가? 다음 수식을 활용하면 알 수 있다.

[매주 할애하는 시간] ÷ 168(24시간×7일) × 100

4 | 어떻게 해야 가장 중요한 일에 시간을 더 할애할 수 있을지 생각해보자.

내게 가장 중요한 것은 무엇인가?

☑ 우선순위가 괜찮은 건지 확인하기

나는 예전에 다음과 같이 우선순위를 정했다.

1. 일
2. 돈
3. (또다시) 일
4. 체육관
5. 사교 활동
6. 수면

그러나 이런 순위가 전혀 괜찮지 않다는 사실을 깨달았다. 당시 엄마에게 이런 말까지 듣곤 했다. "닉, 너 무리야." 그러면 젊은 치기에 이렇게 생각했다. '네, 그러시겠죠…… 별일도 아닌데. 난 죽어서 잘 거라고요!' 되돌아보면 일이 중요했던 것은 일이 가지는 의미 때문이었다. 첫째, 나는 일을 금전적 안정성과 동일시했다. 둘째, 사업으로 성공하여 부자가 된다는 것은 내가 '대단한 인물'이 된다는 의미였다. 나는 일을 자존감 그리고 소속감과 결합했던 것이다. 셋째, 누구도 실망시키고 싶지 않았다. 멘토와 투자자들에는 신경이 더 쓰였다. 그래서 '나를 증명'할 필요가 있다고 느껴 주말에 쉴 '자격이 없다'고 생각했다. 그러다 어느새 지쳐 쓰러져 번아웃에 시달리고 병에 단단히 걸렸다.

이기심 vs. 봉사

☑ 내가 먼저인가, 남이 먼저인가

　만약 우리가 자신만을 위해 산다면, 고통이 폭풍처럼 밀려올 때 모래 위에 지은 집처럼 순식간에 무너질 것이다. 그러나 개인적 수준을 넘어서는 더 큰 목적을 위해 산다면, 아무리 거친 폭풍이 와도 바위로 된 토대 위에 우뚝 서 있을 것이다. 12단계 중독 치료에는 '봉사란 자아라는 구속으로부터의 자유'라는 격언이 있다. 이 말에는 우리가 남에게 봉사하며 주의를 바깥으로 돌리면 우리 자신의 문제에서 안도감을 경험할 수 있다는 의미가 담겼다. 우리의 개인주의 문화에서는 '자아'에 집중하라는 말을 참 많이 한다. 자존감, 자기계발, 자기 역량강화, 자기애, 자아실현, 자기 충족감……자아, 자아, 자아! 역설적으로 최고의 자아를 실현하려면 자신만 생각하는 자세를 버려야 한다. 우울에서 벗어나기 위해서도 지나친 자기 성찰을 멈추고 바깥을 바라봐야 한다. 우리는 마음에게 바깥

내게 가장 중요한 것은 무엇인가?

세상을 보여줘야 한다. '사회적' 장기인 뇌는 타인과의 상호작용을 바탕으로 발달하기 때문이다.

나는 이 책을 집필하는 와중에 이사했다. 그 과정에서 내 소유물뿐만 아니라 지구상에서 '나'라는 존재의 '일시성'을 깨달았다. 이사 며칠 뒤 정예 멤버로 구성된 청소팀이 와서 원래 살던 집에 남은 내 흔적을 전부 말끔히 지웠을 거다.

다음 거주자는 아마 내가 누군지 모르거나 신경 쓰지 않을 것이다. 그리고 나 역시 이전 거주자를 모른다. 그러나 그처럼 나 역시 전에 살던 집에서 영원히 살 것처럼 지냈다. 마찬가지로 우리는 이번 생에 지구와 이와 같은 관계를 맺고 있는 것이 아닐까? 언젠가 끝이 나겠지만 지구에서 영원히 살 것처럼 지낸다. 현재라는 특정 시공간을 지나는 여행자일 뿐인데 말이다.

여행을 하다보면 일반적으로 두 가지 유형의 여행자와 마주친다. 일단 사려 깊은 유형이 있다. 그들은 자신이 머물던 자리를 청소하고 자연과 유물을 훼손하지 않으며 다음 방문자를 위해 보존하려고 한다. 또한 현지인만큼이나 현지의 법과 관습을 잘 따른다. 길을 가다가 다른 여행자와 마주치면 현실적인 도움과 안내 또는 경험으로 얻은 지혜라는 숨은 보석을 내준다.

한편 소란스럽고 무신경한 유형이 있다. 그들은 다음 방문자 생각은 하지도 않고 엉망진창을 만들고 떠난다. 현지인을 무시하고 성가신 행위까지 한다. 다른 여행자가 어려움에 처한 것을 보고도 갈 길 가거나 못 본 체한다. 심지어 다친 여행자를 봐도 그냥 지나처버릴 것이다.

우리 모두 자신이 사려 깊은 여행자라고 생각하고 싶을 것이다. 하지만 자신만을 생각해온 전력이 있고, 어려움에 처한 사람을 봐도 '다른 사람이 도와주겠지' 하고 넘어간 적이 있다. 다들 두 번째 유형의 여행자였던 적이 많지 않을까?

☑ 자기중심적 사고 덜어내기

하사 마커스 러트렐Marcus Luttrell은 탈레반 반군과 부사령관이 이용하던 구조물을 정찰하기 위해 레드윙 작전에 투입된 미국 네이비실 대원이었다. 그러나 헬리콥터로 목표 지점에 진입한 지 몇 시간 만에 러트렐과 팀원들은 기습당해 집중포화를 받았다. 그들은 화기와 병력에서 상대가 되지 않았기 때문에 후퇴해야 했다. 저서 『론 서바이버Lone Survivor』에서 러트렐은 레드윙 작전 동안 무슨 일이 벌어졌는지 들려준다. 팀원 다수가 총상을 입어 꼼짝하지도 못하는 상황에서 탄약마저 떨어져 심각한 곤경에 처했다.

그때 팀장이던 대위 마이클 패트릭 머피Michael Patrick Murphy는 본부에 여러 번 지원 요청 시도를 했지만, 아프가니스탄 쿠나르 지방의 산악 지형 탓에 교신을 할 수 없었다. 결국 그는 용감하고 이타적인 결심을 했다. 그는 전투를 위해 매복하고 있다가 본부에 즉각적인 지원을 요청하기 위해 휴대전화 위성 신호를 받으러 절벽 위로 올라갔다. 이는 적의 총구에 자신을 고스란히 노출한다는 것을 의미했다.

머피 대위는 본부와 겨우 교신에 성공한 뒤 치명상을 입을 때까지 교전을 벌였다. 전우들이 구조될 수 있도록 자신을 희생했던 것이다. 친구를 위해 삶을 내려놓는 것보다 더 위대한 사랑은 없다. 사실 미 해군의 좌우명은 '자신이 아니라 조국을 위해^{non sibi sed patri-ae}'이다. 약간 바꿔 '자신이 아니라 타인을 위해^{non sibi sed aliis}'를 우리에게 적용할 수 있다. 자신을 넘어서는 소명, 목적 또는 사명을 위해 봉사하지 않는다면, 우리는 무의미하고 목적 없는 실존적 절망에 빠져 결국 우울을 겪을 수밖에 없다.

☑ 자기중심적 사고는 우울을 유발한다

심하게 괴로워하던 어린 학생이 행복의 비결을 듣고자 나이든 스승을 찾았다. 스승은 물 한 잔을 건네며 그 안에 소금 한 컵을 넣었다. 그러고는 학생에게 한 모금 권했다. "물맛이 어떠니?" 그러자 학생이 대답했다. "짜요." 스승은 학생을 데리고 산책하다가 거대한 호수로 가 그 안에 소금 한 컵을 부었다. 그러고는 또다시 학생에게 한 모금 권했다. 학생은 몸을 굽혀 호수 물을 마셨다. 스승이 물었다. "물맛이 어떠니?" 학생이 대답했다. "산뜻해요." 또 선생님이 물었다. "소금 맛이 나니?" 학생이 '아니'라고 했다. 스승은 미소를 지으며 이렇게 말했다. "소금은 인생에서 우리가 경험하는 고통이란다. 고통의 양은 다들 같아. 그러나 우리가 느끼는 짠맛은 물이 담긴 용기가 컵이냐 호수냐에 따라 다르지. 고통을 더 적게 경험하고 싶거든 이 호수처럼 인생관을 넓히려무나."

'왜 내 곁에는 아무도 없지?' '왜 아무도 나를 사랑하지 않지?' 이런 생각이 들 때마다 다음 질문이 도움이 될 것이다. '나는 '누구' 또는 '무엇'에 봉사하고 있는가?' 앞서 말했듯, 우울은 심한 스트레스나 불안 때문에 생긴 무의미함과 절망으로 똘똘 뭉친 몽환과도 같은 상태다. 따라서 이 질문을 하면 자신을 넘어서는 사명과 명분을 생각할 수 있어 고통과 인생에 더 많은 의미를 부여할 수 있다.

휴먼 기븐스의 공동 창시자 아이반 티렐에 따르면, 우울한 사람은 자기 문제에만 주의를 기울이고, 지나칠 정도로 자기 성찰을 한다는 점에서 매우 '자기중심적'일 수 있다. 내담자가 우울을 털어낼 수 있게 하려면 자신만의 세상에서 빠져나오도록 운동, 사교 활동, 공동체 일원 돕기 등 '바깥'에 집중하게 해야 한다. 티렐의 주장에 의하면 이 접근법은 자기 성찰과 과거 트라우마에 '훨씬 더' 집중시켜 오히려 우울에 해로운 기존 심리 분석 치료와 극명히 대조된다!

나 역시 슬프거나 외롭거나 두려울 때마다 사명이 무엇이며 누구를 위해 봉사하는지 자문한다. 그러면 성찰과 함께 곧 사명을 깨닫는다. 이후 내가 도움이 될 방법을 찾고 사명에 맞게 재정비한다. 그러면 내 문제가 별로 심각하게 느껴지지 않는다. 봉사에 임하면 마치 합법적인 환각제를 복용한 것처럼 고통을 잊는다. 지난 몇 년간 연애를 쉬었어도 괜찮았다. 절박했던 예전의 그 젊은이가 아니다. 오히려 딱 맞는 짝을 기다릴 수 있어 더없이 행복하다. 혹시 혼자 살다 죽는다면? 적어도 내 목적을 달성하고 유의미한 인생을 살며 타인을 도울 것이다. 슬픔과 자기 연민에 빠지지 않고, 인생에 덜 얽매이는 편이 사람을 더 매력적으로 만든다!

여러 연구에 따르면 종교를 믿는 사람들이 평균적으로 더 행복하다고 한다.[55] 그들 다수가 이번 생과 세상의 고통을 초월하는 더 높은 사명이 있다고 생각하여 고통의 순간에도 의미와 목적을 가지기 때문이다. 또한 그들은 공동체를 잘 지원하는 경향을 보인다. 그러려면 당연히 일정 수준의 이타심이 필요하다. 코로나 바이러스 팬데믹 동안 노팅힐 지역의 한 교회는 매일 노숙자들에게 무료 식사를 제공했다. 대다수가 꼼짝없이 집 안에만 틀어박혀 있는 동안 노팅힐 웨스트본 그로브 교회의 목사 크리스 태커리Chris Thackery와 충직한 봉사자들은 자발적으로 최전방에서 노숙자를 도왔다. 그것도 매일, 하루도 빠짐없이. 나는 공황발작을 겪고 나서 어느 날 우연히 그를 만났다. 그는 온화하고 상냥한 성품을 지닌 굉장히 겸손한 인물이다. 그와 그의 교구는 음식만 제공하는 게 아니라 주택 및 복지 신청 과정을 돕고 따뜻한 물로 샤워할 수 있게 해주는 등 실생활과 관련된 일로도 노숙자를 돕는다.

물론 노숙자에게 잔돈이나 남은 샌드위치를 준 사람도 있겠지만, 우리 중 몇 명이나 그들이 복지와 긴급 주거 신청을 하는 것까지 도왔을까? 많지 않을 것이다. 그러나 태커리 목사는 확실히 더 개입했고, 그런 이유로 나는 그를 존경한다.[56]

나는 종교적이거나 영적인 사람들의 행복이 자신을 덜 생각하고 자신 이상의 '더 큰' 무언가에 집중하며 공동체적 욕구를 충족하는 데서 비롯된다고 생각한다. 고대부터 수천 년 동안이나 '네 이웃을 사랑하라', '베풀면 보답받을 것이다'와 같이 남에게 봉사하라는 지혜로운 가르침이 있었다. 실제로 2011년, (1장 후반에 소개했던) 크로커 박사는 봉사라는 이타적 행동이 자존감을 증진하고, 우울증 증상을 줄인다고 발표했다.

만약 나 자신만을 위해 산다면 둘 중 하나가 일어날 것이다. 우선 '오냐 마냐' 하는 것이 아니라 '언젠가 오는' 고통의 폭풍이 닥쳤을 때 자아를 초월하는 사명이 없다면 비참해질 것이다. 아마 이렇게 생각할 것이다. '삶은 괴로울 뿐이야. 편안하고 행복할 수 없는데 왜 계속 살아야 하지?' 매우 자기중심적인 존재 방식이다. 이런 방식대로 산다면 우울증을 겪게 된다. 사는 의미가 없다고 느끼는데 뭐 하러 계속 살겠는가? 그래서 인생의 목적으로 '행복'은 적절치 않다. 지속될 수 없기 때문이다. 사실 나는 종종 내담자들에게 이런 농담을 한다. "항상 행복하고 싶다면, 약을 하세요." 인간의 삶이란 원래 매 순간 행복한 것은 아니기 때문이다. 인생에는 실망, 슬픔, 분노, 두려움, 수치심, 죄책감, 외로움이 있다. 또 고통, 아픔, 사랑하는 이의 죽음도 있다.

자신만을 위해 살 때 겪을 수 있는 나머지 결과는 이렇다. 원하는 것을 모두 이루고 모든 것을 경험하고 가지면, 할 일이 뭐가 있을까? 돈도 명예도 특권도 더는 필요 없다. 이미 많이 이뤘으니까. 쾌락만을 안겨주는 무의미한 쳇바퀴를 제외하면, 인생이 무엇이겠는가? 나는 초대박을 친 유명인과 노숙자에게 공통점 하나가 있을 수 있다고 생각한다. 바로 약물 중독이다. 의미와 목적이 충분치 않으

내게 가장 중요한 것은 무엇인가?

니 실존적 절망에서 벗어나기 위해 약에 취하는 것 말고 할 일이 뭐란 말인가? 그러니 무의미함에 이어 우울증에 굴복하지 않고 심리적 행복을 누리려면, 자신을 넘어서는 사명이나 목적이 꼭 필요하다.

죽을 때 하는 후회

☑ '죽음'은 강력한 동기 요인

"사람은 죽음을 직감할 때 엄청나게 집중한다." 18세기 작가 새뮤얼 존슨Samuel Johnson의 말이다. 죽음은 매우 강력한 동기 요인이 되어 우리가 우선순위에 다시 집중할 수 있게 만든다. 앞으로 살날이 몇 년 안 남았다는 말을 들었다고 상상해보자. 무엇을 하겠는가? 무엇을 우선순위에 놓고 무엇을 제외하겠는가?

내담자에게 오늘 몇 살이냐고 묻는다. 그러고는 (2020년 기준 영국의 대략적인 평균 예상 수명인)[57] 80에서 해당 내담자의 나이를 뺀 뒤 (1년에 해당하는) 365를 곱한다. 결과를 내놓으며 '최상'의 시나리오대로 흐른다면 '살날이 이만큼 남았다'고 말한다. 여든까지 살리라는 보장은 없다. 암이나 심장병에 걸리지 않고, 차 사고로 비명횡사하지 않고, 프레첼을 먹다 질식하지 않는다고 가정한 것이다. 당신이 서른이라면 앞으로 살날은 이만큼 남을 것이다.

내게 가장 중요한 것은 무엇인가?

$$(80 - 30) \times 365 = 18,250일$$

내담자들은 어쩔 줄 모른다. 마치 불치병에 걸렸다는 말이라도 들은 것 같다. 나는 그저 죽음을 눈앞에 가져와 그들이 정신 차려 집중하고 '현재'를 충실히 살며 변화를 일으킬 필요가 있다는 사실을 깨닫게 도울 뿐이다. 이것은 분명 어떤 두려움이든 밀고 나갈 수 있게 도와주는 훌륭한 방법이다! 갑작스러운 자각처럼 보일 수 있지만 누군가 행동에 나서게 하려면 이런 자극이 필요하다. 때로는 가장 편안한 감옥이 탈출하기 가장 어려운 감옥이기도 하다. 그러니 이 활동을 은유적이고 실존적인 '채찍'이라고 생각하기 바란다.

☑ 당신은 이미 말기다

인생은 사망률 100퍼센트를 자랑한다. 따라서 당신은 '이미' 말기다. 진단을 기다릴 필요가 없다. 나는 때때로 이렇게 자문한다. '오늘이 이 세상에서의 마지막 날이라면, 뭘 '안 해서' 후회할까?' 우리는 대개 안 한 일로 후회한다. 호스피스 간호사인 브로니 웨어 Bronnie Ware는 죽어가는 환자들을 돌보며 기록해왔다. 죽을 때 하는 후회 중 가장 흔한 것들.

1. 남의 기대가 아니라 자신에게 충실한 삶을 살도록 용기 낼걸
2. 일을 그렇게 열심히 하지 말걸
3. 용기 내서 감정을 표현할걸

4. 친구와 계속 연락하고 지낼걸

5. 더 행복하게 지낼걸

내일(또는 오늘!) 죽는다면, 이 중 무엇이 가장 뼈아프겠는가? 가족과의 시간, 여가 또는 꿈과 목표를 추구할 시간을 희생하면서도 자주 밤늦게까지 일하는가? 나는 내담자들에게 종종 이런 말을 한다. "당신이 내일 입원한다면, 병문안을 오는 것은 상사나 고객이 아니라 가족과 친구들일 겁니다."

전에 만났던 여성 가운데 한 명의 아버지는 평생 열심히 일했다. 수년간 소방관으로 재직하다가 성공리에 코칭 기업을 세웠다. 그러나 안타깝게도 60대에 암에 걸려 생을 마쳤다. 그가 당시 내 여자 친구였던 딸에게 남긴 유언 중 일부는 이렇다. "그래, 나는 백만장자야. 그런데 지금 그게 다 무슨 소용이니?" 그는 평생 열심히 일했지만 은퇴를 앞두고 결실을 누릴 수 없었다. 우리는 평생을 돈, 안전, 밥벌이, 특권, 지위를 우선시하다가 가장 중요하고 오래 지속되는 것을 못 보고 지나친다. 잠시 멈춰 서서 장미 향을 맡으며 지금 이 순간 가진 것에 감사하는 것을 잊는다. 돈이야 언제든 더 벌 수 있지만, 지나간 시간은 '결코' 돌아오지 않는다.

성직자 A. J. 렙 마테리Reb Materi는 말했다. "너무 많이들 제 한 몸 바쳐 부를 얻고, 나중에는 건강을 얻으려고 부를 바친다." 나 역시 이런 생각을 할 때가 있다. 그래서 종종 다음과 같이 자문하며 스스로 코칭한다. '돈이 건강보다 '정말' 더 중요한가?' 두말할 것

내게 가장 중요한 것은 무엇인가?

없이 아니다!

☑ 변화할 시간은 내일이 아니라 오늘이다

종종 '아직 준비가 덜 됐다'고 말하는 사람들이 있다. 그렇다면 언제 준비가 될 것인가? 달이 목성과 완벽히 마주 볼 때? 암 치료 법이 나올 때? 오늘 무언가를 하겠다는 의욕이 생겼다고 해서 내일 혹은 다음 주에도 그럴 거라는 보장은 없다. 마찬가지로 오늘 어떤 기회를 잡을 수 있다고 해서 몇 주 혹은 몇 달 뒤에도 잡을 수 있다고는 할 수 없다.

나는 나이 든 사람들이 '아직 젊어서 시간이 많다'고 할 때 견딜 수가 없다. 그 많던 젊은이들도 한때 이렇게 생각했는지 궁금하다. 그러다 어느새 40대가 되어 도대체 무슨 일이 있었는지 궁금해하며 싫어하는 일에 매였을 것이다. 사실 우리 중 그 누구도 세상의 종말이 언제인지 모른다. 앞으로 10년 뒤일 수 있고 심지어 내일일 수도 있다. 실현하고 싶은 꿈이 무엇이든, 바꾸고 싶은 게 무엇이든, 고쳐야 할 대상이 누구든 또는 사랑한다고 말할 대상이 누구든, '오늘' 행동에 나서자.

물론 모두에게 나의 내담자 중 한 명이 진정으로 원하던 것처럼 박사 학위를 끝내고, 무용단을 이끌고, 영국 내 정신 건강 분야에서 개혁을 이끌고, 책을 쓰고, 잘 나가는 인생 코치로 활동하면서 전문 사진작가까지 되라는 게 아니다.

꿈을 좇으며 꿈속에서 사는 삶. 번아웃이나 피로를 경험하기 딱 좋은 말 같다. 앞서 말했던 내담자는 에니어그램 유형 중 '모든 것을 경험'하고 싶어 하는 것으로 알려진 일곱 번째 유형(낙천가)에 해당했다. 나는 그에게 뭐든 할 수 있지만 동시에 '모든 것'을 할 수는 없다고 설명했다. 대신 우선순위를 정해야 한다. 하루는 24시간뿐이고, 그중 일곱 시간에서 열두 시간 정도는 자야 한다. 우리는 생각 외로 시간이 없다. 게다가 휴식, 이완, 레크리에이션, 관계를 위한 시간도 필요하다. 그렇지 않으면 미쳐버릴 것이다. 무언가를 '승낙'할 때 다른 것을 '거절'하고 있다는 사실을 명심하자. 이는 곧 '내게 가장 중요한 것이 무엇'인지 자문해야 할 또 다른 좋은 이유다.

☑ 핵심은 '균형'

언젠가 죽는다는 '필멸성'에 관한 인식은 미래에 대한 믿음과 균형을 이뤄야 한다. 영원히 살 것처럼 행동하고 또 계속 그렇게 산다면, 할 일을 미루고 현실에 안주할 수 있다. 한편 내일 당장 죽을 것처럼 산다면, 미래를 위한 어떤 계획도 염두에 두지 않을 것이다.

혼자 죽는 게 무서워서 결혼하려는 것은 나쁜 생각이다. 관계에 절박하면 '잘못된' 관계에 처하게 된다. 내담자 중 한 명인 티나는 40대 초반 회계사로, 학대에도 불구하고 연인 곁을 떠나지 않았다. 너무 나이 들어 시간이 별로 없다고 생각했기 때문이다. 그녀는 이렇게 외쳤다. "이게 제 마지막 사랑일 수 있다고요!" 이것은 해로운 관계라도 유지하지 않는다면 혼자 죽을 거라는 일종의 재앙적

내게 가장 중요한 것은 무엇인가?

사고일 가능성이 매우 크다! 그녀나 우리나 수정 구슬이 없기는 마찬가지라서 미래를 훤히 들여다볼 수는 없다. 그러나 필멸성을 계속 인식하는 '동시에' 미래가 기회로 가득하다고 믿을 수는 있다.

자가 질문 키트
죽음을 진지하게 생각해보기

1 | 다음을 계산해보자.

(80 - 내 나이) × 365

▶ 계산해보면 '최상'의 시나리오대로 흘렀을 때 내가 살날이 얼마나 남았는지 알 수 있다. 얼마나 남았는가?

2 | 만약 내일 죽는다면,

i) 죽을 때 어떤 후회를 할까?

ii) 그런 후회를 하지 않기 위해 오늘 무엇을 바꾸겠는가?

3 | 만약 살날이 딱 4년 남았다면, 나는 우선순위를 어떻게 바꾸겠는가? 그리고 어떤 식으로 다르게 행동하겠는가?

CHAPTER 5

자신에게 가장 중요한 게 무엇인지 알면, 케이크 한 조각과 샐러드 중 무엇을 먹느냐 같은 사소한 문제든, 화창한 날을 만끽하러 가방을 싸 들고 영국을 떠나느냐 같은 큰 문제든, 훨씬 더 쉽게 결정할 수 있다. 가치관과 우선순위에 맞지 않는 선택을 걸러낼 수 있을 뿐만 아니라 꿈꾸던 커리어나 인생의 목적을 찾는 데도 도움이 된다. 물론 우선순위가 괜찮은 건지, 혹시 과하게 자기중심적이진 않은지 반드시 확인해야 한다. 우리는 대체로 남보다 자신을 우선시하여 자기 성찰에 깊이 빠지거나 자기 문제만 지나치게 생각하다가 우울에 빠진다. 따라서 자신을 넘어서는, 즉 자아를 초월하는 사명과 목적으로 시선을 돌려야 한다.

삶의 필멸성과 시간의 유한성은 우선순위를 재평가하도록 만든다. 물론 죽음에 관한 실존적 두려움과 내일은 더 나을 거라는 믿음과 희망 사이에서 균형을 맞춰야 한다.

내게 가장 중요한 것은 무엇인가?

CHAPTER
6

믿음이
도움이 되는가?

"사는 이유를 아는 사람은
어떤 어려움이 닥쳐와도 견뎌낼 수 있다."

— 프리드리히 니체Friedrich Nietzsche

한 여성이 바다에서 수영을 하고 있다. 기운이 빠진 그녀는 자신이 익사할 위험에 처했다는 사실을 깨닫는다. 근처 배에 있던 사람들이 뭐라 소리치지만 들리지 않는다. 그녀는 무거운 바윗돌처럼 자신을 짓누르는 커다란 배낭을 손에서 놓을 줄 모른다. 그러다 "가방을 버려요!"라는 사람들의 외침을 듣는다. 그러나 이렇게 되받아친다. "안 돼요, 제 가방이란 말이에요!" 배낭을 버리고 싶지 않았던 그녀는 배낭을 따라 수면 아래로 가라앉는다. 그녀는 미친 듯이 발차기를 하면서 떠올라 겨우 호흡을 이어가고, 또다시 "가방을 버리라니까!"라는 소리를 듣는다. 그러나 요지부동이다. 그녀는 배낭을 버리고 싶지 않다. 배낭에는 수년간 모은 다양한 물건이 들어 있고 모두 귀중했다. 더는 떠오를 수 없게 되자 물속으로 깊이 가라앉던 그녀는 익사 직전 마침내 가방을 버린다. 그 순간, 단숨에 수면 위로 떠올라 살면서 맛본 중 가장 달콤한 공기를 들이마신다. 크

믿음이 도움이 되는가?

게 안도하며 그 배낭이 자신을 얼마나 짓누르고 좌절감 속으로 깊숙이 가라앉혔는지 깨닫는다.

내가 중독 치료 모임에서 읽은 '바윗돌 버리기'라는 이야기다. 회복 치료를 받는 사람들의 삶은 그들의 변화 능력에 달렸다. 그러나 변화 의지를 갖추려면 삶의 밑바닥까지 갔다 와봐야 한다. 회복 치료를 받는 사람 중 다수는 마지못해 변화에 나서고, 변화를 택하지 않을 때의 고통이 더 커질 때까지 제안을 거부하기도 한다. 물론 이래서는 안 된다! 새로운 것을 기꺼이 받아들이고 오래된 믿음과 사고방식에 너무 얽매이지 말아야 한다.

만약 인생이 더할 나위 없이 만족스럽다면 믿음을 바꿀 이유가 없다. 그러나 자신이나 인생에 불만이 있다면 '뭐라도' 바뀌야 한다. 노력 없이는 '아무것도' 바뀌지 않는다.

고통스럽더라도 더는 유효하지 않은 믿음을 버린다면, 더욱 온전한 존재로 거듭날 수 있다.

심리적 믿음에 반기 들기

☑ 믿는 대로 된다

　밤새 기억을 전부 잃고 일어나자마자 내가 누구인지 듣는다고 상상해보자. 가령 다음과 같은 말을 들으면 각각 어떻게 처신하고 행동하겠는가?

- ◆ 기술 업계의 존경받는 억만장자
- ◆ 특수 부대 대원, 부대에서 복귀를 원하고 있음
- ◆ 피트니스 잡지 커버 모델, 최근 세계에서 가장 매력적인 인물로 선정됨

이제 위의 사례를 다음과 같은 말을 들을 때와 비교해보자.

- ◆ 심각한 정신장애를 겪는 마약중독 노숙자

믿음이 도움이 되는가?

- 그 누구도 기억하지 않는, 히트곡이 하나뿐인 가망 없는 뮤지션
- 뚱뚱하고 못생긴 걸로 유명한 인터넷 영상 스타

주어진 정체성에 따라 사고, 감정, 행동에 어떤 영향을 받았는가? 나는 이 일을 처음 시작했을 때 내가 '이미' 성공한 인생 코치라고 믿었다. 그리고 '그런 척' 행동했다. 성공한 인생 코치라면 정확히 무엇을 할까? 많은 교육을 받고 전문적인 계발을 하며 최고로부터 배우고 자신감을 가지고 행동한다. 나는 그 덕분에 코칭 커리어가 오늘날에 이르렀고 유명인, 임상 심리학자, 정신과 전문의, 신경 과학자까지 코칭할 수 있게 되었다고 생각한다. 마찬가지로 '이미' 매력적이라고 믿기 시작하자 건강한 식생활, 규칙적인 운동, 멋진 옷차림, 태닝, 숙면과 같이 해당 정체성을 강화하는 결정을 더 많이 내렸다. 1장에서 소개했던 낙인 이론의 좋은 점을 활용한 것이다. 만약 자신을 '뚱뚱이'나 '못난이'라고 한다면 그런 꼬리표를 강화하는 행동을 하기 더 쉽다. 자신을 '섹시'하다고 생각하면서 어떻게 '느껴지는지' 상상해보자. 섹시하거나 몸매 좋은 사람은 어떤 행동을 하는가? 뚱뚱하거나 못생긴 사람은 어떤가? 당신은 믿음과 같은 모습을 갖추게 될 것이다.

☑ 믿는 대로 이룬다

1950년대, 많은 사람이 1마일을 4분 내로 주파하려고 했지만 실패했다. 이 일은 1마일을 가장 빠르게 달릴 수 있는 시간을 따서

'4분의 벽'이라고 알려졌다. 그러다가 1954년, 로저 배니스터Roger Bannister가 3분 59초 4를 기록했다. 딱 46일 뒤, 호주 선수 존 랜디John Landy가 3분 58초의 기록으로 4분의 벽을 다시 깼다. 그 후 이 책을 쓰는 시점까지 약 1,500명의 선수가 '불가능'한 벽을 깼다.

다음과 같은 사례는 어떤가?

- 꿈이나 소명을 위해 벌이가 좋은 일 포기하기(나는 몇 번이나 했다!)
- 40세 여배우로 성공하기(주디 덴치는 영화판에서 '결정적인 기회'를 잡지 못하다가 61세에 블록버스터 영화 〈007 골든 아이〉에서 제임스 본드의 상사인 M 역할을 맡음)
- 20년 이상의 경력을 뒤로 하고 50세에 커리어 전환하기(커널 샌더스는 65세에 글로벌 패스트푸드 체인인 KFC를 시작함)

당신에게도 뭔가 불가능하다고 생각하는 믿음이 있는가?

☑ 도움 안 되는 믿음에 반기를 드는 방법

한계를 정하는 믿음에 반기를 들거나 해당 믿음을 바꾸는 기법에는 여러 가지가 있다. 그중 하나가 바로 '인지행동코칭cognitive behavioural coaching(CBC)'이다. 이 기법의 전제는 믿음이 감정과 행동에 영향을 준다는 것이다. CBC에는 일반적으로 'ABCDE 모델'이라고 하는 다섯 가지 요소가 있다.

믿음이 도움이 되는가?

자가 질문 키트
한계를 정하는 믿음 파악하기

1 | 다음 질문을 생각해보자.

▶ i) 긍정적 자질 중에서 내게 현재 없다고 생각하는 것은 무엇인가?

ii) 이제 내게 그런 자질이 '있다고' 상상해보자. 어떻게 다르게 행동할 것이며, 어떤 다른 선택을 할까?

▶ i) 꿈과 포부 중에서 무엇이 '불가능'하다고 생각하는가?

ii) 그것이 불가능하다고 어떻게 '확신'하는가?

◆ 선행 사건 activating events : 특정 반응을 유발하는 사건이 무엇인가?

◆ 믿음 beliefs : 자신, 타인, 세상에 관해 무엇을 믿는가?

◆ 결과 consequences : 믿음이라는 맥락 속에서 해당 사건에 관해 느끼고 행동하는 방식

◆ 반박 disputation : 오래된 믿음이 잘못되었음을 입증하기

◆ 효과적인 새로운 믿음 effective new beliefs : 오래된 믿음을 대체할 수 있는 것

CBC에서는 우리의 반응을 결정하는 것이 사건이 아니라 사건

을 경험할 때 바탕이 되는 '믿음'이라고 상정한다. 따라서 '선행 사건'은 '결과'를 직접적으로 유발하지 않는다. 두 사람이 같은 사건을 경험해도 믿음에 따라 '매우' 다른 반응을 보일 수 있다.

내담자인 줄리는 30대 중반의 재능 있는 건축가였다. 곁에 연인이 있었고 자녀도 하나 뒀지만, 상담 당시에는 연인과 헤어져 잠시 혼자서 양육에 집중했다. 그러나 시간이 지나자 외로웠다. 안타깝게도 그녀는 데이트에 자신이 없었다. 안 좋은 경험을 몇 번 겪고 나서 데이트 상대를 찾지도 않았고, 이미 아이가 있다는 이유로 결코 연애를 못 할 거라는 믿음이 생겼다.

그래서 나는 ABCDE 모델을 적용해봤다.

선행 사건

- ♦ 바에서 자신감 넘치는 사람들이 접근하는
- ♦ 새로운 환경을 접하고
- ♦ 사교 활동을 고려할 때

믿음

- ♦ '나는 이미 아이가 있어서 연애를 못 할 거야'라고 생각해서

결과

- ♦ 사람들 주위에서 불편함을 느끼고
- ♦ 새로운 사람을 만나는 것을 미루며 혼자 산다.

믿음이 도움이 되는가?

스스로 '매력적이고 탐나는 대상'이라고 생각하는 사람이 바에 있다가 누군가 자신을 향해 다가오는 것을 본 경우라면, 반응뿐만 아니라 결과까지 매우 다를 수 있다.

줄리는 아무도 그녀를 원하지 않는다고 생각했고, 그 탓에 자신을 고립시키며 혼자 지내고 있었다. 나는 그 믿음에 반기를 들며 이렇게 물었다. "그 믿음이 진짜가 '아닐' 수도 있지 않나요?" 그러자 줄리는 다른 생각들이 떠올랐다.

반박

- 그녀가 좋아했던 남성 중에는 자녀 여부를 신경 쓰지 않는 사람이 있었다.
- 친구 중 하나는 아이가 있는 여성과 데이트했다.
- 그녀가 좋아했던 또 다른 남성에게는 이미 아이가 있었다.
- 친구의 새아버지는 자기 핏줄도 아닌 두 아이를 거뒀다.

이미 아이가 있다고 연애를 못 할 거라는 그녀의 믿음은 '논리 오류' 중 하나인 '일반화'다. 위의 내용은 그녀의 믿음이 사실이 아니라는 탄탄한 반례다.

이후 우리는 더 효과적이고 정확한 '새로운 믿음'이 무엇인지 알아본 뒤 다음과 같이 정리했다.

효과적인 새로운 믿음

- ♦ 남성 중에는 데이트 상대로 아이 없는 여성을 선호하는 사람도 있고, 어떻든 상관없는 사람도 있다.
- ♦ 어떤 남성이 내게 딸이 있는 것을 신경 쓴다면 인연이 아닌 것이다.

처음에 줄리는 믿음을 바꾸는 데 저항했다. 그런 믿음이 있어 거절당해도 상처받지 않았기 때문이다. 그러나 ABCDE 모델을 적용하자 남성을 향한 자신의 믿음이 효과가 없고 정확하지도 않다는 것을 이해하기 시작했다.

☑ 도움 안 되는 믿음의 패턴

믿음이 고립된 사건의 '과일반화 over-generalization'일 때가 있다. 우리는 줄리의 믿음이 도움 안 되는 믿음의 패턴 중 하나인 과일반화라는 사실을 알았다. 이외에도 주의해야 할 오류가 더 있다.

- ♦ 흑백논리 black-and-white thinking
  - '양자택일'로도 알려져 있는 오류다. 예를 들면, 극단만 생각하여 회색처럼 다른 생각을 할 여지도 없이 자신을 보고 완벽 또는 실패라고 믿는 것이다. 이 오류에서 벗어나려면 이렇게 자문해야 한다. '놓치고 있는 절충안은 무엇인가? 다른 해석은 없나?'

믿음이 도움이 되는가?

◆ 예언자적 사고 fortune-telling

   – '나는 실패할 거야. 그냥 알아.' 거의 또는 아예 없는 증거를
바탕으로 미래를 예측하는 오류다. 이 오류에서 벗어나기 위
한 질문은 다음과 같다. '해당 사건이 일어날 거라고 어떻게
'확신'하는가?'

◆ 파국화 catastrophizing

   – 절대적으로 최악인 시나리오를 가정하고 나서 과하게 반응하
는 오류다. 예를 들면, 누군가 메시지에 답장하지 않거나 자신
을 향해 찡그릴 때 '분명 나 때문에 그런 거야'라며 원인을 '자
기'에게 돌린다. 이 오류에서 벗어나려면 스스로 이렇게 물어
보자. '이 일에는 나를 포함하지 않는 다른 이유가 있는가?' (1
장 후반에 소개했던 자존감 높은 사람들의 습관 참고)

◆ 감정적 추리 emotional reasoning

   – 무언가 진짜인 것 같다는 느낌 하나로 탄탄한 증거 없이 진짜
라고 생각하는 오류다. 자문하자. '이것을 뒷받침하는 증거는
무엇인가?'

◆ 억지 'should' and 'must'

   – '그래야 해'라는 말로 자신 또는 타인에게 비현실적인 요구를
하는 오류다. 이 오류에서 벗어나려면 이렇게 자문해보자. '왜
이런 식으로 해야 하지? 다른 방법은 없나?'

또 알아둬야 할 기타 오류는 다음과 같다.

- 비교 comparison
  - 내 또래들은 '모두' 결혼해서 아이가 있으니, 내게 뭔가 잘못이 있는 게 분명해!
- 발생론적 오류 genetic fallacy
  - 나는 '항상' 우울/불안할 거야. 엄마가 그랬으니까.
- 운명론 fatalism
  - 나는 '절대' 안 될 거야.
- 이상주의 utopianism
  - 나는 돈이 많고/연인이 있고/아이가 있고…… 모든 조건을 갖췄을 '때' 행복할 거야.
- 자기 낙인 self-labelling
  - 나는 내향적이라서/외향적이라서/눈치를 많이 봐서 이건 '못'해.
- 확대 해석 globalizing
  - 나는 일에서/결혼에서/경쟁에서 실패했어. '모든 것'에 실패한 거야! (1장에서 소개한 자존감의 양상에 따른 해석 차이 참고)

나 자신에게 도움이 안 되는 믿음을 생각해보라. 그것들이 이런 함정 중 어느 것에라도 해당하는가?

☑ 비현실적이고 쓸모없는 믿음

(자존감이 약해졌어도) 꿈꾸던 남성을 찾는 것에 관해 줄리가 가

믿음이 도움이 되는가?

졌던 한 가지 믿음은 '쉬울 거야'였다. 그녀는 스스로 '내가 매력적이라면 분명 쉬울 거야'라고 생각했다. 자존감에 도움이 안 되는 믿음이었다. 그래서 나는 그녀에게 조건이 뭐냐고 물었다. 그녀는 이런 목록을 가지고 돌아왔다.

- 비슷한 소득(연봉 7만 파운드 이상 - 2019년 기준 영국 상위 6%)
- 수려한 외모(가장 매력적인 남성 중 상위 10퍼센트 이내)
- 지성(가장 지적인 남성 중 상위 20퍼센트 이내)
- 같은 지역(런던) 거주
- 미혼일 것(애인을 찾는 기혼 남성 사절)
- 40세에서 49세 사이의 남성

그래서 나는 줄리와 계산을 좀 해봤다. 2019년 기준 런던에는 어림잡아 450만 명의 남성이 살고, (세전) 연봉이 7만 파운드 이상인 사람은 영국 국민 중 약 6퍼센트(백분위 94)에 해당한다. 즉 두 조건 모두 만족하는 남성은 450만 명 중 6퍼센트인 약 27만 명이다. 그중 단 10퍼센트만이 줄리의 눈에 찰 것이다. 이제 2만 7,000명이 남았다. 줄리가 지적 수준에서 상위 20퍼센트 이내의 지성미 넘치는 남성만을 원한 탓에 독신남의 폭은 5,400명으로 줄어든다. 영국 통계청의 2019년 자료에 따라 50퍼센트가 결혼을 했다고 가정하면, 그마저도 2,700명으로 줄어든다. 그녀가 40대 남성을 원했기 때문에 잠재적 연애 상대는 2,700명의 약 14퍼센트에 해당하는

378명이다. 런던 전역에서 말이다. 450만 명의 가능성 있는 남성 가운데 378명의 적격 독신남 중 하나를 찾는 일은 절대 쉽지 않다! 심지어 화학적, 정서적 가능성은 고려하지도 않았다. 그녀가 눈을 조금 낮춰 매력적인 남성 중 상위 20퍼센트 이내에 드는 사람만 찾아도 결국 756명만 남는다. 그러나 좋은 소식이 있다. 조건 중 하나만 제외해도 잠재적 인생 파트너가 분명 충분하다. 물론 이 모든 수치는 합리적인 가정에 근거한 추정에 불과하다. 어쨌든 '쉬울 거야'라는 믿음이 느슨해지면서 줄리의 기분이 나아지기 시작했다.

☑ 유통기한이 지난 믿음

나는 줄리에게 '과거는 미래와 같지 않다'는 유용한 NLP 전제를 알려줬다. 과거에 일어난 일이 앞으로 또 일어나리라는 법은 없다. 도박꾼에게 물어보라! 이번 주에는 재미를 볼 수 있지만, 다음 주에 몽땅 잃을 수 있다. 영국 날씨만 봐도 하루 (또는 한 시간) 화창하고 바로 비가 올 수 있다. 과거에 사실이던 일이 지금은 아닐 수도 있다는 것이다.

믿음은 우리에게 일어난 일을 바탕으로 잠재의식 속에서 생긴다. 전에 나는 '속한 곳이 없다'고 믿었다. 많은 사람이 과거에 품곤하는 믿음이다. 엄마가 친구와 몇몇 친척과 루마니아어로 대화할때, 엄마에게 한 번도 루마니아어를 배운 적 없는 나는 대화를 알아들을 수 없었다. 게다가 축구 대신 비디오 게임을 좋아한다는 이유로 남자 친척들의 놀림을 받았다. 그리고 루마니아 혈통 때문에 (축

믿음이 도움이 되는가?

구를 좋아하던) 불량 학생들에게서 인종차별을 당했다. 당시에는 내가 학교에서 겉도는 게 사실이었을 수도 있다. 그러나 가장 중요하게 생각해볼 문제가 있다. '이 믿음이 지금 사실인가?' 아니다. 아마 내 과거 믿음에서 과일반화(나는 '어디에도' 속하지 않아)와 양자택일(나는 '전혀' 속하지 않아)과 같은 논리 오류를 발견했을 것이다.

내 인생에 도움이 안 되는 믿음을 생각해보자. 그 믿음은 어떻게 생겨났는가? 지금도 여전히 사실인가?

CBC의 ABCDE 모델에서 (ABC를 거치며) 믿음을 파악한 뒤 거쳐야 하는 중요한 단계는, D와 E 즉 오랜 믿음에 반박하고 효과적인 새로운 믿음을 형성하는 단계다. 나는 새로운 믿음을 '더 정확한 믿음'이라고 즐겨 말한다.

예컨대 '속한 곳이 없다'는 믿음에 대응할 수 있는 반례는 다음과 같다.

- 나는 모든 인간이 그렇듯 인류와 지구에 속한다.
- 재발하지 않도록 관리해야 하는 중독 행위 때문에 같은 처지에 있는 사람들과 함께 12단계 중독 치료 모임에 출석한다.
- 공통 관심사를 가진 친구가 몇 명 있다.

☑ 인지적 접근의 한계

일부 믿음에는 '인지적(지적) 접근' 이상이 필요할 수 있다. 트라우마, 감정을 자극하는 사건과 같이 강렬한 정서적 경험에서 믿음이 생길 수 있기 때문이다. 여느 도구처럼 CBC 역시 장점만큼이나 한계가 명확하다. 따라서 최고의 코치와 치료사라면 다양한 접근법과 방법을 교육받아야 한다. 모든 사람이나 문제에 딱 맞는 단 하나의 기법이나 접근법은 존재하지 않는다.

어떤 믿음은 다른 '사고방식'뿐만 아니라 남과 다른 '경험'과 '느낌'을 강요할 수 있다. 공포증, 강한 자극 유발 원인과 같이 머리로는 알아도 마음대로 할 수 없는 것이 이에 해당한다. 어떤 경우든 최면 등의 과정을 통해 무의식에서 해결해야 할 수도 있다(다음 장에서 좀 더 다룰 예정).

☑ 자기 것이 아닌 믿음

한 기업의 관리자인 내담자 데이비드는 미루는 것 때문에 괴롭다고 불평했다. 세션 동안 문제를 좁혀보니, 그에게 '나는 불평할 수 없어'라는 한계를 정하는 믿음이 있다는 것이 드러났다. 여기서 더 들어가자 곧바로 또 다른 믿음이 나타났다. '세상은 너무 치열해.'

그래서 더 깊이 파고들어 유년기에 부모님에게 무슨 말을 들었냐고 물었고, 다음과 같은 답변을 들었다.

- ◆ 넌 경쟁해야 해
- ◆ 넌 돈을 많이 벌어야 해
- ◆ 넌 집을 장만해야 해
- ◆ 넌 결혼해야 해

믿음이 도움이 되는가?

♦ 넌 일류대에 들어가야 해

그리고 그가 학교에서 들은 말은 다음과 같았다.

♦ 넌 일류대에 들어가야 해
♦ 넌 상위권에 들어야 해
♦ 넌 운동회에서 이겨야 해

마지막으로, 그의 친구들이 전하는 메시지는 이랬다고 한다.

♦ 우리와 어울리려면 성공해야 해

　심리학에서는 이렇게 과거에 받은 무의식적 메시지를 살펴보는 접근법을 '정신역동psychodynamics'이라고 한다. 마음속에서 일어나는 무의식적 힘들을 탐험하는 방법인 것이다. 나는 몇 가지 질문을 통해 데이비드의 과거가 무의식적으로 현재에 어떻게 영향을 미쳤는지 밝혀냈다. 다양한 집단에서 받은 모든 메시지를 살펴보니, 그가 세상을 치열한 곳이라고 생각하는 것도 무리는 아니었다!
　데이비드는 이 활동을 마치자 타인 때문에 생긴 믿음을 받아들여 지금과 같은 믿음을 가지게 되었다는 사실을 깨달았다. 믿음 속에서 오류를 발견하고 더는 유효하지 않은 믿음을 타파하는 중요한 단계였다. 그의 경우 치열한 세상에 산다는 믿음 때문에 경쟁에 나설 수 없다고 생각했다.

잠시 나 자신의 믿음을 생각해보자. '정말' 자신의 것인가, 아니면 유년기에 남이 주입한 메시지 때문에 잠재의식 속에서 생긴 것인가?

☑ 유년기 경험이 믿음에 영향을 미치는 방식

나는 미국 정신과 전문의 모건 스콧 펙의 저서 『아직도 가야 할 길』을 읽다가 '신'에 관한 믿음이 아주 어렸을 때 겪은 일에 영향을 받아 매우 편향될 수 있다는 것을 알고 매우 놀랐다. 용서 따위 없는 냉혹한 부모 밑에서 자란 경우, 신[58]이 있다면 아마 똑같을 것이라는 믿음을 가지기 쉽다. 우리는 부모를 보고 전지전능한 신을 최초로 경험한다. 그들은 생존을 보장하고 우리를 지켜주며 의식주를 제공한다. 어린 시절 우리는 전지전능한 거목과도 같은 그들 앞에서 한낱 묘목에 불과했다. 마찬가지로 심리학에서 (폴 비츠$^{Paul\ Vitz}$의 연구로 잘 알려진) '아버지의 부재$^{father\ wound}$'란 아버지의 부재 또는 학대를 겪으면 신이 없거나 폭군일 것이라고 생각하기 쉽다는 이론이다. 과거에 경험한 조건화와 양육 때문에 실존적 문제에 관해서도 무의식적으로 부정 편향을 키워나갈 수 있는 것이다.

심리적 믿음은 정신 건강과 행복에 영향을 미치는 데 그치지 않고 자존감을 결정짓는 역할까지 수행한다. 인생, 죽음, 내세에 관한 '실존적' 믿음 역시 그렇다.

믿음이 도움이 되는가?

자가 질문 키트

한계를 정하는 믿음 스스로 제거하기

1 | 나 자신의 믿음에 ABCDE 모델을 적용해보자.

▶ '난 별로야'와 같이 나의 믿음 중 스스로 한계를 정하거나 부정적인 것을 정리해보자.

▶ 누가 이런 믿음을 만들고, 어떻게 그 믿음이 생겼는지 적어보자. 자라면서 누구에게서 어떤 메시지를 받았는가? 어떻게 이런 믿음이 생겼는가?

▶ 해당 믿음에 반기를 들 만큼 많은 증거나 반론을 생각해보자. 오랜 믿음에 관해 무엇을 알아냈는가?

▶ '반대 믿음'이나 '더 효과적인 믿음'이 될 만한 것을 적어보자. 이 새로운 믿음을 뒷받침할 증거는 무엇인가?

실존적 믿음의 중요성

☑ 인생에 더 큰 의미가 있는가

'우리는 왜 존재하는가?' 심리학계와 철학계에서는 오랫동안 이 질문에 답을 구하려 했다. 답은 '다 무의미하니 궁금해할 필요 없다'부터 '모든 생각과 행동이 중요하고 현세와 내세에 영향을 미친다'까지 다양하다. 이제 당신은 "인생은 무의미해, 안 그래?"라고 말하고서 일상으로 돌아가 TV 프로그램을 몰아보고 휴대전화 화면을 위로 밀면서 끝도 없이 SNS 소식을 확인하고 싶을 수 있다. 그러나 이런 태도는 힘든 시간을 극복하는 데 도움이 되지 않는다. 우리는 문제와 마주해야 한다. 오냐 마냐 하는 것이 아니라 '언젠가 오는' 고통을 마주하려면 반드시 인생의 의미를 생각해야 한다. 한 가지는 확실하다. 고통을 잘 모르겠다면, 아직 때가 안 왔을 뿐이다.

☑ 믿음이 더는 유효하지 않게 변하는 과정

12단계 중독 치료 전, 나는 종교에 반감도 심하고 영적인 것과는 거리가 아주 먼 사람이었다. 그래서 중독 치료 모임에 출석해야 한다는 사실에 몹시 화가 났다. 내가 출석한 프로그램은 익명의 알코올중독자들 모임과 비슷하게 영적 바탕을 뒀으나, 일중독자를 위한 것이었다. 어쨌든 나는 자원봉사에 참여하여 여유를 가지고 말벗이 되어주거나 정서적 지원이 필요한 사람들에게 피드백과 멘토링을 제공했다. 즐거웠다. 정말 도움이 되었다는 말을 들으면 더 그랬다. 5년이 지나자 그 모임에서 사실상 (모임을 진행하는) 총무가 되었다! 모임에 참여할수록 다른 중독처럼 점점 일중독에서도 벗어날 수 있었다. 이제 더는 하루에 커피를 여섯 잔을 마시지 않는다. 잠도 푹 잔다. 적어도 하루는 온전히 쉰다. 거절도 잘한다. 그래야 시간, 돈, 사랑이 충분히 따를 거라고 믿기 때문이다. 또한 타인, 친구, 가족은 물론이고 자기 관리를 위해 시간을 낸다. 일중독이라는 깊고 극심한 고통을 겪으면 식사, 샤워, 양치질과 같은 기본적인 관리를 거를 수도 있다. 이제 나는 덜 중요한 일을 남에게 맡기며 스스로 전부 다 하려고 하지 않는다. 돈과 성공의 의미뿐만 아니라 온 우주와 인생에 관한 믿음이 달라졌기 때문이다.

믿음이 달라지면서 나는 이기심을 덜고 평온함을 얻었다. 12단계 중독 치료의 원칙을 지키며 살다보니 어느 날 갑자기 불안이 잦아들고 평온함이 찾아왔다. 오랜 생각과 믿음을 기꺼이 버렸기 때문이다. 그전에 나는 먼저 고집을 완전히 내려놔야 했다. 우리 인간이라는 존재는 고통 앞에서 보잘것없어질 때가 있다. 나는 그런 모습에서 바뀌려고 겸손해져야 했다.

나는 그간의 여정에서 우리가 솔직하고 열린 마음으로 이렇게 자문해야 한다는 교훈을 얻었다. '나의 믿음이 내게 도움이 되는가?' 아니었다. 나는 공격적인 무신론자 시절에 혼자 알아서 하겠다고 고집을 부리며 모든 일을 스스로 해야 한다고 믿었다. 결국 통제광에 일중독자 신세가 되었다. '운명 개척', '휴일 반납'을 외치며 쉴 틈 없이 일하는 해로운 문화는 분명 일중독자에게 도움이 안 된다.

12단계 중독 치료를 알기 전, 나는 스스로 무신론자이자 허무주의자라고 말하곤 했다.

☑ 허무주의 '다 무의미하다'

'허무주의'는 복잡한 철학 개념이지만 요약하자면, 이 세상에서 의미를 가진 것은 아무것도 없다는 실존적 견해다. 우리 중 일부는 이런 인생관에서 해방감을 느낀다. 정말 중요한 것도 없고 우리 모두 망각을 맞이할 운명이라는 사실을 고려하면, 지나치게 스트레스를 받을 필요가 없기 때문이다! 그러나 허무주의에는 깊이 빠져들면 실존적 좌절과 무의미함을 경험할 수 있다는 어두운 면 역시 존재한다. 만약 인생이 무의미하고 사는 목적이 없다면 우울해지기 쉽다. 미래, 목적, 희망 모두 기본적인 인간 욕구이기 때문에 결국 허무주의가 중독을 일으킨다. 정신분석가이자 임상 사회복지사인 에리카 코미사 Erica Komisar 박사에 따르면 '허무주의는 불안과 우울의

믿음이 도움이 되는가?

자양분'이다. 그녀는 전문가적 견해를 바탕으로 심지어 신을 믿지 않는다고 해도 아이들에게만큼은 신이 있다고 '거짓말'해야 한다고 강조한다. 신과 천국이 있다고 믿는 편이 아이들의 심리적 웰빙에 유리하기 때문이다. 《월스트리트저널》과의 인터뷰에서 그녀는 다음과 같이 말했다.

> 죽으면 흙으로 돌아간다는 생각은 일부 어른들에게는 효과가 있을지 몰라도 아이들에게는 도움이 되지 않는다. 천국이 있다는 믿음은 아이들이 이해할 수 없는 엄청난 사건을 해결하려고 노력할 때 도움이 된다. 가정 파탄, 산만한 부모, 학교 폭력을 쉽게 목격할 수 있고, 악몽 같은 지구온난화가 예견되는 이 시대에 상상은 아이들의 대처 능력에 중요하다.[59]

그녀의 말이 맞을 수 있다. 하버드대학교에서 약 5,000명을 대상으로 종교 또는 영적 믿음을 가지고 성장하면 정신 건강에 어떤 영향을 받는지 알아봤다.[60] 주당 적어도 한 번은 종교의식에 참여한다고 한 어린이 또는 청소년의 경우 심리적 웰빙 점수가 높았고, 정신 질환 위험은 낮았다. 게다가 그런 아이들은 높은 자원봉사 참여율을 보였고, 사명감을 가지고 용서할 줄 알았으며, 마약이나 조기 성관계를 경험할 가능성이 적었다. 미국 내 1만 명 이상의 정신 건강 전문가가 참여한 또 다른 연구에 따르면, 매주 종교의식에 참여하는 사람들은 그렇지 않은 경우에 비해 '절망으로 인한 사망' 위

험이 여성은 68퍼센트, 남성은 33퍼센트 더 낮았다.[61]

교회에 다니는 사람들은 유대감과 소속감이라는 인간으로서 타고난 욕구를 충족하는 동시에, 인생의 의미와 목적뿐만 아니라 희망과 같은 실존적 욕구까지 충족하고 있는 것이다. 당신이 정기적으로 질병과 죽음을 목격하는 의료 전문가라면 고통을 유의미한 방식으로 이해하는 것이 특히 중요하다. 허무주의는 정신 건강과 웰빙에 상극이다.

☑ 종교에 기대지 않고 인생의 의미 찾기

종교에는 분명 이점이 있지만, 흠 있는 인간이 운영 주체라는 사실을 고려하면 (독단적 신조, 부패, 극단주의와 같은) 문제가 없지는 않다. 물론 종교에 기대지 않고 인생의 의미를 찾을 수 있는 방법이 있다. 휴먼 기브스에서는 인생의 의미를 찾는 중요한 세 가지 방법을 강조한다.

- ◆ 평범한 일상에서 벗어나 도전하기. 마라톤 완주, 집필 활동, 건강 유지 또는 평상시 우리를 넘어서는 기타 개인적인 목표가 이에 해당한다.
- ◆ 우리를 필요로 하는 사람이나 동물 돌보기. (자신이나 친지의) 자녀, 나이 든 친척이나 연인 또는 반려동물을 돌볼 수 있다.
- ◆ 자신을 넘어서는 명분을 가지고 자선단체, 기관 또는 공동체 등에서 봉사한다.

믿음이 도움이 되는가?

이외에도 더 많은 의미와 목적을 찾을 수 있는 방법이 있다.

- 의미 있고 성취감을 주는 일 하기. 꿈꾸던 커리어를 추구하고 자신만의 사업을 하거나 (예술, 프로그래밍, 글쓰기, 살림 등) 가슴 뛰는 일을 하는 것. 영혼의 자양분인 이런 일을 찾는 방법은 5장 (내게 가장 중요한 것은 무엇인가?)에 더 자세히 나와 있다.
- 이어서 소개할 '연결된 우주cosmic tapestry'라는 모델처럼 세상 또는 그보다 더 큰 계획의 일부로 고통을 바라본다.
- 개인적 고통을 도전이나 장애물로 전환하고 극복하여 '영웅의 여정hero's journey'처럼 승리와 회복 탄력성이라는 결과로 이끈다.

☑ 인생의 '쓴맛' 받아들이기

옛날에 농장을 가진 한 남자가 있었다. 어느 날 그는 야생마가 자신의 들판에서 돌아다니는 모습을 목격했다. 자신의 행운을 믿을 수 없었다. 공짜 말이 생긴 것이었다. 삶이 만족스러웠다. 다음 날, 말이 도망치자 그는 화가 났다. 그러나 말이 다른 말 다섯 마리를 데리고 돌아왔다! 그는 뛸 듯이 기쁜 나머지 아들을 불러 축하 자리를 가졌다. 그러나 아들이 말 다섯 마리 가운데 한 마리에 타려다 떨어졌다. 다리가 부러지는 바람에 결국 목발 신세를 지게 되었다. 그는 또다시 화가 났다. 다음 날, 마을에 군대가 찾아와 사지 멀쩡한 젊은이를 징집했다. 그의 아들은 다리 때문에 징집에서 제외되었고, 전장에서 죽었을지도 모르는 운명을 피했다. 그가 늙어 더는 농장을 운영할 수 없게 되자 아들은 그를 돌봤다. 그는 또다시 삶이 만족스러웠다.

　고통을 이해하기 위해 내가 제안하는 한 가지는 '연결된 우주'라는 모델이다. 이 모델에는 여러 부정적 사건이 처음에는 서로 관계없어 보이지만 사실 연결되어 있고, 결국 잘 짜인 태피스트리(직물)처럼 좋은 결과로 이어진다는 생각이 담겼다. 태피스트리도 바로 앞에서 보거나 뒷면을 보면 엉망이고 복잡하고 무슨 모양인지 모를 때가 있다. 기껏해야 혼돈을 정리해놓은 모양새다. 그러나 뒤로 몇 발짝 물러나서 보면, 가장 아름다운 그림이 나타나며 엉망으로 보였던 것이 이해되기 시작한다. 마찬가지로 당시에는 무서웠던 일이 조금 지나면 좋은 일로 이어지는 경우를 겪어봤을 것이다. 나는 유년기 트라우마가 없었다면 인생 코치의 길로 접어들지 않았을 것이다(그리고 아마 출간 저서가 있는 작가가 될 기회도 없었을 것이다!). 내가 아는 일부 심리치료사들 또한 과거의 경험이 없었더라면 지금의 자리에 있지 않을 것이다('상처 입은 치유자'[62]가 떠오른다). 코로나 바이러스 팬데믹은 수백만 명의 죽음과 커다란 경제적 손실에도 불구하고 일부 긍정적 변화로 이어졌다. 예컨대 자동차와 항공기 운행 대수가 적어져 세계적으로 오염이 줄었으며, (원치 않는 임신과 성병 등) 성관계로 일어나는 문제 역시 줄었다.[63] 1,500명 이상을 대상으로 실시한 한 연구에 따르면, 코로나 바이러스 팬데믹 이후 휴식, 재택근무, 사회적 유대감 등 긍정적 결과를 경험했다

믿음이 도움이 되는가?

는 응답이 있었다.[64] 분명 고통이 있으면 즐거움도 있는 법이다.

물론 모든 고통에서 곧바로 의미를 찾을 수 있는 것은 아니다. 따라서 우리는 괴로워하는 사람들에게 '모든 것에는 이유가 있다'는 별 도움 안 되는 진부한 이야기를 들려줄 게 아니라, 그들의 말을 들어주고 그들을 위로해야 한다. 우리가 할 수 있는 것이라고는 흐느끼는 사람과 함께 눈물 흘리고 슬퍼하는 사람 곁에서 울어주는 것뿐이다. 유한하고 한계를 지닌 인간으로서 우리는 오늘의 사건이 어떻게 미래에 더 좋은 일로 이어질 수 있는지 이해하지 못한다. 그러나 먼 훗날 맞이할 좋은 일이 부정적 사건에서 비롯될 수 있고, 또 그렇게 고통을 이해할 때 연결된 우주 모델은 도움이 된다. 스티브 잡스는 이렇게 말했다. "단편적인 사건들을 미래에 연관 지을 수는 없다. 과거에만 연관 지을 수 있다. 그러나 미래에는 그 사건들이 어떻게든 서로 연관될 것이라고 믿어야 한다. 그것이 직감, 운명, 인생, 업보 아니면 다른 무엇이라도."

만약 경험하거나 목격할 수 있는 고통이 많은 이 망가진 세상에서 고통에 관해 유의미한 설명을 할 수 있다면, 당신은 세상에서 가장 행복한 사람 중 한 명일 것이다. 고통을 이해할 수 있다면, 더 괴로워져도 앞으로 계속 나아가고, 고통을 멎게 하는 의미와 목적의식까지 얻게 될 것이다. 그러나 설명이 부족하거나 모든 원인을 불운으로 돌리고 더 큰 의미가 없다고 생각한다면, 의미와 목적이라는 내적 욕구가 충족되지 않는 위험에 처하게 된다. 2장에서 살펴봤듯 충족되지 않은 실존적 욕구로 인해 정신 건강이 나빠질 수

자가 질문 키트
인생에 '연결된 우주' 모델 적용하기

1 | 인생에서 주요하고 유의미한 긍정적 사건 목록을 적어보자.

2 | 결국 긍정적 사건으로 이어진 부정적 사건 목록을 적어보자.

3 | 이 질문을 통해 알게 된 것은 무엇인가?

있으며, 좌절한 사람들은 인생무상의 자세를 보이기도 한다.

☑ 고통을 '도전'으로 바꾸기

'영웅의 여정'은 조지프 캠벨Joseph Campbell이 창안한 인기 있는 스토리텔링 모델이다. 흔히 소설에 적용되지만 자신의 문제를 극복하고 교훈을 얻기 위해서도 사용한다. 고통을 겪으면서도 성장하는 법을 배울 수 있는 것이다. 영웅의 여정을 적용하면 이야기 속 영웅이 시험과 시련을 극복하는 방식처럼 문제를 극복해야 할 '도전'으로 재편성하기 쉬워진다. 이야기 속 영웅은 이후 새롭게 태어나거나 보상을 얻고(영웅의 여정 중 '변화' 단계) 진정한 영웅이 되어 귀환한다. 『반지의 제왕』과 『해리 포터』와 같은 판타지 소설과 이를 각색

믿음이 도움이 되는가?

한 영화는 보통 이 모델을 따른다. 수천 년간 이야기가 있었고, 우리가 난롯가에 모이던 때부터 이야기는 가르침, 영감, 치유의 도구였다. 이야기를 들을 때 뇌에서 등장인물이 우리와 어떻게 관련이 있는지 무의식적으로 유사성을 찾기 때문에, 우리는 이야기를 통해 문제를 해결하고 인생을 살아갈 희망, 지혜, 동기를 얻는다. 나는 FDBK를 설립하던 당시 〈실리콘 밸리〉라는 코미디 TV 프로그램을 시청하며 동기부여가 된다고 생각했다. 주인공과 그의 회사가 극복해야만 하는 숱한 문제들 중 일부가 분명 나와 연관되어 있었기 때문이다.

소설 속에서나 현실에서나 큰 성공을 거둔 사람들은 모두 고통

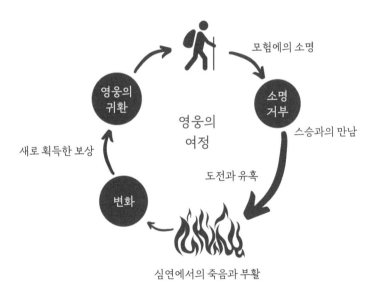

을 극복했다. 예컨대 에이브러햄 링컨은 사업에서 실패했고 신경 쇠약을 겪었으며, 약혼녀를 먼저 보내고 선거에서 '세 차례'나 패배했다. 세상에! 그러나 그는 인내했고, 미국의 제16대 대통령이 되었다.

당신 역시 앞에 놓인 장애물이 뭐든 자신의 이야기 속에서 영

자가 질문 키트
자신의 이야기 속 영웅 되기

1 | 영웅의 여정을 살펴보자. 나는 현재 어떤 단계에 있는가?

2 | 회복 탄력성 이야기가 어떻게 펼쳐질 것 같은가?

3 | 여정을 지나며 지금껏 배운 것 중에서 사용할 수 있는 것은 무엇인가?

4 | a. 다음 단계에서 나의 이야기는 어떤 모습을 보이는가?

　i) 심연 단계

　ii) 변화 단계

　iii) 영웅의 귀환 단계

　b. 잠시 눈을 감고 각각의 단계에 있다고 상상해보자. 어떤 기분이 드는가?

믿음이 도움이 되는가?

웅이 될 수 있다.

☑ 모두 자신만의 전투를 벌이고 있다

'왜 나지?'라고 묻는 대신 다음과 같이 물을 수 있다. '왜 지금 이지?' '회복 탄력성 이야기는 어떻게 펼쳐질까?' 엄마에게 들었던 루마니아 속담이 있다. '우리 모두 짊어져야 할 십자가가 있다 ^{toti ne} ^{caram crucea}.' 다들 이번 생에 어떤 형태로든 고통을 겪는다는 뜻이다. 루마니아 사람들은 니콜라에 차우셰스쿠 ^{Nicolae Ceauşescu}의 매서운 공산주의 독재 이후 수십 년간 가난 속에서 대규모 식량난을 겪었다. 파렴치한 유아 학대로 '영혼 도살장'이라고 알려진 보육원에 입소한 버림받은 아이들도 봤다. 전기나 물도 없이 사는 사람들까지 있었다. 결국 정부 충성파와 차우셰스쿠의 폭압으로부터 나라를 해방시키려던 반대파 사이에 내전이 발발했다. 1990년에 우리 부모님이 안전과 더 나은 삶을 찾아 뒷주머니에 단 100파운드만 쑤셔 넣고 루마니아에서 도망쳐 영국에 온 건 어찌 보면 당연한 일이었다. 할아버지가 아버지에게 실제로 이렇게 말씀하셨다고 한다. "네가 뭘 하든…… 돌아오지 말거라. 비밀경찰이 널 죽일 게다."

영국에 정착한 지 몇 년이 지나자 영국 내무성에서 수도 없이 우리 가족을 강제로 추방하려고 했다. 내가 아주 어렸을 때 엄마가 전화기를 붙들고 울던 모습이 기억난다. 무슨 일인지 알 리 없던 나역시 울었다. 당시 엄마는 내무성에 마지막으로 호소했지만 전화로 거절 소식을 듣고 있었다. 궁지에 몰렸던 부모님은 포기하지 않고 맞서 싸우기로 했다. 그리고 '열심히' 싸웠다. 탄원서에 이웃들의 서명을 받았고, 지역 하원 의원과 언론을 등에 업었다. 결국 이 사건은 법원까지 갔고 우리 부모님이 이겼다! 이후 엄마는 내게 말했다. "우리가 강제 추방됐다면, 더 나은 삶을 살라고 너를 영국에 두고 가려 했을 거야. 루마니아는 그 정도로 최악이었으니까."

우여곡절이 있었으나 우리 가족은 영국에 정착한 뒤 더 나은 삶을 살았다. 엄마는 일을 세 개나 했고 아버지는 테니스 코치였다. 우리는 브리스톨 공항에서 그리 멀지 않은 윈포드라는 작은 마을에 있는 좋은 임대 주택에서 살았다. 나는 그곳에서 들판, 숲, 진흙탕을 오가며 놀았던 좋은 기억을 가지고 있다.

살면서 십자가를 짊어져야만 하는 순간을 마주한 적이 있는가? 우리 모두 어느 때고 하나는 가진다. 그때 이런 결심을 할 수 있다. '나는 짊어지지 않을 거야. 너무 무거워. 더는 왜 짊어져야 하는지도 모르겠어!' 아니면 이렇게 생각할 수도 있다. '나는 끝까지 버텨 영웅이 될 거야!' 이게 바로 내 결심이었다. 나는 신경쇠약을 겪는 동안 몇 번이나 '존재의 정의와 그 이유'에 골몰했다. 실존적 강박장애 때문에 그런 생각에 사로잡혀 있었다고 생각한다. 나는 죽고 싶을 정도로 나 자신을 괴롭혔다. 수화기 너머 엄마에게 이렇게 말하며 울기도 했다. "더는 이렇게 못 살아요, 엄마. 못 버티겠어요." 그러자 엄마는 이렇게 말했다. "닉, 너는 '파이터'야. 항상 그랬고 앞으로도 그럴 거야." 코칭 교육을 단 한 번도 받은 적 없는 엄마의 작은 격려는 효과가 있었다. 그 순간 나는 싸워서 승리하리라 결심했다.

믿음이 도움이 되는가?

신경쇠약에서 회복하기 위해 '모든 것'을 바쳤다. 결국 치료사를 찾아갔고 매주 12단계 중독 치료 모임에 출석했으며, 규칙적으로 깊은 이완을 수련하면서 카페인과 알코올을 배제한 엄격한 건강 식단을 지켰다.

이것들 중 단 하나만으로는 효과가 없었을 것이다. 약물만 써도 마찬가지였을 것이다. 최고급 비료만으로 식물을 건강하게 기를 수 없듯 말이다. 안타깝게도 정신 건강 향상과 심리적 발전에서 약의 효과는 일부에 불과하다는 사실을 깨닫지 못한 채 알약 하나로 모든 것을 해결할 수 있다며 실수를 저지른다.

반면에, 내가 결합했던 모든 방안은 어땠을까? 정말 효과적이었다. 머지않아 나는 다시 원래대로 돌아왔다. 어떻게 그럴 수 있었을까? 인간으로서 타고난 욕구를 충족했기 때문이다. 유대감과 소속감이라는 인간적 욕구가 12단계 중독 치료 모임과 모임에 온 사람들과의 전화 통화로 충족되고 있었다. 인생의 의미와 목적에 관한 타고난 인간적 욕구도 마찬가지였다. 나는 신경쇠약 회복을 도전으로 여겼다. 외상 후 스트레스 장애와 정신병 증세, 합병 우울증이 있는 범불안 장애 판정까지 받았었다. 그러나 이 모든 것을 극복하기로 결심했다. 그리고 해냈다. 문제가 생기고 힘들 때도 있었지만 나는 원래대로 돌아왔다.

이제 회복 탄력성을 생각해보자. 사업은 쉬운 일이 아니다. 계속 얼굴에 주먹질을 당하는 기분이다. 고객, 시장, 법, 투자자에게 거절을 하도 당해서 벌집처럼 구멍이 숭숭 뚫리는 듯하다. 그런데 힘든 하루를 끝마치고 나서도 얼굴에 미소가 떠나면 안 된다. 영국만 해도 새로운 사업 60퍼센트가 사업 시작 3년 안에 파산할 것으로 추정된다.[65] 따라서 번창하는 회사를 운영하려면 보통 이상의 회복 탄력성이 필요하다. 팬데믹, 정신 건강 위기, 박살 난 경제, 굉장히 충격적인 사건, 사별, 전쟁 등 살면서 만나는 문제를 극복할 때도 '엄청난' 회복 탄력성과 사기가 필요하다. 그리고 이 모든 것을 (약이나 술에 기대지 않고) 극복하는 방법은 고통이나 불편함을 초월하는, 즉 자신을 넘어서는 '사명'을 갖는 것이다.

☑ 평온 속 우울

런던에서 나는 편안하고 호사스럽게 사는데도 감사할 줄 몰랐다. 나는 행복해야 하고, 아니면 적어도 더 행복해야만 한다고 생각했다. 노팅힐에 있는 비싼 집에 살면서 일과가 끝나면 언제나 값비싼 최고급 헬스클럽에 다녔다. 그런데도 따뜻한 욕조에서 자기 연민에 빠진 채 뒹굴며 신음했다.[66] 정말이지 나는 너무도 감사할 줄 몰랐다.

중요한 사실이 하나 있다. '돈만으로는 갈증을 채울 수도 문제를 해결할 수도 없다.' 돈으로 다 해결할 수 있다면, IMDB^{internet movie database}에서는 왜 자살로 생을 마친 유명인과 배우 목록을 가지고 있는 걸까?[67] 이 책을 쓰려고 조사하다가 (매년 늘어나는) 그 목록을 처음부터 읽다보니 세상을 등진 재능 넘치는 인물들이 너무 많아 가슴이 아팠다. 사실, 그동안 바라던 돈, 명성, 인정을 얻어도 우울

믿음이 도움이 되는가?

해질 수 있다. 기원전 970년에서 931년까지 이스라엘을 다스린 솔로몬 왕이 떠오른다. 그는 돈이며 땅 심지어 부인까지 많은 사람이었다. 그러나 실존적 불안에 시달리다 결국 이렇게 결론지었다. '의미가 없어, 의미가 없다고! 모든 게 무의미해!' 여기서 '모든 것'이란 그의 부와 세속적 기쁨을 의미한다. 그가 부와 권력을 얼마나 쥐고 있었는지는 고고학자들 사이에서 뜨거운 논쟁거리지만, 앞으로 소개할 현실 사례처럼 부와 기쁨만으로는 충분하지 않다는 교훈만큼은 확실하다.

앨런은 대단히 성공을 거둬 한 달에 '하루'만 일하면 된다고 말하는 부유한 투자자였다. 남는 시간에는 테니스를 치고 체육관에 가고, 어쩌면 좋아하는 거라면 뭐든 사러 다녔을 것이다. 세계 여행은 벌써 했고, 보고 싶은 것을 보고 하고 싶은 것을 했다. 그게 문제였다. 더는 세상에서 얻을 게 없었다. 그는 나를 찾아와 소파에 앉아 삶이 불만족스럽다고 불평했다. 그러면서도 사람들이 대부분 자신처럼 되기를 '꿈꾼다'는 것은 인정했다. 그러나 원하던 모든 것을 이룬 그에게 돈 그리고 어쩌면 인생 그 자체가 완전히 무의미해졌다. 더 경험할 게 남아 있을까? 그에게 인생은 쾌락만을 안겨주는 무의미한 쳇바퀴일 뿐이었다.

맨손으로 일군 사업체를 큰돈을 받고 훨씬 더 큰 기업에 매각하는 목표까지 이룬 성공한 기업가들 역시 비슷한 실존적 문제로 괴로워할 수 있다. 게임 개발자 노치^{Notch(Markus Persson)}는 비디오 게임 마인크래프트를 개발하여 25억 달러에 마이크로소프트에 매각했다. 그 정도 돈에 인수가 성사되면 대개 뛸 듯이 기뻐한다. 그러나 여러 뉴스 보도에 따르면, 노치는 매각 후 '우울'하고 '불행'했다고 한다.[68] 그는 SNS에 '나는 이렇게까지 고립된 느낌을 받은 적이 없었다', '모든 것을 가지면 계속 시도할 이유를 뺏기고 만다'라는 글을 올렸다. 내게 솔로몬 왕, 앨런, 노치의 사례는 전혀 놀랍지 않다. 무언가를 향해 분투할 때 그들은 의미와 목적을 가지고 있었다. 그러나 정상에 오르자 잠시 주위 경관에 감격한 뒤 더는 올라갈 데가 없다는 사실을 깨달았다. 이 세 인물이 처한 곤경은 '와일 E. 코요테 효과 Wile E. Coyote effect'에 해당한다.

☑ 와일 E. 코요테 효과

와일 E. 코요테 효과는 누군가 인생의 궁극적 목표를 이룬 후 삶의 의지를 잃은 것을 의미한다. 나는 성인 애니메이션 〈패밀리 가이〉 에피소드 중 재미있고 기발한 내용을 보고 이 효과의 이름을 정했다. 해당 에피소드에서 코요테 와일이 오랫동안 로드 러너를 쫓은 끝에 마침내 잡는 모습이 재미나게 묘사된다. 처음에 와일은 뛸 듯이 기뻐하면서 아버지와 함께 로드 러너를 먹으며 승리를 기념한다. 그때 아버지가 그에게 물었다. "다음엔 뭘 할 거냐?" 그러자 와일이 답한다. "음, 딱히 생각해 본 적은 없는데…… 저 망할 놈의 새를 20년이나 쫓았거든요!"

몇 주가 지나고 와일은 우울한 표정으로 식탁 앞에 앉아 저번에 먹다 남은 로드 러너를 씹으며 맥주를 들이킨다. 다음 장면에서

믿음이 도움이 되는가?

와일은 부스스하고 다소 지저분하고 어딘지 패배한 모습으로 로드 러너의 두개골을 공허하게 응시하며 맥주를 더 들이킨다. 입에 풀칠 좀 하려고 잠깐 웨이터 일을 해보지만, 결국 너무 우울해서 '더는 살 이유가 없다'는 문장으로 유서를 마무리 짓고 'W'라고 사인한 뒤 자신을 벽에 내던진다. 그러나 걱정할 필요 없다. 자세히 밝히지는 않겠지만 해피 엔딩이다!

(어쨌든 와일은 만화 캐릭터니까) 과장되고 재미나지만, 인간이 의미와 목적을 잃었을 때 겪는 일을 놀랍도록 정확하게 묘사한다. 인간은 실존적 위기를 겪으면 우울해져 결국 자살 충동을 느낀다. 나 역시 실존적 위기를 겪을 때 해법을 찾지 못했다면 아마 지금쯤 유서를 쓰고 있을 것이다. 갑부와 성공한 사람만 의미와 목적 부재 문제를 겪는 것은 아니다. 고통과 트라우마를 숱하게 겪은 사람들도 똑같다. 내 코칭 대상 중에는 어떤 충격적인 일 때문에 삶을 포기한 노숙자도 있었다.

☑ 편히 살아도 동기를 찾아야 한다

대단히 힘든 훈련을 견디고 총격을 당하기도 한다. 전우의 죽음을 목격하기도 하고 혹독한 날씨를 견뎌야 한다. 무거운 무기 때문에 잠시 멈춰 간단히 요기할 수도 없다. 그래도 자신의 임무를 완수하고 의무를 다하려는 동기를 가진 군인들이 있다. 전쟁을 인정하지 않는다 해도 그런 군인들에게 경의를 표해야 한다.

기업가와 창업자는 어떨까? 처음에 그들은 잠재 고객, 투자자로부터 수도 없이 거절당한다. 최저 시급도 안 되는 돈을 가지고 친구의 친구네 집에서 (나처럼) 바닥에 깔린 매트리스에 기거하기도 한다. 말 그대로 베이크드빈과 오렌지 주스로만 연명한다. 경험상 그 사실을 나는 잘 안다.

제2차 세계대전에 참전한 군인들 다수는 기꺼이 나치에 맞서 싸우겠다며 (일부는 나이를 속이고 수천 마일을 지나 영국까지 와서) 입대했다. 자신을 넘어서는 대의명분을 위해 자신을 커다란 위험 속에 몰아넣었던 것이다. 반면에, 21세기에는 기술의 발전 덕분에 너무나도 쉽게 (손 하나만 까딱하면) 언제든지 먹을 것 등 욕구를 해결할 수 있다. 어떤 대가를 치르더라도 (약물을 투여하는 등) 고통을 모면하고 개인주의, 물질주의, 쾌락주의를 우선한다. 개인적인 문제야 있겠지만, 우리 세대는 이전 그 어느 세대보다 더 편안하게 지낸다.

자신을 넘어서는 목적이나 사명을 가지고 있다면 어떤 괴로움이나 아픔이든 거의 다 극복할 수 있다. 그런 게 없다면 안된 일이다. 인생의 목적을 찾도록 의사가 처방할 수 있는 약은 없다. 항우울제는 고통을 더 견딜 수 있게 할 수는 있지만 실존적 문제까지 고칠 수 없다. 그러나 다행히 올바른 질문을 통해 해결할 수 있다. 의미와 목적을 찾는 이 과정에서 필요한 것이라고는 인내심뿐이다. 전념할 대상이나 사명을 찾으면 된다. 노숙자를 대상으로 음식이나 옷을 기부하거나, 취약 계층을 위해 무료 봉사를 할 수도 있다.

중독 회복 옹호자인 러셀 브랜드Russell Brand는 저서 『회복: 중독

믿음이 도움이 되는가?

으로부터의 자유 Recovery: Freedom From Our Addictions』에서 '행복하려면 목적을 가져야 한다'고 주장했다. 이 주장은 그에게만 적용되는 이야기가 아니다. '전 인류'에게 적용되며 인간으로서 타고난 욕구다. 그리고 고통 그 자체가 아니라 더 큰 의미가 없어서 견딜 수 없을 때도 있다. 우리가 무에서 태어나 다시 무로 돌아갈 고깃덩어리 기계에 불과하다는 환원주의, 허무주의 관점은 실존적 좌절과 우울로 이어질 수 있다. 우리는 우리 자신의 실존적 믿음을 주의 깊게 떠올리며 이렇게 자문해야 한다. '나의 믿음이 내게 도움이 되는가?' 어쩌면 그 믿음을 '바꿔야' 할 수도 있다.

☑ 실존적 믿음 바꾸기

나는 열여섯 살 때 처음으로 공황발작을 경험할 뻔했다. 그때 죽으면 무슨 일이 벌어질지 생각하지 않을 수 없었다. 끝없는 침묵과 영원한 어둠뿐일까? 너무 무서워서 내 방에서 뛰쳐나가 엄마에게 '같이 잘 수 있냐'고 묻고 싶었다!

나는 항상 깊이 사색했다. 열세 살 때 가구를 사려고 엄마와 함께 이케아에 갔을 때였다. 물리 시간에 우주에 관해 배웠던 것을 곰곰이 생각하다가 엄마에게 물었다. "엄마, 몇십억 년 뒤에 수소가 바닥난 태양이 팽창해서 지구를 완전히 에워싸면 무슨 일이 벌어질까요?" 누구든 월요일 저녁 기진맥진한 채로 퇴근했을 때 별로 듣고 싶지 않은 질문이다. 엄마는 나를 쏘아보더니 "바보 같은 소리 마!"라며 신경질적으로 말했다. 그것으로 끝이었다. 아마도 엄마는 일, 청구서, 가족 문제, 예산에 맞는 소파 걱정 등 일상의 문제를 신경 쓰느라 너무 바빴을 것이다. 열세 살짜리의 심오하고 과학적이며 실존적인 질문에 답할 여유가 없었다! 안타깝게도 죽음에 대한 그 실존적 생각은 뇌리에서 떠나지 않았다. 나는 우디 앨런의 고전 〈애니 홀〉에 등장하는 어린 앨비 싱어가 된 기분이었다. 그의 어머니는 정신과 전문의 플리커에게 이렇게 토로한다. "애가 너무 우울해요…… 숙제도 안 하는 거 있죠!" 그러자 어린 앨비가 이렇게 말한다. "그게 뭐가 중요해요? 우주가 팽창하다 결국 갈가리 찢어질 텐데요." 나는 언젠가 영원한 심연을 마주할 수밖에 없다는 사실에 겁이 났다. 전에 봤던 TV 다큐멘터리에서 앞으로 우주가 영원히 팽창하거나(그러다 얼거나 분해될 것), 팽창을 멈추고 모든 것을 다시 당겨 '빅 크런치big crunch'에 이어서 또 다른 빅뱅을 일으킬 거라고 했다. 나 빼고 그 누구도 이 사실에 흥분하지 않던 걸까? 나는 이 사실을 계속 생각하다 결국 죽음을 생각할 수밖에 없었다.

20대 후반에 공황발작을 몇 번 겪고 나니 심각할 정도로 죽음이 두려웠다. 그 생각에 사로잡힌 나머지 문득 죽음이 떠오를 때마다 겁나서 죽을 지경이었다. 그게 떠오를 때마다 비디오 게임을 하고 기타를 치고 음악을 연주하고 친구를 만났지만, 그 어떤 것도 필멸이라는 생각에서 내 주의를 돌리지 못했다. 치료사는 이 공포가 일종의 나르시시즘인지 물었다. 아마 그랬을 것이다. 어쨌든 사람은 죽는다. 좀 더 정확히 지구상에서 1초마다 두 명 꼴로 죽는다. 당신이 이 구절을 읽는 중에도 두 사람이 또 죽었다. 이제 하루 동안 4

믿음이 도움이 되는가?

만 3천 명이 죽을 것이다. 그런데 내가 가장 두려워하는 죽음은 누구의 것일까? 당연히 나의 죽음이다. 이 얼마나 자기중심적인가!

삶을 바꾸려면 생각, 가치관, 태도, 생활방식, 믿음, 선택, 우선순위, 행동 중 무엇 하나라도 바꿔야 한다. 진정 삶이 불만족스럽다면 가치관이나 믿음 일부를 다시 생각해봐야 한다. 어린 시절 나는 삶을 즐겨야 하고, 모두 다음과 같은 생각을 한다고 확신했다. '인생은 무의미하고, 초자연적 현상이나 사후 세계는 존재하지 않으며, 너바나는 역사상 최고의 밴드다. 그건 그렇고 나는 장발이 잘 받는 편이고, 한 사람에게 헌신하는 건 시간 낭비다. 수면도 마찬가지다.' 그러나 나이가 들면서 이 믿음이 더는 유효하지 않으며 내가 '틀렸을 수도' 있다는 사실을 깨달았다. 옛날에는 지구가 평평하며 태양이 지구 주위를 돈다고 생각했지만 나중에 그것이 거짓이라는 증거가 등장했다. 마찬가지로 예전 의사는 더 나아질 것이라고 생각하며 환자의 혈액을 빼냈다. 그러나 그런 행위는 해로운 것으로 드러났다(그리고 살려면 피가 필요하다!). 따라서 우리는 믿음이 과학적이든 심리적이든 실존적이든 마음을 열고 바꿔야 한다.

우리에게는 믿음과 아이디어가 지나치게 많다. '전혀 종교적이지 않다'고 주장하면서 자신의 믿음과 아이디어에 관해서라면 얼마나 자주 절대적인 열정, 확신, 집념을 보여주는가! 정치에서부터 최고라고 생각하는 축구팀 또는 TV 프로그램, 인생의 의미까지 거의 모든 것에 관해서 말이다. 게다가 우리는 커리어, 돈, 소유물, 외모, 성, 사랑에서도 신을 만들어 숭배할 수 있다. 그러나 동서양 철학 모두에 따르면, 앞서 말한 것들은 비영구적이라 결국 (혼자서는) 영원히 지속될 성취를 유발하기에는 적절치 않다. 인지행동코칭에는 다음과 같은 훌륭한 질문이 있다. '이 믿음이 가져온 결과는 무엇인가?'

☑ '죽음'을 떠올려야 하는 이유

나는 여전히 보통 사람들처럼 죽음을 두려워하지만, 이제는 예전만큼 두렵지 않고 오히려 안도감을 느낀다. 만약 지구에서의 삶이 트립어드바이저나 구글비즈니스 같은 여행 사이트에 리뷰로 올라온다면, 아마 5점 만점에 평균 2점에 불과할 것이다. 다시는 '절대' 가지 않겠다는 불평이 줄을 잇고, 매니저 좀 나와 보라며 환불받겠다는 댓글이 보일 것이다. 건강에 문제없고 돈 걱정도 없으며 좋은 친구까지 곁에 있는 지금이라면, 5점 만점에 4점을 줄 것이다. 전반적인 점수는 어떠냐고? 3점 정도 줄 것 같다. 다행히 나는 여기서 영원히 머무를 수도 없고, 현 상태로 다시 돌아와 이 세상의 온갖 고통을 다시 겪을 수도 없다.

그러나 사후 세계 리뷰는 이 세상에서 절대 나올 수 없는 점수인 만점을 기록할 것이다. 내가 아는 한 전 세계 최고급 호텔 중 어떤 곳도 만점을 받지 못했다. 본질적으로 흠 있는 인간이 창조한 것은 뭐든 불완전하기 때문이다.

내가 (천국의 존재에 관해 틀려도 손해가 없지만 맞으면 사후에 잭팟이 터지는) 일종의 '파스칼의 내기pascal's wager'를 한다고 주장할 수

믿음이 도움이 되는가?

도 있지만, 나는 사후를 위해 보험 삼아 이런 말을 하는 것이 아니다. 자신에게 유효해서 사후 세계를 믿는다면, 미래에 관한 희망과 더 많은 의미와 목적이 생기고, 사소한 일(또는 큰일)에 관해 지나치게 불안해하지 않고, 죽음이라는 실존적 공포에서 안도감을 느낄 수 있다.

만약 여행 중에 아주 잠깐 조악한 2성급 호텔에서 머무르면서 앞으로 곧 5성급 호텔에서 머무른다는 사실을 안다면, 며칠간의 불편쯤은 감수하지 않을까? 분명 희망적이고 기대감을 안겨주기 때문이다. 며칠쯤 별로라고 휴가 전체를 포기한다면 얼마나 터무니없는가? 언젠가 처음으로 호주에 갈 때 영국에서부터 서른여섯 시간의 비행을 견뎌야 했다. 호주에 도착했을 때는 시차 때문에 정신이 없었고 회복하는 데 며칠 걸렸다. 이 모든 게 불편했지만 앞으로 몇 주간 그토록 기대했던 아름다운 호주의 날씨와 해변을 만끽할 수 있을 터였다. 그래서 잠깐의 불편쯤은 참을 만했다. 그러니 인생에서 안 좋은 시기를 겪고 있다면, 천국을 믿는 게 매우 도움이 될 수 있다. 영원이라는 맥락에서 우리의 삶은 겨우 작은 점에 불과하고, 그 나쁜 시기 역시 영원하지 않을 것이다. 만약 사후 세계라는 실존적 모델을 믿는다면 고통을 견딜 수 있을 것이다. 왜일까? 더 나은 미래라는 희망이 생기기 때문이다. 희망은 앞으로 나아갈 수 있는 에너지를 주는 근본적인 욕구다.

우리 대모께서는 전에 증조할머니가 임종 때 남긴 유언을 들려주셨다. "나 때문에 울지 마라, 애야. 나는 집에 돌아가는 거란다!" 이 얼마나 아름다운 작별 인사인가! 정말 감동적이었다. 대모의 증조할머니께서는 평화롭게 눈을 감으셨다. (자신뿐만 아니라 우리 대모께도) 미래에 관해 큰 희망을 준 믿음 덕분이었다.

천국이 있다면 분명 어떤 종류의 신이 있을 것이다. 아마 그래서 우리 삶에 의미가 있으며 어떤 이유와 목적 때문에 우리가 태어났을 것이다. 마크 트웨인에 따르면 '인생에서 가장 중요한 이틀은 태어난 날과 삶의 이유를 발견한 날'이다. 그러나 '신'이라는 말을 꺼내는 것은 여러 이유로 짜증을 유발할 수도 있다.

☑ '신'이라는 말에 대한 저항

익명의 알코올중독자들이 출간한 『빅 북』에는 다음과 같은 내용이 담겨 있다.

나는 바로 그때 목사 그리고 세상의 종교에 작별을 고했다. 그들이 사랑이시고 초자연적 힘이시자 안내자이신 신을 내게 개인적 용도로 말할 때 짜증이 나서 그런 이론에 마음을 확 닫아버렸다.

나는 특히 '신'이라는 말이 포함되면 실존적 믿음에 관한 대학 토론조차 과열될 수 있다는 사실을 알았다. 열정적인 반종교인이었던 사람으로서 하는 말인데 정말이다. 그저 개념일 뿐인데 어떻게 그토록 많은 감정과 화가 튀어나올 수 있을까? (인간은 특히 인터넷

믿음이 도움이 되는가?

에서 어떤 것으로든 싸울 수 있지만) 아마 고양이나 나무를 주제로 토론한다면 같은 수준의 반응이 나오지는 않을 것이다. 신이 등장할 때 사람들이 화를 내는 이유는 다음과 같다.

- 실존적 분노 때문이다. 정말 많은 고통과 트라우마를 겪고 있거나 겪은 사람에게, 모든 힘이자 지식이고 사랑이신 신이 그를 사랑한다고 말하면 당연히 화를 유발할 것이다.
- 정체성의 일부를 형성하는 '믿음'을 보호하고 싶다(자기 보호).
- 공격적이거나 신랄한 전도사('여러분은 지옥 불에 빠질 것입니다!'), 고결한 척하는 신자, 독단적 교리, 세뇌, 극단주의(ISIS, 웨스트보로 침례교회, 종교재판, 마녀사냥, 컬트, 십자군 전쟁), 호모포비아, 위법 행위(부패한 사제에 의한 학대, 사리사욕을 위해 모은 기금의 불법 운용, 특정 집단 배제)를 신과 연관 짓는다.
- 부모 같은 존재에 기대거나 책임감을 느끼고 싶지 않다. 그리고 감시와 평가를 당하고 있다고 생각한다.
- 학대 가정에서 자랐거나 부모 없이 성장한 사람의 경우, 편도체에서 (무의식적으로) 신과 부모 사이에서 일치하는 패턴을 발견할 수 있다.
- 권력이나 지적 피라미드의 최상단에 자신이 아닌 다른 존재가 있다는 사실을 달가워하지 않는다(자아가 좋아하지 않는 초라한 경험이다).
- 신이 폭압적이고 비판적이며, 복수심에 불타고 화난 상태로 용

서하지 않거나 저주를 퍼붓는다고 생각한다.

그러나 어떤 경우든 사후 세계의 여러 가능성과 인생의 의미를 고려할 때, '신'이라는 말을 피하기는 분명 어렵다. 수 세기 동안 인간은 답을 찾기 위해 '초자연'에 의존했기 때문이다.

☑ 신을 믿는 일의 불리한 면

심리학자와 심리치료사는 신에 대한 믿음과 종교 공동체에서 나올 수 있는 장점을 지적한다. 미국심리학회 회장을 역임한 마틴 셀리그만 또한 신에 대한 믿음을 정신 건강과 긍정적으로 연관 짓는다.[69]

그 의미에 관한 한 가지 사실은 다음과 같다. 대개 소속된 독립체가 클수록 인생에 의미가 더 많다고 생각한다. 신을 위해 살던 세대가 잘못되었다고 주장하는 사람들도 있지만, 그 세대는 삶이 의미로 가득 찼다고 느꼈다. 더 큰 독립체로부터 고립되어 자멸하는 사람은 유의미한 삶이 깃들기에 척박하다. 오만한 사람은 우울이 잘 자랄 수 있는 기름진 땅이다.

앞에서 살펴봤듯 지나치게 자기중심적이면 우울에 빠질 수 있다. 그러나 신을 믿는 것에도 불리한 면이 있다. 신을 통제광, 복수의 화신, 분노 그 자체, 무정한 존재로 생각한다면 그런 믿음은 실

믿음이 도움이 되는가?

제로 해롭고 별 도움이 되지 않을 것이다. 임상 심리학자인 한 친구는 종교 강박장애에 시달리는 사람을 치료했다. 종교 강박장애란 신에 집착하다가 지나치게 두려워하게 되어 종교의식에 강박적으로 참여하는 장애 유형이다. 이런 장애가 있는 사람들은 종교의식에 참여하지 않으면 신은 자신이 죽어 천국에 올라올 날만 기다리고 있다가 벌을 내릴 것이라고 생각한다. 내 친구를 찾은 또 다른 내담자는 동성애자라서 신이 자신을 수치스러워할 거라고 생각했다.[70] 분명 여러 종교 기관에서 특정 집단과 공동체를 박해하고 피했으며 수치스럽다 생각하고 내버렸다. 이런 기관을 설립하고 운영하는 주체가 '인간'이기 때문에, 목사이자 작가인 존 피터스John Peters는 종교에 '인간처럼 일을 그르치는 경향'이 있다고 말한다. (만약 존재한다면) 우리를 신에게서 떨어뜨리는 원흉은 신이 아니라 오히려 설교나 늘어놓으며 무감각, 증오, 편견, 편협함을 내보이는 '우리 자신'이 될 것이다.

신을 믿는다면 들어봤거나 자문해봤을 어려운 질문이 하나 또 있다. '왜 신은 이런 일이 벌어지게 했는가?' 굶주리고 병들어 죽어가는 사람들을 보면 신에 대한 믿음을 붙들고 있기 어렵다. 특히 예방할 수 있는 일이었다면 말이다. 굶주림과 가난은 대체로 안 좋은 기후 조건이 아니라 인간의 탐욕과 부패 때문에 일어난다. 우리 인간은 분명 살기에 위험한 장소에 사는 사람들을 이주시키고, 자원을 더 공정하게 배분할 수 있다. 그러나 우리 중 일부는 (신자조차도) 손가락을 들어 신을 비난한다.

'신이시여, 왜죠?'라는 질문은 때때로 신자들 사이에서 실존적 절망을 유발한다. 미국 미주리주에서 활동하는 치료사이자 전에 나를 담당했던 상담사 중 하나인 제니퍼 갈랜드Jennifer Garland는 2006년에 유산을 겪고 그런 좌절에 빠진 적이 있었다. 독실한 기독교인이었기에 임상 우울증까지 겪었다. 그녀는 도대체 왜 사랑하는 신이 이런 일을 신실하고 헌신적인 기독교인인 자신에게 일어나게 허락했는지 이해할 수 없었다. 그러나 결국 우울증을 털고 일어났고, 자신과 같은 경험을 한 여성을 만나게 되었다. 이 여성을 만난 뒤 그녀는 비슷한 상황에 부닥친 타인을 돕는 방법을 알도록 신이 자신을 시험에 들게 한 거라고 확신했다. 이제 그녀의 믿음(과 정신 건강)은 더없이 강해졌다. 신이 폭압적이고 악의적이라기보다는 현명하고 자애롭다고 믿는 편이 좋다. 그렇지 않으면, 선행보다는 악행을 저지르게 될 것이다.

☑ '역화 효과' 주의하기

많은 사람이 자신은 '증거를 잘 수용한다'고 말한다. 정말일까? 무의식적 편향 때문에 우리는 그럴듯하거나 믿을 만한 증거나 논리를 보고도 거부할 수 있다. 기존 믿음을 강화하는 정보만 해석하고 수용하는 '확증 편향'의 희생자가 될 수 있는 것이다. 주의해야 하는 또 다른 현상은 '역화 효과backfire effect'로, 강력한 믿음을 가진 사람과 논쟁하려고 노력해봐야 상대의 믿음만 강화시킨다는 논리다. 축구 팬이 아닌 사람으로서 나는 전에 (비록 순진했지만) 브리스톨

믿음이 도움이 되는가?

시티 FC가 (몇 개나 더 상위 리그에 있으니) '객관적으로' 더 노련한 팀이라며 브리스톨 로버스 FC 팬과 논쟁을 벌였다. 영국 내 축구팀들은 더 잘할수록 상위 리그에서 경기한다. 단순하다. 물론 이 논리는 많은 저항(과 일부 모욕!)에 부딪혔다. 인간으로서 우리는 당연히 상충하는 증거를 앞에 두고도 종족이나 사상에 충성을 바친다. 따라서 특정 축구팀, 정당, 실존적 믿음 그도 아니면 파인애플을 피자에 올리는 것이 범죄[71]인지에 관한 논쟁은 상대의 견해를 견고하게 만들 수 있다. 인간은 '말 그대로' 자신의 믿음을 위해 싸우거나 전쟁을 치른다는 점을 명심하자.

'믿음'은 그것이 심리적이든 실존적이든 여러 연구와 내 경험에서 알 수 있듯 현실을 구체화하고, 정신 건강과 웰빙에 중요하다. 만약 이 장을 읽고 나서 자신의 믿음이 더는 도움이 되지 않는다는 사실을 깨달았다면, 그 믿음이 무엇이든 다음 지침을 따르기 바란다.

- ◆ 스스로에게 물어보자.
  - 이 믿음이 정말 진실인가?
  - 이 믿음이 정말 나 자신의 것인가?
  - 이 믿음은 어떻게 생겨났는가?
  - 이 믿음에 반대되는 증거는 무엇이 있는가?
- ◆ 일부 믿음은 강렬한 정서적 경험의 결과로 생겨나서, 해당 믿음을 타파하거나 재구성하려면 인생 코치, 치료사를 찾거나 유도

믿음이 도움이 되는가?

심상, 최면 등 전문적 도움이 필요할 수 있다. 인지적 접근법은 트라우마나 공포증과 같은 강렬한 정서적 경험 때문에 생겨난 믿음에는 적절치 않다.

♦ 열린 마음으로 이렇게 자문하자. '내가 특정 답에 편향되어 있거나 그것에 반대되는 편견을 가지고 있는가?' 영국 법정에서 배심원들은 피고인의 지인이라는 관계처럼 판결에 편견이 개입될 수 있는 사실이 있다면 이를 밝혀야 한다. 이와 마찬가지로 우리에게도 특정 시각을 통해 특정 결론에 이르거나 반대 논리 또는 증거를 발견하는 경우가 있을 것이다.

♦ 증거가 뒷받침되는 것이라면 무엇이든 따르고, (자아가 '증오'할지라도) 자신이 틀렸음을 인정하자. 이전에 널리 수용되었던 의학적, 심리학적 치료가 해로운 것으로 드러났던 것처럼 과학 연구, 이론, 모델조차 나중에 틀린 것으로 밝혀질 수 있다.

♦ 많은 결정과 결심이 믿음에서 비롯된다는 사실을 기억하자. 논리와 증거를 바탕으로 법정에서 나온 판결조차 그렇다. 또한, 믿음 역시 '선택'임을 명심하자.

우리는 대체로 너무 편하게 살았으며, 지나치게 세속적이었다. 그래서 우뚝 솟은 키, 재산, 거대 군대를 바탕으로 오만하게도 자신이 신이라고 믿는 영화 〈300〉 속 황제 크세르크세스처럼 되기도 한다. 그러나 그조차도 스파르타의 왕 레오니다스가 던진 창이 자기 뺨을 스치며 상처를 내자, 자신이 불사신이 아니라는 것을 깨달고서 엄청난 충격을 받는다. 우리 역시 대체로 필멸성을 잊은 채 삶에 안주하고 미루며, 사소하거나 피상적인 문제에 너무 신경 쓴다. 뉴스에 나오는 불행한 사건을 보면서 무의식적으로 '남에게나 일어날 일'이라고 생각한다. 그러나 비극이 우리 또는 가까운 사람들에게 일어날 수 있다는 사실 역시 잘 안다. 우리는 고통을 이해할 수 있어야 한다. '오냐 마냐' 하는 것이 아니라 '언젠가 오는' 고통의 폭풍이 닥쳤을 때를 대비하고 있어야 한다. 우리는 언젠가 고통을 겪을 것이다. 고통은 실직, 사별, 이별 등 충격적인 사건이나 점점 쇠약해지는 신체뿐만 아니라, 새벽 3시에 맹공을 퍼붓듯 들려오는 시끄러운 음악 소리나 가장 좋아하는 축구팀의 패배일 수도 있다. 믿음과 상관없이 우리 인생을 포함해 모든 것은 일시적이다. 우리는 그런 고통 역시 이해할 줄 알아야 한다. 그렇지 않으면 매우 우울해질 수 있다.

물론 우리의 삶은 보이는 것이 전부이며, 인생이나 고통에 궁극적인 의미가 없다고 믿을 수도 있다. 그럼 이런 질문을 해보겠다. '어떤 믿음이 내게 가장 도움이 되는가? 그 믿음이 도움이 된다고 확신하는가?' 답은 직접 찾기 바란다. 이번 장에서 살펴봤듯 인생의 의미, 목적, 희망, 자존감은 우리 자신의 믿음에 따라 달라질 수 있다. 따라서 특정 믿음만 지나치게 고집하지 말고, (낮은 자존감 때문에 무의식적으로 우리 자신에게 도움이 되지 않는 편향성을 가지는 것처럼) 해당 믿음을 바꾸려고 할 때 역시 너무 한쪽으로 치우친 건 아닌지 잘 살펴봐야 한다.

CHAPTER

7

지금 당장
무엇을 할 것인가?

"올바른 방향으로 내딛는 가장 작은 발걸음이 결국
우리 인생에서 가장 큰 발걸음이 된다.
필요하다면 살금살금 가되 반드시 한 발짝 내딛도록 하라."

— 나임 캘러웨이 Naeem Callaway

변화를 통해 해방감과 흥분을 맛볼 수 있지만, 그것이 아무리 긍정적이라 해도 부담과 스트레스를 떠안을 수 있다. 변화 과정 중에 온갖 불편함이 생기기 때문에 우리는 변화를 미룬다. 이는 마치 하이킹하다가 커다란 산을 발견하고 '오를 방법이 없어' 혹은 '너무 높아서 힘들 거야! 다음에 올라야겠다'라고 생각하는 것과 같다. 문제는 목적지에 가려면 그 산을 올라야 한다는 것이다. 미룰수록 더욱 고통스러워진다. 특히 물자가 줄어들고 피곤해지면 더욱더 그렇다.

글을 써야 한다면 일단 새 문서를 생성하고 제목을 붙여 저장해보자. 그 일을 해낸다면 완성에 한 발짝 더 가까워진 것이다! 아마 다음 단계는 첫 문장 쓰기일 것이다. 또 그 일을 해낸다면 첫 문단을 다 쓰고 싶을지도 모른다. 모르는 사이 스노우볼처럼 커지는 추진력을 얻는다.

가장 어려운 단계가 뭘까? 주로 첫 번째 단계다.

'완벽'은 시작의 적

☑ 시작과 완성 미루기

나는 이 책을 쓰는 동안 꽉 막혀 추진력을 잃기도 했다. 그 '막힘'은 미루기의 절친인 '완벽' 때문이었다.

안녕 닉! 네 글은 완벽 그 자체여야 해. 그렇지 않으면 글을 쓰는 의미가 없지. 딴생각 안 하는 게 좋을 거야.

— 너를 생각해주는, (너의 천적) 완벽이가

살면서 언제 이런 몹쓸 완벽주의가 몰래 기어들어 자신에게 말을 걸었는지 생각해보자. 책도 쓰고 싶고, 유튜브 채널을 개설할까도 생각하고, 사업을 해볼까도 고민하지만 부푼 꿈을 아직 현실에 옮기지는 않았을 것이다. 높은 산을 앞에 두고 등산을 부담스럽게 생각했기 때문일 수 있다. 아니면 모든 것을 100퍼센트 완벽하게 해야 한다고 생각해서 '완벽하게가 아니라면 하지 않는다'는 분석 마비나 논리 오류에 빠진 것일 수도 있다. 이 모든 것에서 벗어나는 방법은 일단 쉽고 간단한 단계를 밟는 것이다.

큰 프로젝트를 맡았다면 매일 조금씩이라도 해나가야 추진력을 유지할 수 있다. 내담자 중 한 명인 피터는 꽤 심각한 '집필자 장애'를 가진 작가였다. 이유를 살펴보니 '미루기' 때문이었다. 게다가 그건 완벽주의 때문이었다. 그는 썩 뛰어나지 않은 결과물을 내는 불편함을 마주하고 싶지 않았다. 그에게 글은 절대적으로 걸작이어야 했다. 그래서 나는 그에게 일단 '형편없는 초안'이라도 보내라고 했다. 또한 유도 최면을 실시하여 그가 일하는 장면을 떠올리며 거침없이 말하게 했다. 그는 기한 내에 내가 요구했던 초안은 물론이고 그 외 내용을 더 얹어 보냈다! 이후 그는 관성에서 벗어나 프로젝트에서 의미 있는 진전을 이뤄냈다.

☑ 운동 미루기

완벽주의는 내 운동에도 똑같은 말을 한다.

안녕, 닉! 나야, 네 천적. 너는 한 시간 동안 거칠고 격렬하게 운동해야 해. 그렇지 않으면 운동하는 의미가 없지. 오늘 완전히 활기가 없는 걸 보니 소파 위에 늘어져 아무것도 안 한 모양이구나.

— 너를 생각해주는, 완벽이가

지금 당장 무엇을 할 것인가?

스포츠 영양제 브랜드 마이프로틴과의 인터뷰에서 나는 체중 감량 중에 어떤 날은 '정말' 제대로 운동할 기분이 나지 않았다고 털어놨다. 당시에도 내 안에 있던 완벽이의 목소리가 들렸다. '그렇지? 체육관에 가봐야 소용없어.' 대신 나는 가장 쉽고 간단한 다음 단계가 무엇일까를 생각했다. 답은 10분간 유산소 운동 기구를 타거나 짧게 산책하는 것이 전부였다. 여기에 균형 잡힌 식단과 충분한 휴식을 결합하자 1년 만에 체지방을 10퍼센트 이상 줄이고 체중 22킬로그램을 감량할 수 있었다!

항상 죽을 정도로 힘들게 운동할 수는 없다. 그러니 지금 있는 에너지와 시간을 가지고 할 수 있는 만큼만 하자. 운동할 때 완전히 숨 가쁜 상태로 땀을 흘리고 기진맥진해야 한다고 생각한다면 미루는 게 당연하다. 그런 생각은 의욕을 꺾기에 충분하다! 효율 100퍼센트를 자랑하며 운동하겠다는 압박감을 버리자. 만약 30~40대를 지났고 관절염, 만성피로, 섬유근육통과 같은 만성질환이 있다면 체력이 예전만 못할 것이다. 그러니 현실적으로 생각하고 스스로 관대해지자.

☑ 변화는 스트레스를 안기는 법

상담사와 심리학자에게 스트레스의 정의를 물어보면 아마 '변화'라고 할 것이다. 정신과 전문의 토머스 홈스Thomas Holmes와 리처드 레이Richard Rahe는 스트레스가 질병과 관련 있는지 알아보려고 환자 5,000명을 대상으로 설문 조사한 후 '사회 재적응 평가 척도social readjustment rating scale'를 제안했다. 그들은 환자에게 마흔세 개의 인생 사건 목록에 대해 상대적으로 점수를 매긴 뒤 총계를 내달라고 했고, 그 결과 인생 사건과 질병이 서로 비례 관계임을 알 수 있었다.

인생 사건에 부여하는 점수인 '생활 변화 단위life change units'가 클수록 스트레스에 더 취약해져 아프기 쉽다. 우리는 습관의 동물이라 심지어 (결혼이나 성취와 같은) 긍정적인 변화에도 스트레스를 느낀다. 생활 변화 단위 측면에서 변화가 유발하는 스트레스의 양은 다음 표에 나와 있다. 변화에 적응해야 할 때 우리 뇌는 이를 따라잡기 위해 더 열심히 일한다. 가령 유명인 수준에 가깝게 또는 아예 그 수준으로 크게 성공하면 세상의 이목이 더 집중된다. 그런 관심이 긍정적이고 바람직할 수 있지만, 두려움을 느낄 수 있고 쏟아지는 관심에 적응해야 하고 말조심해야 한다. 나는 출간 저서가 있는 작가라서 스스로 더 주의했다! 결혼 역시 긍정적인 경험이지만 스트레스를 유발한다. 결혼식 준비에 재산 관리 계획까지 세워야 하고 (죽음이 갈라놓을 때까지!) 새로운 사람에게 한눈팔지 않겠다고 다짐해야 하기 때문이다.

어쨌든 삶을 바꾸려면 '작게' 시작하는 편이 낫다. 또한 상상력을 발휘하여 긍정적 변화가 어떤 모습일지 시각화할 필요가 있다 (이번 장 후반에서 살펴볼 예정).

☑ 변화는 두렵다

우리가 헤어나지 못하는 것이 업무든 충족되지 않는 관계든,

표 | 스트레스를 안겨주는 인생 변화(홈스와 레이, 1967년)

인생 사건	생활 변화 단위
결혼	50
금전 상태 변화	38
업무 변화	36
뛰어난 개인적 성취	28
입학 또는 졸업	26
생활환경 변화	25
근무 시간 또는 환경 변화	20
거주지 변화	20
사교 활동 변화	18
수면 습관 변화	16
식습관 변화	15
와이파이wifi 접속 여부 변화[72]	9,000+

다른 인생을 상상하는 것은 두렵다. (사업을 개시하거나 큰 성공을 거두기 전과 같이) 안정적이고 편안한 봉급 없이 사는 삶을 예로 들 수 있다. 또는 지금의 연인이 없다거나 커피나 초콜릿이 없는 인생은 어떤가![73] '가장 편안한 감옥이 탈출하기 가장 어려운 감옥이다.' 일이 잘 풀리지 않을까 봐 걱정할 수 있고, 풀리지 않는 일을 해결할 능력이 없다고 생각할 수도 있다. 그러나 좋은 소식이 있다. 내일 당장 하던 일을 그만둘 필요가 없다(만나던 연인이 있다면 계속 잘 만나면 된다). 그저 가장 쉽고 간단한 다음 단계로 나아가면 된다. 조

사나 깊은 대화를 할 수도 있고 또는 '오늘만' 커피나 초콜릿을 참아볼 수도 있다. 중독에서 벗어나는 데 있어 극단적인 행동이 필수인 것은 사실이다. 그러나 미루기에서 벗어나려면, 간단할수록 더좋다. 기억할 만한 시 한 편을 보자.

> 완벽보다 완성이 낫다
> 완성보다 일부가 낫다
> 아무것도 없는 것보다 약간이라도 있는 게 낫다!

가장 간단한 단계를 선택하면 다음 단계로 나아가기도 쉽다. 스스로 이렇게 말할 수 있기 때문이다. '봤지? 그다지 나쁘지 않았다고!' 이후 또 다른 단계를 선택하자. 눈사태와 같은 추진력을 얻으려면 언덕 위에서 작은 눈덩이를 굴리기만 하면 된다! 예를 들어 나는 설거지를 자꾸 미룬다. 정말 싫다. 그러나 이렇게 생각하니 도움이 되었다. '좋아, 포크 '하나'만 닦자.' 포크는 닦기 쉽고 가장 덜 역겹다. 포크 하나를 닦고 나면 이어서 다른 것을 닦을 수도 있다. 계속 그런 식으로 하다보면 어느새 설거지가 다 끝난다!

우리는 가장 쉽고 간단한 단계를 시작하면 나머지 단계가 자연스레 따를 것이라는 '믿음'을 가져야 한다. 믿음이 있다고 해서 일이 더 쉬워지는 것은 아니지만 일을 '가능'하게는 해준다. 그러니 '잘못되면 어쩌지?', '못하면 어쩌지?'라고 생각하지 말고 이렇게 자문해보자. '정말 잘 되면 어떨까?' 만약 남이 어떻게 생각할지 걱

정된다면, 죽을 때 하는 흔한 후회 중 하나를 떠올려보자. '남의 기
대가 아니라 자신에게 충실한 삶을 살도록 용기 낼걸.'

트라우마 때문일까

    20대 후반의 전도유망한 배우 릭. 그는 인생의 모든 측면에서 성공을 거뒀다. 돈? 걱정 없었다. 커리어? 탄탄했다. 우정? 기본이었다. 그런데 관계는? 전혀 괜찮지 않았다. 그는 여자에게 말을 걸려고만 하면 자동차 헤드라이트 앞에 선 사슴처럼 얼어붙었다. 온갖 종류의 인지 코칭 접근법을 시도했지만, (여러 사람을 돌아가며 잠깐씩 만나볼 수 있는) 스피드 데이트 행사에 나갔을 때 그는 그만 '겁나서 그만뒀다'. 그는 너무 불안해서 여자에게 말을 붙일 수 없었다. 세션 중에 나는 그의 반응이 '공포증' 같다는 생각이 들었다. '여성공포증gynophobia'일 수도 있다고 하자 그는 어느 정도 공감했다. 충격적인 사건의 결과가 무엇이든 공포증을 유발할 수 있다. 그리고 트라우마가 개입하면 다른 접근법이 필요하다. 최면이 이상적이다. 여자를 포함한 사건이 떠오르는지 물었더니 그는 청소년기에 거절당해 창피했던 일을 회상했다. 그의 편도체는 그 사건에 일치하는 패턴을 찾다가 여자에게 말을 걸 때 경보를 울리며 아드레날린을 방출하여 그를 '투쟁/경직 반응 flight/freeze response'에 처하게 만들었다. 그래서 그는 말 그대로 얼어붙었다. 문제를 극복하기 위해 기억 속에서 스트레스를 제거하도록 편안한 상태에서 원래의 충격적인 사건을 재처리해야 했다. 앞서 말했던 리와인드 기법이다. 이후 유도 최면을 통해 차분하고 자신감 넘치는 모습으로 편안하게 스피드 데이트로 가는 날을 떠올리게 했다. 결과는 대단했다. 며칠 뒤 그에게서 문자메시지 한 통을 받았다. '스피드 데이트에 가서 열일곱 명에게 말을 걸었어요. 긴장은 됐지만요!' 놀라웠다. 나는 농담조로 사교 상황에서 전혀 긴장하지 않는 건 사이코패스뿐이라며 그에게 그런 사람이 되고 싶냐고 물었다(다행히 아니라고 했다!).

릭은 여자에게 말을 거는 것을 미루고 있었다. 게을러서 또는 용기가 없어서가 아니라 '엄청난 충격'을 받았었기 때문이다. 외출, 운전 또는 발표 등이 두려워서 차마 하지 못하는 일이 있다면, (그리고 그 일을 하려고 노력할 때 끔찍이도 불안하다면) 그것은 단순한 미루기가 아니라 트라우마일 수 있다. 그렇다면 가장 쉽고 간단한 다음 단계는 공포증과 트라우마를 극복하도록 돕는 전문가를 찾는 일이다.

변화를 위해 스스로 동기 부여하기

아마 이 책을 읽는 당신은 인생을 바꾸고 싶을 것이다. 그렇지 않은가? 더 많은 성취감, 만족감, 의미, 목적을 찾으려 할 수 있고 아니면 높은 연봉, 체중 감량, 근육량 증가와 같이 외적으로 잘나고 싶을 수도 있다. 그렇다면 '글레이처-대너밀러의 변화 부등식gleicher-dannemiller formula for change'을 살펴보자.

$$변화 = D \times V \times F > R$$

D = 불만족
V = 가능한 것에 대한 비전
F = 비전을 향한 최초의 구체적인 단계들
R = 변화에 대한 저항

지금 당장 무엇을 할 것인가?

앞의 세 요소가 변화에 대한 저항보다 크면 변할 것이다! 그러나 변화에 대한 저항이 크면 저항하며 변하지 않을 것이다. 어떻게 해야 저항을 극복할 수 있을까? 우리에게는 장기 계획뿐만 아니라 겸손, 열린 마음, 의지 역시 필요하다. 이제 이 부등식을 내 이름을 붙여 '해터의 변화 공식'으로 바꿔보자.

$$변화 = D \times V \times H \times O \times W \times (F + S)$$

D = 불만족

V = 가능한 것에 대한 비전

H = 겸손

O = 새로운 아이디어와 정보에 대한 열린 마음

W = 다르게 선택하고 변화에 전념하려는 의지

F = 비전을 향한 최초의 구체적인 단계들

S = 전략

중독의 결과로 집, 가족, 일을 잃고도 여전히 심각한 중독 문제를 겪는 사람은 D(불만족)값이 높을 것이다. 마찬가지로 단 음식을 지나치게 먹다가 제2형 당뇨병을 앓게 된 사람도 그렇다. 회복 치료에서는 이런 것을 보고 '바닥을 친다'고 한다.

H, O, W, S 역시 필수 요소다.

- '겸손(H)'은 자신이 틀릴 수 있고, 모든 답을 가지고 있는 것은 아니라는 사실을 받아들이는 능력이다.
- '열린 마음(O)'은 새로운 정보를 수용하는 정도를 나타낸다.
- '의지(W)'를 발휘하여 다르게 선택하고 변화에 전념하는 것 역시 중요하다.
- '전략(S)'은 장애물과 극복 방법을 예상하는 것으로 장기 추진력에 필요하다.

이런 요소가 없으면 더 나은 미래를 꿈꾸면서도 모호한 계획만 세울 수 있다. 특히 외부에 도움을 구하고 새로운 시도나 다른 선택에 마음을 열 만큼 겸손하지 않다면, 더 나은 자신이라는 장밋빛 미래는 한 마디로 쓸모없다. 그러나 겸손한 자세로 (책을 읽거나 멘토, 코치 또는 치료사에게) 도움을 구하고 (이 책에 나온 질문, 제안, 비유, 관점 등에) 마음을 열어 새로운 시도를 한다면, 변화 가능성은 훨씬 더 높아질 것이다.

일전에 성공한 50대 여성 사업가의 코칭을 진행한 적이 있다. 그녀는 성미가 고약하고 완고해 보였다. 첫 상담에서 그녀는 퉁명스레 이렇게 말했다. "저는 사업 세 개를 성공적으로 운영했습니다. 이제 50대이고 살면서 장애물 몇 개를 지났죠. 그래요, 솔직히 저는 당신에게서 새로운 것을 배울 게 있을지 모르겠네요." 나는 이 말을 듣고 절망했다. D와 V값은 높지만, H와 O값이 매우 낮게 느껴지는 말이었다. 그러나 재치를 최대한 끌어 모아 자제력과 전문성을 발휘하며 친절하게 설명하려고 노력했다. "겸손하지 않으면…… 코칭이 효과가 없을 수도 있습니다." 코칭은 내담자가 스스로 답에 도달하게 만들어야 더 강력한 효과를 거둔다. 또한 내담자를 돕기 위해 친밀감을 깨고 '솔직해야 할 때'도 있다. 가혹한 진실에 충격을 받아 자신을 인지하는 방식이 산산이 부숴지고, 연약한 자아에 금이 가게 할 수 있다는 문제가 있기는 하다. 그러나 인간으로서 성숙하고 성장하기 위해 때로는 자아를 줄일 필요가 있다.

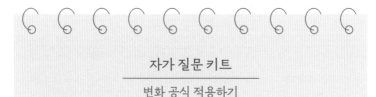

자가 질문 키트
변화 공식 적용하기

변화 $= D \times V \times H \times O \times W \times (F + P)$

1 | D = 불만족
내 문제는 무엇인가? 그 문제 때문에 어떤 대가와 결과가 따랐는가?

2 | V = 가능한 것에 대한 비전
이 문제를 극복한다면 인생이 어떨까? 내가 보고 느끼고 경험할 긍정적인 변화는 무엇일까? 인생이 어떻게 더 나아질 수 있을까?

3 | H = 겸손

혼자서 이것을 극복하려다 어떻게 실패했는가? 무엇 때문에 도움을 구하게 되었는가? 이것을 극복하기 위해 이미 무엇을 시도했는가?

4 | O = 새로운 아이디어와 정보에 대한 열린 마음

나는 새로운 아이디어, 제안, 관점에 얼마나 열려 있는가? 마음을 더 열려면 스스로 무엇을 바꿔야 하는가?

5 | W = 다르게 선택하고 변화에 전념하려는 의지

나는 변하겠다고 굳게 다짐하는가? 합의된 행동 계획이나 제안을 시작하는 데 얼마나 의지가 있는가?

6 | F = 비전을 향한 최초의 구체적인 단계들

얼마나 작든 이 문제를 극복하기 위한 가장 작은 최초의 단계는 무엇인가?

7 | P = 행동 계획과 전략

내 행동 계획은 무엇인가? 장기 전략은 무엇인가? 그 과정 속에 어떤 장애물이 있을 것이며, 나는 그것을 어떻게 극복할 것인가?

지금 당장 무엇을 할 것인가?

다음 단계로 나아가기

☑ '할 것이다'라고 말하기

　나는 내담자가 '노력할게요' 또는 '해야죠'라고 말할 때 바로 그 점을 지적한다. '노력'은 잠재의식적으로 그들이 그 일에 전념하지는 않겠다는 것을 암시한다. 119에 신고했는데 "구급차를 보내드리도록 노력하겠습니다"라는 응답에 "잠깐만요, '노력'이라고요? 심장마비가 왔다고요!"라고 말하는 모습을 상상할 수 있는가? 아니면 식당에서 음식을 주문했는데 "음식을 준비하도록 노력하겠습니다"라는 말을 들었다고 해보자. 이러나저러나 확신이 서지 않을 것이다! 이제 "응급차를 보내겠습니다", "음식을 준비하겠습니다"와 비교해보자. 후자가 훨씬 더 명확하고 요청한 일이 일어날 거라는 확신을 준다. NLP의 주요 내용 중 하나는 우리가 자신(그리고 타인)에게 사용하는 언어가 행동에 영향을 줄 수 있다는 것이다. 나와 내담자들의 경험에 따르면 '자기 대화'는 분명 차이를 빚어낸다.

나아갈 수 있는 가장 쉽고 간단한 다음 단계를 결정했다면, 그 다음 할 일은 '전념'이다. 당신이라면 무엇을 '하겠는가'?

☑ 가장 쉽고 간단한 단계 — '지금 당장'

요즘에는 온라인에서도 회사를 뚝딱 설립할 수 있다. 워드프로세서를 열어 문서 하나를 저장하는 것에서도 책이 탄생할 수 있다. 이메일을 바로 받아볼 수도 있다. 집 밖으로 한 발짝도 안 나간 채 온라인에서 제안서를 작성할 수도 있다. 첫 단계가 무엇이든 이런 질문을 해보겠다. 그 가장 작은 단계를 '지금 당장' 시작할 수 있는가? 그렇다면, 바로 시작하자. 책을 내려놓고 첫 단계를 끝낸 뒤 다시 책으로 돌아오면 된다. 딱 10분만 해보자.

가장 손쉽게 내가 할 수 있는 일은 무엇인가?

지금 '당장' 시작하자.

이 책은 첫 단계를 마치고 마저 읽자.

아직 시작하지 않았는가? 그렇다면, 이유가 '정말' 무엇인가? 퇴근길이거나 화장실에 있다면 그럴 수 있다. 그러나 귀가 후 또는 일을 다 보고 손을 씻고 나서도 시작하지 못하는 이유는 무엇인가? 시작하려면 무엇을 바꿔야 할까?

가장 쉽고 간단한 단계조차 미루고 있다면 스스로 이렇게 물어봐야 한다.

- ◆ 이것이 '정말' 가장 쉽고 간단한 단계인가?
- ◆ 이 단계의 비전이 충분히 설득력이 있는가?
- ◆ 이 단계를 '안 했을 때'의 결과가 분명한가?
- ◆ (무언가에서) 벗어나려 하는가?

☑ 압박감과 스트레스가 가로막을 때

압박감과 스트레스가 너무 심하면 첫 단계조차 시작하지 못할 수 있다. 변화가 예상된다면 더욱 그렇다. 기본 욕구를 충족하지 못하고 있다면 심리적 '예비용량'이 부족해서 전력을 다할 수 없을 것이다(2장에서 소개한 '정서적 욕구 진단 검사' 실시 추천). 스트레스를 받거나 너무 불안할 때는 편도체 납치 현상 때문에 이성적으로 생각하기 힘들다. 그럴 때는 작은 언덕도 큰 산처럼 느껴져 조금만 노력하면 될 것을 대단하게 여기는 '인지 왜곡'에 굴복하기 쉽다. 마음속에 숨은 분노, 공포 또는 수치심 때문에 스트레스를 받는다면 3장에 실린 질문을 상황에 맞게 활용하기 바란다. 여전히 미루고 있다면, 가장 쉽고 간단한 다음 단계에 확신이 서도록 긴장을 풀고 심리적, 신체적으로 해당 단계를 받아들이도록 심리적 예비용량을 확보해야 한다. 3일간 물 한 방울 못 마셔서 갈증에 허덕일 때 대수학을 배우고 싶을까? 아마 아닐 것이다. 마찬가지로 우리는 긴장을 풀고 가장 먼저 기본 욕구부터 충족해야 한다.

☑ 긴장을 풀면 승리한다

　　옛날에 공주가 말을 타고 가다가 그만 흙탕물이 고인 호수에 왕관을 떨어뜨렸다. 매우 귀중하고 값비싼 것이라 공주는 순백의 드레스에 진흙이 묻는 줄도 모른 채 미친 듯이 왕관을 찾았다. 그러나 찾지 못해 하늘이 무너진 것처럼 괴로워하며 하인과 호위병에게 도와달라고 했다. 모두 왕관을 찾으러 나서자 호수 바닥에 가라앉아 있던 진흙과 오물이 떠올라 호수가 더 탁해졌고 물결이 일었다. 때마침 나이 든 현자가 호숫가를 지나고 있었다. 공주는 그를 보고 도움을 요청했다. 그러자 현자는 잠시 멈추라고 했다. 다들 어리둥절했지만 어쨌든 현자의 말을 따랐다. 이윽고 공주는 첨벙거리며 돌아다닐 때와 달리 훨씬 맑아진 호수를 들여다볼 수 있었다. 그리고 마침내 왕관을 찾아 물에서 건져냈다. 해법이 얼마나 간단했는지 놀라웠다. 호수 속을 훤히 들여다볼 수 있을 때까지 진흙과 오물이 가라앉고 물결이 잔잔해지기를 기다리기만 하면 끝날 일이었다.

　　스트레스와 심한 정서적 각성을 경험하면 편도체가 우리의 사고와 감정을 장악하여 전전두피질(사고하는 뇌)을 차단한다. 결국 우리는 '매우' 그릇되게 생각하고 느끼게 된다. 이런 상태에서는 TV 프로그램을 몰아 보거나 몇 시간이고 SNS에 빠져 있는 게 좋다고 생각할 것이다. 그래서 유의미한 코칭을 하기 위해 유도된 심상

　　　　　　　　　　　　　　　　지금 당장 무엇을 할 것인가?

을 이용하여 내담자들의 긴장을 풀어줘야 할 때도 있다. 그러면 그들은 훨씬 차분해져 이성적으로 생각할 수 있다. 즉 유도 이완 덕분에 단 한 번의 세션으로도 변화를 경험하는 것이다. 그 결과 더 빨리 더 쉽게 잠들고 생기가 돌며 기분까지 좋아진다.

불안, 우울, 스트레스, 불면증에 시달린다면 실행에 옮길 수 있는 가장 좋은 방안 중 하나는 규칙적인 '이완'이다. 한 마디로 더 나은 삶을 향해 가다 잠시 속도를 늦추는 것이다. 수면은 당연히 정신 건강 전반에 중요하다. 잠을 못 자거나 설치면 신경계에서 전날 경험한 정서적 각성을 해소할 적당한 기회를 잡지 못해 더 불안해하고 감정 기복이 심해지며 무기력해진다.

많이들 명상으로 긴장을 해소하려 하지만 나처럼 어쩔 줄 모른다면 명상하는 데 어려움을 겪을 수 있다. 캄, 헤드스페이스 등 유용한 유도 명상 애플리케이션을 이용하면 혼자 노력할 때보다 더 쉽게 명상할 수 있다. 그러나 경험상 트라우마가 심한 사람들은 가만히 앉아서 생각과 감정에 잠기면 너무 불안하고 괴로워서 명상을 매우 불편하게 생각한다. 이럴 때는 유도 최면이 더욱 편안하고 쉬운 선택지가 될 수 있다. 나를 찾아온 내담자들은 유도 최면을 하는 동안 너무 편해져서 잠들기도 한다! 유도 최면 중에는 긴장을 풀고 유도 최면 전문가의 말을 따르기만 하면 된다. 그러는 동안 어느새 긴장이 풀리고…… 더욱 편안한 상태에 빠져들면서…… 머릿속을 정신없이 헤집던 생각들을…… 잠재우는 방법을 깨닫기 시작한다…… 그리고 더 차분해진다…… 바로 이거다…… 느껴질 것이다⋯⋯ 유도 이완을 하면 긴장이 '스르르' 풀린다⋯⋯ 나긋한 목소리를 들으며⋯⋯ 별로 노력할 필요도 없다⋯⋯ 그리고 어느새⋯⋯ 호흡이 더 깊어지고 느려진다⋯⋯ 그렇게 훨씬 더 편안해진다⋯⋯

운동으로 긴장을 풀려고 할 수도 있다. 운동은 세로토닌(행복 호르몬) 수치를 높이고 희열을 선사하고 숙면을 유도하지만 신경계를 작동시킨다. 이는 휴식과 소화 반응으로 알려진 '이완 반응'이 아니다. 운동할 힘이 안 나서 어렵다면 (에너지를 마구 먹어대는 장기인) 뇌 속에서 스트레스와 불안이 에너지를 과하게 소모하고 있기 때문일 수 있다. 결국 최선은 '이완'이다. 그제야 에너지가 차오르는 게 느껴질 것이다.

(심호흡, 유도 최면 또는 명상과 같은) 이완 반응을 활성화하면 신체가 이완 15분 만에 기적처럼 스스로 세포 수준의 수리를 시작할 수 있다는 연구 결과도 있다![74] 그래서 규칙적 이완은 정신 건강에도 좋을뿐더러 신체적으로 봐도 건강과 장수에 도움이 된다. 그리고 수면의 질이 좋아지면 숙면을 취할 수 있어 신체에서 중요 유지보수 작업이 진행된다. (특히 일중독자처럼) 근면하고 의욕 넘치는 사람들은 수면과 이완을 시간 낭비라고 생각할 수 있다. 그러나 최근 여러 연구에 따르면 수면과 이완 모두 승자의 비결이다. 긴장을 풀면 창의성을 더욱 발휘할 수 있다.[75] 창의성은 '깨달음'의 순간으로 이어져 사업은 물론이고 세상까지 변화시킬 수 있는 예술, 문제 해결, 혁신 그리고 판도를 뒤집는 발명품을 낳는다. 분명 기프트게이밍, FDBK 등 내 인생 최고의 사업 아이디어는 느긋하고 즐거울

때 나왔다. 아인슈타인 역시 '창의성은 낭비한 시간의 유산'이라고 했다.

☑ 성공으로 가는 길 상상하기

'심적 시연mental rehearsal'이란 무엇인가? 최면 상태에 빠진 듯 상상 속에서 무언가를 시연하는 것이다. 전문가의 도움을 받거나 스스로 상상 속으로 들어가 마치 현실에 있는 것처럼 자신감 넘치는 자세로 발표나 면접에 임하고, 적극적인 자세를 보이고, 규칙적으로 생활하고, 심지어 우사인 볼트처럼 달릴 수도 있다!

디스토피아적 공상과학영화인 〈매트릭스〉에서 주인공 네오는 가상현실 장치에 정신을 연결하여 싸우는 법을 학습한다. 그리고 학습이 끝나자 깨어나 이런 말을 한다. "저 이제 쿵푸를 알아요." 이어서 자신의 말을 증명이라도 하듯 조력자이자 멘토인 모피어스와 맹렬하게 대련을 펼친다. 매트릭스와 달리 심적 시연은 현실이다. 마음속으로 뭔가를 연습하면 실제로 경험했다는 거짓 기억이 생겨 현실에서는 더 쉽고 자연스럽게 할 수 있다. 새로운 신경 통로가 생성되고 일종의 정신 '근육 기억'이 발달하는 것이다.

미국 오하이오주 클리블랜드 클리닉은 심적 시연의 효과를 입증하기 위해 건강한 청년 30명을 세 집단으로 나눠 연구를 실시했다. 1번 집단은 머릿속으로 새끼손가락 운동을 했다. 2번 집단은 머릿속으로 이두 운동을 했다. 대조군이던 3번 집단은 아무런 운동을 하지 않았다. 실험 전후로 각 집단의 힘을 측정하자 경이로운 결과가 드러났다.

- 1번 집단의 손가락 힘이 35퍼센트 증가했다.
- 2번 집단의 이두 힘이 13.5퍼센트 증가(훈련을 중단한 지 3개월 후에도 유지)했다.
- 3번 집단(대조군)은 힘 측면에서 눈에 띄는 증가세를 보이지 않았다.[76]

1번과 2번 집단은 말 그대로 손 하나 까딱 않고 상상만으로 힘을 증가시켰다고 할 수 있다. 게다가 스포츠 심리학자들이 실시한 연구에 따르면, 농구 선수들은 심적 시연만으로 (슈팅 중 정신 상태뿐만 아니라) 슈팅 정확도를 높일 수 있다.[77] 또한 내담자가 공포증과 강박장애를 극복하는 데 어떻게 성공적으로 심적 시연이 활용됐는지 보여주는 여러 연구가 있다.[78]

정신 훈련으로도 특정 상황에서 자신감을 높이거나 이완 반응을 늘리는 방법을 '직감'할 수 있다. 즉 (잘 해내려면 생각해야 하는) 의식적 능력을 (생각할 필요 없는) 무의식적 능력으로 바꿀 수 있는 것이다. 무의식이 무의식적으로 하는 방법을 '알기 때문'이다. 예컨대 우리는 걷는다는 행위를 생각할 필요가 없다. 그래서 걷는 동안 문자를 보내거나 먹는 일을 동시에 할 수 있다.

이런 다양한 심리 연구 외에 내게도 심적 시연 성공담이 있다.

- 여자 앞에서 겁에 질렸던 릭은 하룻밤에만 열일곱 명에게 말을 걸 수 있는 사람으로 거듭났다.
- HR 매니저 미카는 (공황발작의 원인이던) 보고서 작성 공포를 이겨냈다.
- 재무분석가 해리엇은 발표 자신감을 상당히 끌어올려 대중 연설 공포증을 정복했다.

무대 위에서 사람을 닭으로 만들거나 최면을 통해 '전생'으로 돌려보낼 수 있다고 주장하는 '초자연적' 전문가 때문에 최면과 유도된 심상의 효과에 회의적인 사람들도 있다. 그러나 나는 잠시 편견을 접어두고 뭐라도 시도하라고 하고 싶다. 다음 내용에 정말 집중하여 의식적으로 상상해보기 바란다.

다들 레몬이 어떻게 생겼는지 알 것이다. 이제 마음의 눈으로 레몬 하나를 상상해보자. 크고 노란 레몬 하나를 정말 집중해서 상상하는 것이다…… 이제 칼을 들어 레몬을 자르자…… 레몬 향이 코를 찌른다…… 얇게 자른 레몬 조각을 입안에 넣어보자…… 그러면 입안에서 과즙이 가득한 레몬 조각을 느낄 수 있을 것이다…… 이제 지그시 물면…… 싱싱하고 신 레몬즙이 천천히 흘러나와…… 혀끝이 '얼얼'해진다……

침이 조금이라도 고였는가? 미각, 후각 또는 촉각으로 조금이나마 레몬을 느낄 수 있었는가? 그랬다면, 축하한다. 당신은 방금 최면을 경험한 것이다! 나는 당신의 입안에 레몬 한 조각도 넣지 않았다. 당신이 상상했을 뿐이다. 그러나 알아둬야 할 게 있다. 자폐 증세가 있는 사람들은 최면에 잘 빠지지 않는다.[79] 또한 방금 당신이 경험한 최면 유도는 정식 방법이 아니었다. 나는 단지 타고난 상상의 힘을 보여주고 싶었다. 최면 효과에 의문을 품는 내담자에게 위와 같이 최면을 유도하면, 그들은 상상 속 레몬을 맛보고 신기해한다. 그들이 신맛을 싫어하면 상상 속에서 달콤한 핫초콜릿을 한 모금 마시라고 하면 될 일이다.

또한 기억 역시 최면을 유도할 수 있다. 특정 기억을 떠올리면 당시 감각과 감정을 다시 경험할 수 있는 것이다. '실제로' 당시 상황에 있지 않지만, 뇌가 최면을 건 탓에 (특히 격한 감정을 느꼈던) 특정 기억을 다시 경험한다고 생각할 수 있다. 예를 들어 슬픈 기억을 떠올리면 슬픈 감정을 느낄 수 있고, 가장 좋아하는 음식을 먹던 기억에 군침이 돌 수 있다. 사실 외상 후 스트레스 장애도 이렇게 작동한다. 과거 경험을 이야기하거나 트라우마를 떠올리는 대상을 보면 충격적인 기억과 일치하는 패턴을 찾게 된다. 그래서 그 충격적인 기억을 다시 겪고 있다고 느낄 수 있다(감정 재현).

휴먼 기븐스 칼리지, 퓨전 테라퓨틱 코칭과 같은 해결 중심 치료와 코칭 학교가 강박장애, 분노 조절, 공포증 극복과 같은 문제를 위해 최면과 심적 시연을 가르치는 이유가 있다. '잘 듣는다'. 그러니 여전히 첫 단계를 시작조차 못 하겠다면 유도 이완을 시도하고

지금 당장 무엇을 할 것인가?

나서 마음속으로 첫 단계를 시연하기 바란다. 심적 시연이 끝나면 '본능적으로' 다음 단계로 어떻게 진입할지 알게 된다. 물론 코치나 치료사의 도움을 받아 유도 최면이나 유도된 심상을 활용하는 것도 좋다.

자가 질문 키트
긴장을 풀고 성공 과정 시연하기

1 | i) 목표를 향해 갈 수 있는 가장 쉽고 간단한 다음 단계가 무엇인지 따져보자.

  ii) 이후, 5분간 눈을 감고 차분한 상태에서 자신감 있고 느긋하게 바로 그다음 단계에 진입해보자. 그리고 '정말' 기분이 좋다고 상상해보자. 그러면 아마 자신에게서 다른 점을 찾는 것은 물론이고 쉽고 간단한 다른 단계도 알게 될 것이다.

2 | nickhatter.com/relax에 가서 최소한 한 개의 유도 이완 녹음을 들어보자.

3 | nickhatter.com/rehearse에 가서 한 개의 유도 시연을 들어보자.

☑ 어떻게 더 재미있게 할 것인가

가장 쉽고 간단한 다음 단계가 지루하지 않고 재미있다면 도움이 된다. 나는 빨래를 하거나 매일 산책하러 갈 때 오디오북이나 팟캐스트를 듣는다. 게다가 음악 없이는 운동할 수 없다. 무엇이든 게임으로 바꿀 수도 있다. 예를 들어 사업을 시작하고 있다면 초기 고객이나 투자자로부터 얼마나 많이 '거절'당하는지 알아보는 게임을 만들 수 있다. 세금 신고나 회계 같은 지루한 작업도 '세금을 얼마나 줄일 수 있나' 알아보는 게임으로 만들 수 있다.[80] 이 책을 쓰는 동안 미루고 싶은 순간이 가끔 찾아왔다. 그럴 때 나는 사고가 막힌 채 이렇게 생각하곤 했다. '도대체 여기서 어떻게 풀어내야 하지?' 그래서 특히 글을 쓸 기분이 아닌 날에는 하루에 최대 몇 단어나 쓸 수 있는지 알아보는 심리 게임을 했다. 그 결과 헛소리만 한 트럭 쏟아냈지만, 종종 그 헛소리가 그럭저럭 괜찮을 때도 있었다. 이외에도 가장 쉽고 간단한 단계를 훨씬 더 재미있게 만들 수 있는 방법이 또 있을 것이다! 상상력을 발휘하자.

지금 당장 무엇을 할 것인가?

긴 여정이었다! 우리는 지금까지 낮은 자존감의 원인, 인간의 기본 욕구, 나쁜 습관을 부추기는 힘, 깊이 자리 잡은 무의식적 동기, 숨은 관계 패턴, 핵심 우선순위, 영적 웰빙, 미루기 타파 등 다양한 내용을 살펴봤다. 하나라도 잊은 것 같다면 모두 책 속에 담겨 있으니 책장을 다시 앞으로 넘기면 된다.

우리는 압박감과 완벽주의 또는 어디서부터 손을 대야 할지 모르기 때문에 미루는 경향이 생긴다. 심지어 트라우마 때문에 그러기도 한다. 결국 더는 미루지 않으려면 조금씩 단계를 밟아가는 것이 최선이다. 만약 다음에 뭘 할지 확신이 서지 않는다면 스스로 이렇게 물어보자. '지금 당장 할 수 있는 일은 무엇인가?' 그리고 얼마나 쉽고 간단하든 떠올린 단계를 시작하자. 사실 쉽고 간단할수록 더 좋다. 특히 스트레스에 시달리거나 정신적으로 불안한 상황에서는 더욱 그렇다. 거창한 일부터 시작해야 한다고 생각하면 감히 오르지 못할 높은 산 앞에 선 것처럼 주저하게 된다. 호주 공중 보건의이자 변호사인 마리 비스마크 ^{Marie Bismark}는 이렇게 말했다. "어떤 일을 보고 얼마나 '편할지'를 생각하지 말고, 얼마나 '만족스러울지'를 생각하라. 단순히 승낙 의사를 밝히는 것부터 가벼운 달리기, 불의에 맞서기, 세금 신고하기, 폭포 아래에서 수영하기, 한밤중 별 구경하기까지 모든 것에 효과가 있다."

또한 잊지 말고 정신 속 가상현실 장치인 '심적 시연'이 지닌 힘을 활용해보자. 상상을 통해 미루기를 타파하는 모습을 시연할 수 있다.

만약 이 책을 읽고도 가장 쉽고 간단한 다음 단계가 무엇인지 전혀 감이 오지 않는다면, 다음 제안을 참고하기 바란다.

- 자가 질문 키트 중 (무엇이든) 마음에 드는 것 단 '하나'라도 활용해 끝내보자.
- 2장에서 소개한 정서적 욕구 진단 검사를 완료해보자.
- 딱 15분만 유도 이완을 해보자. 그러면 편도체가 차분해져 훨씬 이성적이고 논리적으로 생각할 수 있을 것이다. nickhatter. com/relax를 방문하면 도움을 받을 수 있다.
- 에니어그램 검사를 통해 주요 무의식 동기를 알아보자(nickhatter.com/enneagram).
- 중독 치료 모임에 참여해보자. 단, 모임마다 '분위기'가 다르니 몇 번 참여해본 후 내게 맞는지 판단하기 바란다.

지금 당장 무엇을 할 것인가?

◆ 인생 코치나 치료사의 도움을 받아보자(nickhatter.com에서 내 정보를 보거나 nickhatter.com/support에서도 확인할 수 있다).

☑ 다시, '7가지 질문'

인생에서 마주한 문제가 무엇이든 '7가지 질문'이라는 도구 상자를 먼저 들춰보기 바란다. 인생의 흔한 문제뿐만 아니라 드러나지 않은 잠재적 문제까지 해결하는 데 도움이 될 것이다.

1 | 내가 생각하는 나는 누구인가?

낮은 자존감에 시달리고 있다면, 1장에서 소개한 질문 도구를 통해 내면을 바라보며 왜 자신이 별로라고 생각하는지 알아보자(참고: 부정적 사건의 원인으로 자신을 포함하지 않는 해석을 찾아보고, 긍정적 사건에서는 자신을 포함하는 해석을 찾아본다면 자존감 증진에 도움이 될 것이다!).

2 | 채우지 못한 욕구가 있는가?

무기력하고 불안하거나 우울하다면, 미처 채워지지 않아 충족해야 하는 기본 욕구가 있는지 살펴보자. 식물에게 햇빛과 물이 필요하듯 인간에게도 기본 욕구가 있다. 그 욕구가 무엇이든 어떻게 하면 건강한 방식으로 충족할 수 있을지 생각해보자.

3 | 벗어나고 싶은 것이 있는가?

자신도 모르게 나쁜 습관 혹은 중독에 빠져 있는가? 만약 그렇다면, 이 질문을 통해 해당 습관과 중독에 왜 끌리는지 생각해보자. (자존감을 포함하여) 충족되지 않은 욕구뿐만 아니라 분노, 공포, 수치심, 트라우마에서 벗어나 안도감을 느끼려고 나쁜 습관이나 중독으로 후퇴할 수도 있다는 사실을 염두에 두자.

4 | 진짜 속마음은 무엇인가?

연애, 우정, 타인과의 상호작용 등 모든 면에서 솔직한 자세로 이렇게 자문해보자. 그러면 파괴적인 관계 패턴을 피하는 것은 물론이고 더는 인생을 주어진 대로 생각 없이 살지 않을 것이다.

5 | 내게 가장 중요한 것은 무엇인가?

신발 두 켤레든 커리어 패스든 선택지를 마주할 때, 이 질문을 통해 우선순위를 정하면 더 나은 결정을 신속하게 도출할 수 있다. 한편 지나치게 자신만을 (또는 타인만을) 위하고 있는지도 따져봐야 한다.

6 | 믿음이 도움이 되는가?

만약 힘든 시간을 보내거나 우울을 겪고 있다면, 자신의 실존적 믿음을 살펴보자. 그것이 미래에 대한 희망이자 인생의 의미와 목적을 가져다주는 중요한 원천이기 때문이다.

지금 당장 무엇을 할 것인가?

7 | 지금 당장 무엇을 할 것인가?

일상 문제 해결, 큰 프로젝트, 몸만들기 등 뭘 하려고 하든, 이 질문으로 '미루기'를 타파하자. 물론 이성을 찾고 기분이 좋아지게 만드는 가장 간단한 방법은 '이완'이다.

답은 우리 자신 안에 있는 경우가 많으니 드러날 때를 기다려보자. 올바른 질문이 올바른 답을 이끌어낸다. 스스로 문답하는 과정 속에서 자기 인식과 자존감을 높이고 진정한 정체성을 발견할 수 있다. 그렇게 삶을 의식하고 통찰하는 순간, 성장 잠재력이 폭발할 것이다.

감사의 말

이 책을 펴낼 수 있게 도와준 사람들에게 감사 인사를 전하고 싶다.

- ◆ 우리 엄마
  - 내 코칭 여정 내내 나의 비공식적 멘토이자 인생 코치였다. 지난날은 잊었어요. 곁에서 힘을 실어줘서 고마워요.
- ◆ 절친 스티브
  - 이 병든 세상과 사회에서 항상 웃을 수 있게 해주고, 특히 내 정신 줄을 붙잡아줘 고맙다!
- ◆ FDBK 팀
  - 코칭 일을 확장하고 이 책을 쓸 수 있게 지원해줘서 고맙다. 모두 만점 팀원이에요!
- ◆ 웨스트본 그로브 교회의 크리스 태커리

- 훌륭한 조력자이며, 인간으로서도 뛰어난 모범을 보여준 데 감사한다.

♦ 에이전트 조나단 페그
- 나와 많은 시간을 보내며 매력적인 제안서를 작성하여 계약을 성사시켰고, 이 책의 창의적 비전을 발전시키는 데 도움을 줬다. 당신 없이는 이 모든 일을 할 수 없었을 겁니다!

♦ 피아트쿠스 편집자 홀리 할리
- 유용하고 건설적인 피드백으로 이 책이 잠재력을 온전히 펼칠 수 있게 도왔다. 힘이 되어줘 고마워요!

♦ 12단계 중독 치료 모임 동료들
- 여러분 덕분에 시간을 아낄 수 있었습니다. 여러분의 도움과 지원을 받아 영광입니다!

♦ 케임브리지대학교 저지 경영대학원에서 만난 비즈니스 멘토 브루스터 바클레이와 사이먼 스토클리
- 수년간 보여주신 관대함과 지혜에 감사드립니다. 두 분께 정말 많이 배웠습니다.

♦ 치료 코칭 감독이자 트레이너이며, 퓨전 테라퓨틱 코칭 설립자인 프랜시스 매스터스
- 계속 가르침 부탁드립니다!

♦ 펭귄 랜덤 하우스 편집자 줄리아 켈러웨이
- 처음 몇 장의 초기 원고를 편집해주셨다. 작가라는 여정에서 언제나 지지를 보내주셔서 감사합니다!

- 팬 맥밀란의 로빈 하비와 매튜 콜먼
  - 저를 스카우트해주시고 최고의 에이전시로부터 주목받게 해주셔서 감사드립니다.
- 조안 대모님
  - 수호천사! 태어나서 지금까지 대모님이 주신 지혜, 사랑, 지원에 감사드려요.
- 《휴먼 기븐스 저널》 편집자 드니즈 윈과 휴먼 기븐스 칼리지의 디렉터 제인 티렐
  - 2장에 대한 지원과 기여에 감사드립니다!
- 매티스 앤드 스콰이어의 제임스 피치포드 박사와 대니 크래머
  - 너그럽고도 부지런한 일 처리에 감사드린다.
- 벌라드 그레이엄의 에드 터너
  - 유쾌한 법률 조언 감사합니다!
- 학대 및 왕따 가해자들
  - 나쁜 의도로 괴롭혔겠지만 결국 그 괴롭힘이 나를 이 자리까지 인도했다. 상처받은 사람이 상처를 주는 법. 나는 다 용서했다.
- 런던의 노숙자들
  - 제게 봉사할 기회를 주시고, 쓸모 있다고 느끼게 해주셔서 감사합니다. 여러분은 최고입니다!
- 그란카나리아 글로리아 팰리스 로얄의 베라, 로즈를 비롯한 전 직원
  - 이 책을 쓰는 동안 베풀어주신 환대와 친절에 감사합니다.

◆ 존 삼촌

- 아마 유년기에 겪었을 트라우마를 되풀이했겠죠. 지난날은 잊었어요. 언젠가 마음에 평화가 깃들기를 바랄게요.

마지막으로, 내가 제정신을 차릴 수 있게 도와주시고 견뎌내던 악을 상상 이상으로 바꿔주신 창조주께 감사드린다.

주

1　Francesco Drago, 'Self-Esteem and Earnings'. IZA Discussion Paper No. 3577.

　　https://ssrn.com/abstract=1158974, http://dx.doi.org/10.1111/j.0042-7092.2007.00700.x.

2　프로필을 본 타 사용자의 피드백 데이터를 제공하여 데이트 상대를 찾을 가능성을 높이는 데이트 애플리케이션이다. 피드백 제공 시 보상이 주어진다. www.fdbk-app.com

3　T. Scheid and E. Wright, *A Handbook for the Study of Mental Health* (3rd edition, 2017), 140.

4　근본적인 증거에 의문을 품는 사람도 있지만, 많은 치료사, 코치, 심리학자가 NLP를 널리 사용한다. 일부 NLP 기법과 모델은 EMDR(안구운동 민감소실 및 재처리, eye movement desensitization and reprocessing)과 같은 트라우마와 공포증에 입증된 치료와 리와인드 기법으로 발전했다.

　　http://www.nlpco.com/library/eye-movement-integration-thera-py/, http://www.hgi.org.uk/useful-information/treatment-deal-

주

ing-ptsd-trauma-phobias/rewind-technique.

5 'The New Face of Codependency'

https://www.addictioninfamily.com/family-issues/new-face-of-code-pendency/ ― 2020년 5월 7일 열람

6 The Children's Society, *The Good Childhood Report*, 2015.

http://www.childrenssociety.org.uk/sites/default/files/TheGood-ChildhoodReport2015.pdf.

7 Office for National Statistics, Adult drinking habits in Great Britain, 2018.

https://www.ons.gov.uk/peoplepopulationandcommunity/healthand-socialcare/drugusealcoholandsmoking/datasets/adultdrinkinghab-its ― 2021년 3월 21일 열람

8 S. F. Maier and M. E. Seligman, 'Learned helplessness: Theory and evidence', *Journal of Experimental Psychology: General*, 105:1 (1976), 3–46. https://doi.org/10.1037/0096-3445.105.1.3.

C. Peterson, M. E. Seligman and G. E. Vaillant, 'Pessimistic explanatory style is a risk factor for physical illness: A thirty-five-year longitudinal study', *Journal of Personality and Social Psychology*, 55:1 (1988), 23-27.

https://doi.org/10.1037/0022-3514.55.1.23.

9 사실 교육 중에 '가면 현상imposter phenomenon'이라고 배웠다. '증후군'은 만성질환을 의미하지만, 가면 증후군은 질병이 아니지 않은가!

10 https://www.forbes.com/profile/michael-jordan/ ― 2020년 5월 2일 열람

11 https://www.forbes.com/quotes/11194/ ― 2020년 5월 9일 열람

12 Jennifer Crocker, Amy Canevello and Ashley A. Brown, 'Social Motivation: Costs and Benefits of Selfishness and Otherishness', *Annual Review of Psychology*, 68:1 (2017), 299–325. https://doi.org/10.1146/annurev-psych-010416-044145.

13 Joe Griffin and Ivan Tyrrell, *Human Givens: The New Approach to Emotional Health and Clear Thinking* (East Sussex: HG Publishing, 2003, 2013).

14 https://www.hgi.org.uk/resources/emotional-needs-audit-ena.

15 https://www.hgi.org.uk/human-givens/introduction/what-are-human-givens.

16 https://www.sleep.org/athletes-and-sleep/ — 2021년 2월 6일 열람

https://www.espn.com/blog/playbook/tech/post/_/id/797/sleep-tracking-brings-new-info-to-athletes — 2021년 2월 6일 열람

17 A. M. Williamson and A. M. Feyer, 'Moderate sleep deprivation produces impairments in cognitive and motor performance equivalent to legally prescribed levels of alcohol intoxication', *Occupational and Environmental Medicine*, 57:10 (2000), 649–655. https://dx.doi.org/10.1136/oem.57.10.649.

18 Joe Griffin, Ivan Tyrrell, *Why We Dream* (East Sussex: HG Publishing, 2006)

19 N. Parletta, D. Zarnowiecki, J. Cho, A. Wilson, S. Bogomolova, A. Villani, C. Itsiopoulos, T. Niyonsenga, S. Blunden, B. Meyer, L. Segal, B. Baune, K. O'Dea, 'A Mediterranean-style dietary intervention supplemented with fish oil improves diet quality and mental health in people with depression: A randomized controlled trial (HELFIMED)', *Nutritional*

Neuroscience (2017), 1-14.

20 Julia Rucklidge, Rebecca Andridge, Brigette Gorman, Neville Blamp-
ied, Heather Gordon, Anna Boggis, 'Shaken but unstirred? Effects
of micronutrients on stress and trauma after an earthquake: RCT evi-
dence comparing formulas and doses', *Human Psychopharmacology*,
27 (2012), 440-54.

https://dx.doi.org/10.1002/hup.2246.

21 David Mischoulon, 'Omega-3 fatty acids for mood disorders', Har-
vard Medical School.

https://www.health.harvard.edu/blog/omega-3-fatty-acids-for-
mood-disorders-2018080314414 — 2021년 3월 31일 열람

22 여기서 허기 때문에 분노하게 되는 상태인 '행그리(hangry, 'hungry'와
'angry'의 합성어)'가 유발될 가능성이 높다.

23 A. Adan, 'Cognitive performance and dehydration', *Journal of the
American College of Nutrition,* 31:2 (2012), 71-78.

https://doi.org/10.1080/07315724.2012.10720011.

24 F. Haghighatdoost, A. Feizi, A. Esmaillzadeh, N. Rashidi-Pourfard, A.
H. Keshteli, H. Roohafza, and P. Adibi, 'Drinking plain water is associ-
ated with decreased risk of depression and anxiety in adults: Results
from a large cross-sectional study', *World Journal of Psychiatry*, 8:3
(2018), 88-96.

https://doi.org/10.5498/wjp.v8.i3.88.

25 Y. Netz, 'Is the Comparison between Exercise and Pharmacologic
Treatment of Depression in the Clinical Practice Guideline of the
American College of Physicians Evidence-Based?' *Frontiers in Phar-*

macology, 8: 257 (2017).

https://doi.org/10.3389/fphar.2017.00257.

Harvard Health Publishing (Harvard Medical School), 'Exercise is an all-natural treatment to fight depression', 2013.

https://www.health.harvard.edu/mind-and-mood/exercise-is-an-all-natural-treatment-to-fight-depression — 2021년 4월 11일 열람

26 G. W. Lambert, C. Reid, D. M. Kaye, G. L. Jennings, M. D. Esler, 'Effect of sunlight and season on serotonin turnover in the brain', *Lancet*, 3 60:9348 7 December 2002), 1840–2.

https://dx.doi.org/10.1016/s0140-6736(02)11737-5. PMID: 12480364.

27 A. Wirz-Justice, P. Graw, K. Kräuchi, A. Sarrafzadeh, J. English, J. Arendt, L. Sand, '"Natural" light treatment of seasonal affective disorder', *Journal of Affective Disorders*, 37:2–3 (12 April 1996), 109–20.

https://dx.doi.org/10.1016/01650327(95)00081-x. PMID: 8731073.

28 N. E. Rosenthal, D. A. Sack, C. J. Carpenter, B. L. Parry, W. B. Mendelson, T. A. Wehr, 'Antidepressant effects of light in seasonal affective disorder', *American Journal of Psychiatry*, 142:2 (February 1985), 163–70.

https://dx.doi.org/10.1176/ajp.142.2.163. PMID: 3882000.

29 R. E. Anglin, Z. Samaan, S. D. Walter, S. D. McDonald, 'Vitamin D deficiency and depression in adults: systematic review and meta-analysis', *British Journal of Psychiatry*, 202 (2013), 100–107.

https://doi.org/10.1192/bjp.bp.111.106666.

30 N. Leigh-Hunt, D. Bagguley, K. Bash, V. Turner, S. Turnbull, N. Valtorta, W. Caan, 'An overview of systematic reviews on the public health

consequences of social isolation and loneliness', *Public Health*, 152 (2017), 157–171.

https://doi.org/10.1016/j.puhe.2017.07.035 http://www.sciencedirect.com/science/article/pii/S0033350617302731.

31 R. Spitz, 'Hospitalism, an inquiry into the genesis of psychiatric conditions in early childhood', *The Psychoanalytic Study of the Child*, 1 (1945), 53–74. doi: 10.1080/00797308.1945.11823126.

H. Bakwin, 'Emotional deprivation in infants', *The Journal of Pediatrics*, 35 (1949), 512–21. doi: 10.1016/S0022-3476(49)80071-0.

32 N. Alavi, T. Reshetukha, E. Prost, et al., 'Relationship between Bullying and Suicidal Behaviour in Youth presenting to the Emergency Department', *Journal of the Canadian Academy of Child and Adolescent Psychiatry*, 26:2(2017),70–77.

https://www.ncbi.nlm.nih.gov/pmc/articles/PMC5510935/.

33 D. Louie, K. Brook, E. Frates, 'The Laughter Prescription: A Tool for Lifestyle Medicine', *American Journal of Lifestyle Medicine*, 10:4 (2106), 262–267.

https://doi.org/10.1177/1559827614550279.

34 Joe Griffin, Ivan Tyrrell, *Freedom from Addiction: The Secret Behind Successful Addiction Busting* (East Sussex: HG Publishing).

35 J. Evans, I. Macrory, C. Randall, 'Measuring National Well-being: Life in the UK: 2016', ONS.

https://www.ons.gov.uk/peoplepopulationandcommunity/wellbeing/articles/measuringnationalwellbeing/2016#how-good-is-our-health.

36 M. A. Maryam Hedayati and M. A. Mahmoud Khazaei, 'An Investigation of the Relationship between Depression, Meaning in Life and Adult Hope', *Procedia - Social and Behavioral Sciences*, 114 (2014), 598–601.
https://doi.org/10.1016/j.sbspro.2013.12.753.

37 C. J. Nekanda-Trepka, S. Bishop, I. M. Blackburn, 'Hopelessness and depression', *British Journal of Clinical Psychology*, 22: 1, (1983) 49–60.
https://doi.org/10.1111/j.2044-8260.1983.tb00578.x.

38 이것이 바로 내가 FDBK를 공동 창립하게 된 절박한 배경이었다. 내가 FDBK를 시작한 이유를 자세히 알아보려면 다음 웹페이지를 참고하기 바란다. www.fdbk-app.com/about

39 '결코'와 '항상'은 종종 우리가 편도체 납치 현상을 겪고 (스트레스를 받아 흑백논리에 빠져) 있다는 신호를 보낸다.

40 House of Commons Library, UK Parliament, 'Obesity Statistics', 2021: https://commonslibrary.parliament.uk/research-briefings/sn03336/ — 2021년 3월 24일 열람

41 British Heart Foundation, 'Obesity', https://www.bhf.org.uk/informationsupport/risk-factors/your-weight-and-heart-disease — 2021년 3월 29일 열람

42 C. J. Andersen, K. E. Murphy and L. M. Fernandez, (2016) 'Impact of Obesity and Metabolic Syndrome on Immunity', *Advances in Nutrition* 7:1 (2016), 66–75.
https://doi.org/10.3945/an.115.010207.

43 K. V. Jespersen and P. Vuust, 'The Effect of Relaxation Music Listening on Sleep Quality in Traumatized Refugees: A Pilot Study',

Journal of Music Therapy, 49:2 (Summer 2012), 205-29. doi: 10.1093/
jmt/49.2.205. PMID: 26753218.

44 예시: 나는 금발 여성에게는 별로 끌리지 않지만, 갈색 머리 여성에게는 특
히 약하고 호감을 느끼는 것 같다.

45 예시: 전 여자 친구는 도움을 요청하면 시간을 주고 편을 들어주기보다 '코
칭 모드'에 돌입하여 내게 '다른 견해'를 심어주려고 해서 심하게 말다툼하
곤 했다. 나는 이렇게 불만을 터뜨렸다. "넌 공감을 안 해!" 내가 편도체 납
치 현상을 겪고 있었음을 보여주는 양자택일 사고다.

46 J. R. Garcia, C. Reiber, S. G. Massey and A. M. Merriwether, 'Sexual
Hookup Culture: A Review', *Review of General Psychology*, 16: 2 (2012),
161-176.

https://doi.org/10.1037/a0027911.

47 Dean Takahashi, 'Ashley Madison "married dating" site grew to 70
million users in 2020', VentureBeat.

https://venturebeat.com/2021/02/25/ashley-madison-married-dat-
ing-site-grew-to-70-million-users-in-2020/ — 2021년 3월 31일 열람

48 D. R. Hobbs, G. G. Gallup, 'Songs as a medium for embedded repro-
ductive messages', *Evolutionary Psychology: An International Journal
of Evolutionary Approaches to Psychology and Behavior*, 9:3 (2011),
390-416.

https://pubmed.ncbi.nlm.nih.gov/22947982/.

49 Pia Mellody, *Facing Love Addiction: Giving Yourself the Power to Change
the Way You Love* (HarperCollins, 2003), 69.

50 Douglas McKenna, Sandra Davis, 'Hidden in Plain Sight: The Active
Ingredients of Executive Coaching', *Industrial and Organizational*

Psychology, 2 (2009), 244–260.

https://dx.doi.org/10.1111/j.1754-9434.2009.01143.x.

51 추천 도서: 『심리 게임』 에릭 번 저.

52 Daniel Kahneman, Angus Deaton 'High income improves evaluation of life but not emotional well-being', *Proceedings of the National Academy of Sciences*, 107:38 (September 2010), 16489–16493;

DOI: http://dx.doi.org/10.1073/pnas.1011492107

53 내 경우 데이트를 통해 정말 좋은 친구 몇 명이 생겼다! 당신 역시 '불꽃'이 느껴지지 않더라도 분명히 친구가 될 수 있다. 나 또한 싱글 파티에서 절친 스티브를 만났다.

54 BBC, 'Who feels lonely? The results of the world's largest loneliness study'

https://www.bbc.co.uk/programmes/articles/2yzhfv4D-vqVp5nZyxBD8G23/who-feels-lonely-the-results-of-the-world-s-largest-loneliness-study.

55 Pew Research Center, 'Religion's Relationship to Happiness, Civic Engagement and Health Around the World', 2019.

https://www.pewforum.org/2019/01/31/religions-relationship-to-happiness-civic-engagement-and-health-around-the-world/ — 2020년 10월 25일 열람

56 이타적이고 겸손한 크리스는 이 말에 고마워하면서도 자신이 관대한 정신을 얻은 곳을 가리키면서 자기 말고 그곳을 숭배하라고 할 것이다!

57 Public Health England, 'Life expectancy in England in 2020', https://publichealthmatters.blog.gov.uk/2021/03/31/life-expectancy-in-england-in-2020/ — 2021년 4월 14일 열람

58 여기서 인용하는 '신'은 비종교적이며, 기본적으로 전지전능한 창조주이자 신성한 존재다.

59 'Don't Believe in God? Lie to Your Children', *Wall Street Journal* - https://www.wsj.com/articles/dont-believe-in-god-lie-to-your-children-11575591658 — 2021년 2월 1일 열람

60 Ying Chen, Tyler J. VanderWeele, 'Associations of Religious Upbringing With Subsequent Health and Well-Being From Adolescence to Young Adulthood: An Outcome-Wide Analysis', *American Journal of Epidemiology*, 187:11 (November 2018), 2355-2364.
https://doi.org/10.1093/aje/kwy142.

61 Y. Chen, H. K. Koh, I. Kawachi, M. Botticelli, T. J. VanderWeele, 'Religious Service Attendance and Deaths Related to Drugs, Alcohol, and Suicide Among US Health Care Professionals', *JAMA Psychiatry*, 77:7 (2020), 737-744.
http://dx.doi.org/10.1001/jamapsychiatry.2020.0175.

62 '상처 입은 치유자'란 스스로 상처 입고 그 입장을 알기 때문에 남을 돕는 직업에 종사하는 사람을 말한다.

63 B. Nelson, 'The positive effects of Covid-19', BMJ, 369 (May 2020), m1785. doi:10.1136/bmj.m1785 - https://www.bmj.com/content/369/bmj.m1785.

64 M. Gijzen, et al., 'The Bittersweet Effects of Covid-19 on Mental Health : Results of an Online Survey among a Sample of the Dutch Population Five Weeks after Relaxation of Lockdown Restrictions', *International Journal of Environmental Research and Public Health*, 17:23 (4 December 2020), 073. doi: 10.3390/ijerph17239073 - https://pubmed.

ncbi.nlm.nih.gov/33291765/.

65 *The Telegraph*, 'Start-ups across the UK are going bust - they need more careful management for our economy to boom'. https://www.telegraph.co.uk/politics/2019/01/24/start-ups-across-uk-going-bust-need-careful-management-economy/ — 2021년 3월 31일 열람

66 나라면 파워 제트 기능이 있는 욕조에서 뒹굴겠지만, 돈으로 행복을 살 수 없다고 하는 말은 어느 정도 사실이다.

67 IMDB - Actors and Celebrities Who Committed Suicide: https://www.imdb.com/list/ls097007717/ — 2020년 10월 25일 열람

68 New Zealand Herald: https://www.nzherald.co.nz/entertainment/news/article.cfm?c_id=1501119&objectid=11506059 — 2020년 10월 3일 열람

CNN: https://money.cnn.com/2015/08/31/technology/minecraft-creator-tweets/index.html — 2020년 10월 3일 열람

69 마틴 셀리그먼, 『낙관적인 아이*The Optimistic Child - A Proven Programme to Safeguard Children Against Depression and Build Lifelong Resilience*』(Boston: Houghton Mifflin, 2007), 42.

70 동성애가 실제로 '죄악'인지 논한 크리스틴 세일러Kristin Saylor와 짐 오핸론Jim O'Hanlon의 훌륭한 TED 강연이 있다. https://www.youtube.com/watch?v=XGNZQ64xiqo

71 이런 취향이 잘못되었다고 날 설득할 순 없을 것이다.

72 홈스와 레이가 원래 설정한 인생 사건은 아니지만 와이파이 연결이 안 되면 특히 코로나 바이러스 이후 세상에서는 스트레스를 받을 수 있다!

73 둘 중 하나만 없어도 살기 어려운 사람이 많지만 그 외의 것이 필요할 수도

주

있다!

74 M. K. Bhasin, J. A. Dusek, B. H. Chang, M. G. Joseph, J. W. Denninger, et al., 'Relaxation Response Induces Temporal Transcriptome Changes in Energy Metabolism, Insulin Secretion and Inflammatory Pathways', *PLOS ONE,* 8:5(2013), e62817. https://doi.org/10.1371/journal. pone.0062817.

75 Ding Xiaoqian, Yi-Yuan Tang, Rongxiang Tang, Michael Posner, 'Improving creativity performance by short-term meditation', *Behavioral and Brain Functions*, 10: 9 (2014). https://doi.org/10.1186/1744-9081-10-9.

76 V. K. Ranganathan, V. Siemionow, J. Z. Liu, V. Sahgal and G. H. Yue, 'From mental power to muscle power - gaining strength by using the mind', *Neuropsychologia*, 42:7 (2004), 944-956.
https://doi.org/10.1016/j.neuropsychologia.2003.11.018.

77 J. Pates, A. Cummings and I. Maynard, 'The effects of hypnosis on flow states and three-point shooting performance in basketball players', *Sport Psychologist*, 16:1(2002), 34-47. https://dx.doi.org/10.1123/ tsp.16.1.34.
Jamaal Edward Cannon, 'Effects of imagery use in basketball free throw shooting,' Theses Digitization Project (2008), 3354.
https://scholarworks.lib.csusb.edu/etd-project/3354.

78 Kathleen (Kate) Anne Moore, Graham D. Burrows, 'Hypnosis in the treatment of obsessive-compulsive disorder', *Australian Journal of Clinical & Experimental Hypnosis*, 19:2 (1991), 63-75.
https://www.researchgate.net/publication/232448679_Hypnosis_in_

the_treatment_of_obsessivecompulsive_disorder.

79 기독교인으로서 나는 최면이 스위스 군용 칼처럼 그 자체로 좋지도 나쁘지도 않다고 생각한다. 어떻게 사용하느냐가 중요하다.

80 물론 농담이다. 당신도 알겠지만, 세금은 중요한 서비스에 비용을 지불하는 사회에서는 매우 가치 있는 기여다.

주

옮긴이 **김시내**

홍익대학교 신소재공학과를 졸업하고 LG디스플레이에서 연구원 생활을 하다가 바른번역 글밥아카데미 수료 후 번역가가 되었다. 옮긴 책으로는 『전류전쟁』, 『말하는 나무들』, 『뉴로제너레이션』, 『휴먼 엣지』 등이 있으며, 청소년 과학 잡지 《OYLA》 번역에도 참여했다.

세븐 퀘스천

초판 1쇄 발행 2022년 11월 8일

지은이 | 닉 해터
옮긴이 | 김시내

발행인 | 이정훈 본부장 | 황종운
콘텐츠개발총괄 | 김남연 편집 | 이만근
마케팅 | 최준혁 디자인 | MALLYBOOK 최윤선, 정효진

브랜드 | 온워드
주소 | 서울 마포구 월드컵로13길 19-14, 101호

발행처 | ㈜웅진북센
출판신고 | 2019년 9월 4일 제406-2019-000097호
문의전화 | 02-332-3391
팩스 | 02-332-3392

한국어판 출판권 ©웅진북센, 2022
ISBN 979-11-6937-589-4 (03190)